25座二戰紀念碑教我們的事

我們是定義歷史的人，還是歷史的囚徒？

PRISONERS OF HISTORY

WHAT MONUMENTS TO WORLD WAR II TELL US ABOUT OUR HISTORY AND OURSELVES

KEITH LOWE 齊斯・洛韋——著 丁超——譯

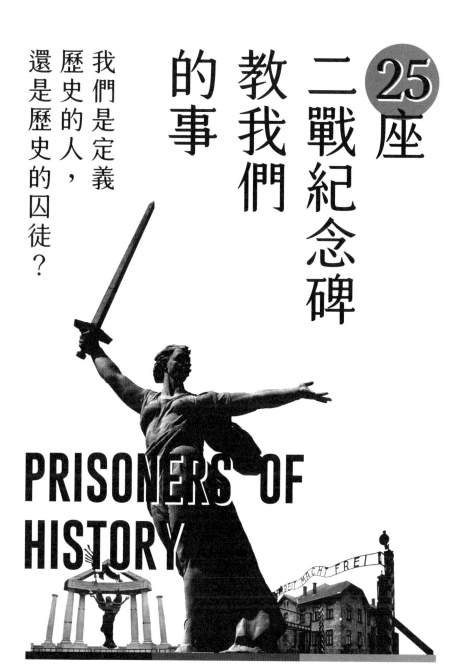

獻給克里歐（Creo）

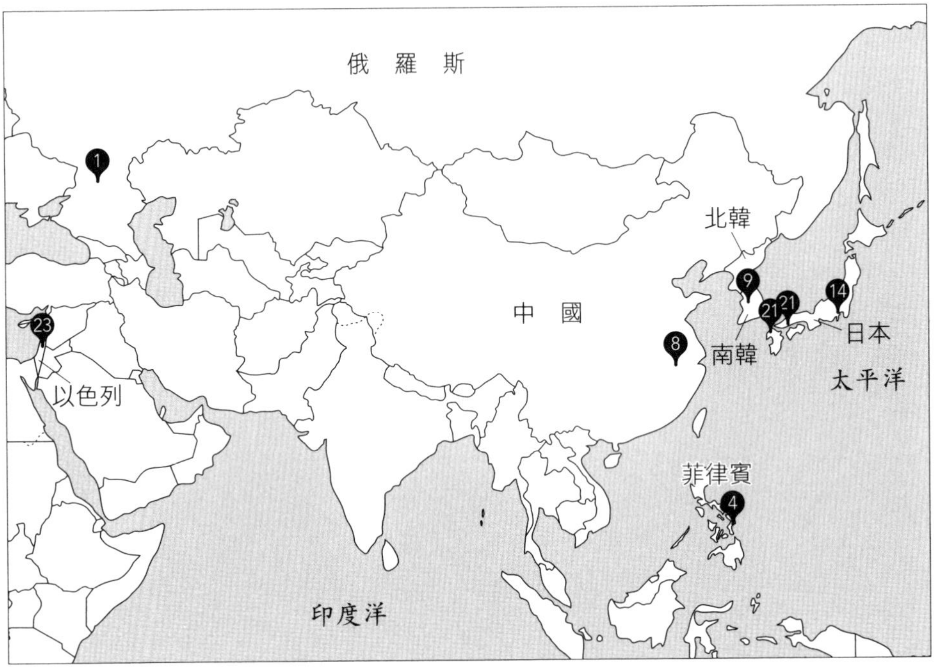

❶「祖國召喚」紀念碑｜俄羅斯・伏爾加格勒
❷「四名沉睡者」紀念碑｜波蘭・華沙
❸ 海軍陸戰隊戰爭紀念碑｜美國・維吉尼亞州阿靈頓
❹ 麥克阿瑟將軍登陸紀念碑｜菲律賓・雷伊泰島
❺ 轟炸機司令部紀念碑｜英國・倫敦
❻ 陣亡者神龕｜義大利・波隆納
❼ 國家紀念碑｜荷蘭・阿姆斯特丹
❽ 南京大屠殺紀念館｜中國・南京
❾ 和平少女像｜南韓・首爾
❿ 卡廷大屠殺紀念碑｜美國・澤西市
⓫ 德國占領遇難者紀念碑｜匈牙利・布達佩斯
⓬ 奧斯威辛集中營紀念館｜波蘭・奧斯威辛
⓭ 所有戰爭遇難者紀念碑｜斯洛維尼亞・盧比安納
⓮ 靖國神社｜日本・東京
⓯ 墨索里尼之墓｜義大利・皮雷達皮奧
⓰ 希特勒地堡與恐怖地形圖紀念館｜德國・柏林
⓱ 格魯塔斯公園與史達林像｜立陶宛・德魯斯基寧凱
⓲ 格拉納河畔奧拉杜小鎮｜法國・新亞奎丹大區
⓳ 歐洲被害猶太人紀念碑｜德國・柏林
⓴ 火焰暴風遇難者紀念碑｜德國・漢堡
㉑ 原爆圓頂屋與和平祈念像｜日本・廣島與長崎
㉒ 聯合國安理會議事廳壁畫｜美國・紐約市
㉓ 猶太大屠殺紀念館陽台｜以色列・耶路撒冷
㉔ 考文垂大座堂與釘子十字架｜英國・考文垂市
㉕ 歐洲解放之路｜歐洲多國

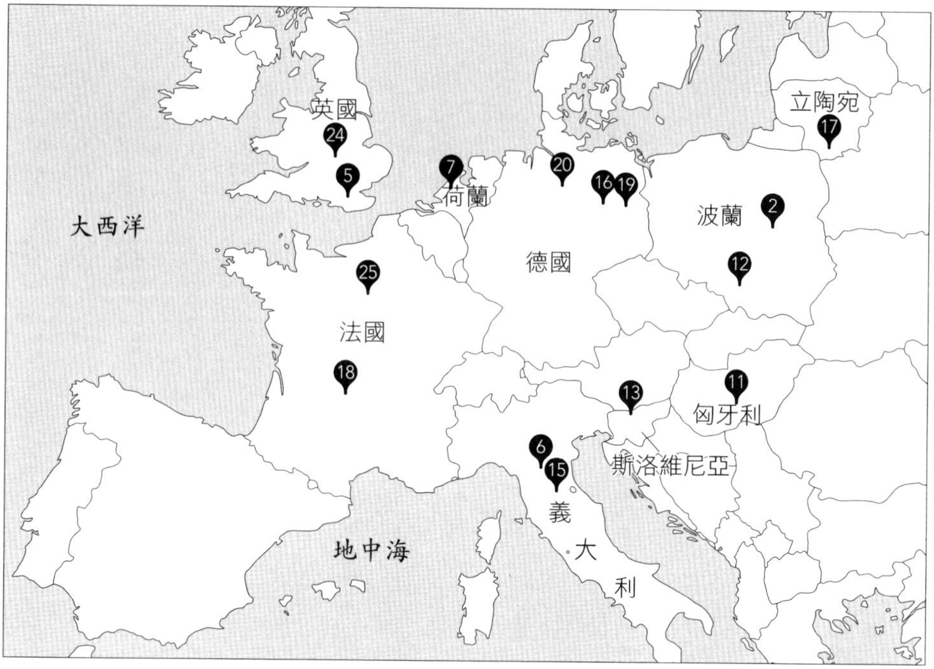
英國
24
5
7
荷蘭
20
16
19
立陶宛
17
大西洋
波蘭
2
德國
12
25
法國
18
13
11
匈牙利
6
15
斯洛維尼亞
義
大
利
地中海

美國
10
22
3
大西洋
太平洋

目次

第二部　烈士 Martyrs

第三部　怪物 Monsters

第四部　浩劫 Apocalypse

引言
Introduction

二〇一七年夏季，美國國會議員展開行動，著手拆除政府建築外圍街道上、廣場上的南方邦聯英雄雕像。舉凡曾在十九世紀南北戰爭期間為了維護白人蓄奴權而戰的人物，像是南方邦聯總統傑弗遜・戴維斯（Jefferson Davis）和軍隊統帥羅伯・李將軍（Robert E. Lee）等人，從此不再被當成二十一世紀美國人民效法的榜樣。隨著這些古人跌下神壇，行動進一步擴及全美各地，一座又一座紀念碑就這樣在接二連三的抗議與反抗議對峙中被推倒。

其實，前述在美國發生的事情一點也不奇特。在世界其他地方，還有別的歷史遺跡正在崩塌。南非開普敦大學校園外的塞西爾・羅德斯（Cecil Rhodes）[1]雕像在二〇一五年被移除之後，又有人疾呼要把南非國內所有象徵殖民主義的符號通通鏟除。沒過多久，南非的「推倒羅德斯」（Rhodes Must Fall Campaign）運動風潮已蔓延全球，其中包括英國、德國與加拿大。同年，伊斯蘭基本教義分子以「打倒偶像崇拜」為名，開始摧毀位於敘利亞和伊拉克的數百座古代雕

1 譯注：塞西爾・羅德斯（1853—1902），英裔南非商人、礦業大亨及政治家。

像。無獨有偶，波蘭和烏克蘭兩國政府都宣布要全面移除共產主義歷史遺跡——一波反傳統浪潮就此席捲全球。

對於眼前發生的這一切，我看得十分著迷，卻也有某種難以置信的感覺。要是換成我成長的年代——一九七〇至一九八〇年代——根本沒人會想像這種事情有發生的可能。這些地方的紀念碑，充其量就是個街頭擺設罷了，不過就是人們聚會及出遊的方便去處，倒也沒什麼人會對這些古蹟有太多的想法。其中有些是人物雕像，它們往往戴著怪異頭飾、留著誇張鬍髯，都是些早已被遺忘的老男人；還有些則是用鋼材與混凝土製成、呈幾何形狀的物件。但無論屬於哪一種，大家都未曾真正知其所以然。那時候，若是嚷嚷著要移除這些古蹟，壓根兒就是吃飽撐著，因為大多數人老早就對古蹟見怪不怪，根本毫不在乎。然而，就在過去幾年間，這些曾被視而不見的物體卻忽然變成大眾關注的焦點——看來是有些重大事情起了變化。

在拆除某些舊紀念碑的同時，人們繼續建造新紀念碑。二〇〇三年，巴格達市中心的薩達姆．海珊（Saddam Hussein）雕像被推倒，這幕場景後來成為伊拉克戰爭的象徵之一。海珊雕像被鏟平後還不到兩年，原先位置上又豎立起一座新紀念碑：一個伊拉克家庭高高舉起太陽與月亮的雕像。對參與設計的藝術家來說，這座紀念碑代表伊拉克期待一個以和平、自由為特色的新社會——然而，貪腐、極端主義與暴力後來換了另一副面孔東山再起，這份期待可說剎時化為泡影。

諸如此類的變化此起彼落地出現在全世界。在美國，羅伯．李將軍雕像的原址上陸續豎立起羅莎．帕克斯（Rosa Parks）[2]或馬丁．路德．金恩（Martin Luther King Jr.）[3]的紀念碑。

在南非，塞西爾・羅德斯雕像倒下後，尼爾森・曼德拉（Nelson Mandela）[4]雕像已然矗立。在東歐，托馬斯・馬薩里克（Tomáš Masaryk）[5]、約瑟夫・畢蘇斯基（Józef Piłsudski）[6]及其他一干國族主義偉人紛紛華麗登場，列寧和馬克思雕像只好乖乖讓路。

尤其在亞洲某些地方，有些最新落成的紀念碑的尺寸實在大得可以。好比說，印度才剛替一九三〇至一九四〇年代印度獨立運動中扮演重要角色的政治家薩達爾・瓦拉巴伊・帕特爾（Sardar Vallabhbhai Patel）[7]一座全新雕像揭幕。這座巍峨聳立的巨物全高一百八十二公尺，是現今世上最高的雕像。如此不計血本塑造出來的巨大建物，所展現的是一種常人難解的高度自信。而且，這類結構體可不是些即興之作，更是為了能夠常存百年而設計。但是誰又能曉得，

---

2 譯注：羅莎・帕克斯（1913—2005），美國黑人民權行動主義者。一九五五年，帕克斯在公車上拒絕服從司機命令讓座給白人乘客，因此遭到逮捕，後引發著名的蒙哥馬利公車罷坐運動（Montgomery Bus Boycott）。

3 譯注：馬丁・路德・金恩（1929—1968），美國牧師、非裔美國人民權運動領袖，一九六四年諾貝爾和平獎得主。一九六三年八月二十八日，金恩發表著名演講〈我有一個夢想〉（I Have a Dream），描述黑人與白人平等共處的願景，促使美國國會進一步於一九六四年通過《一九六四年民權法案》，全面禁止種族隔離政策。

4 譯注：尼爾森・曼德拉（1918—2013），南非反種族隔離革命家，一九九四年至一九九九年任南非總統。

5 譯注：托馬斯・馬薩里克（1850—1937），捷克斯洛伐克共和國的首任總統，被今日捷克及斯洛伐克人民稱為「祖國之父」。

6 譯注：約瑟夫・畢蘇斯基（1867—1935），波蘭政治家，出生於今天的立陶宛，被認為是讓波蘭在一九一八年重新取得獨立地位的功臣。

7 譯注：薩達爾・瓦拉巴伊・帕特爾（1875—1950），印度獨立運動領袖，一九四七年出任印度首任副總理和內政部長直至逝世。

這些雕像到底會不會比列寧、羅德斯或其他任何曾經看似無比永恆的人物像落得更好下場呢？

依我看，在建造這些紀念碑時，有好幾件事情同時發生。紀念碑反映出人們的價值觀，而每個社會都自欺欺人，以為自己的價值體系會長存不朽——這讓人們把價值觀付諸於石頭，並為它安上一個基座。可是世界會變化，而人類蓋的紀念碑（及其代表的價值觀）卻永遠囚禁於某個時間點。當今世界正以前所未有的速度在變化，幾十年、或甚至數百年前豎立的紀念碑不再能代表我們所珍視的價值。

眼下，這些由紀念碑挑起的爭議幾乎都離不開身分認同。昔日，當白種人宰制全球，要替一群白人老頭樹立雕像以茲表彰，倒是無可厚非；但處於現今推崇多元文化且性別更加平等的世界，人們開始提出質疑就一點都不奇怪。我們在哪裡可以找到女性雕像呢？像南非這樣一個黑人占多數的國家，為什麼會有這麼多歐洲白人的雕像？而美國這個擁有地球上最多樣化人種的國家，為什麼在公共場所反而看不見其豐富的多元色彩呢？

但其實，在這些爭論背後還藏有更基本的問題：人們好像沒法決定我們的共同歷史該在生命中占據什麼樣的位置。一方面，我們認為歷史是世界賴以建立的堅實基礎。我們想像它是一股良善之力，給人類機會從過去汲取教訓，從而展望未來。這麼說的話，歷史就是我們身分認同的依據。但另一方面，我們又意識到這股力量使人遲鈍僵化，嚴格限制人類遵循幾個世紀的過時守舊，還老是帶我們走上回頭路，一次次地犯下同樣的錯誤。所以說，如果我們不抱著如臨大敵的心態，很可能會被歷史糊弄得眼花撩亂。這時，歷史就彷彿一場夢魘，而我們永遠無法醒來。

這是我們社會根深柢固的矛盾。每一代人都渴望徹底擺脫歷史的束縛；可話說回來，每一代人又打從內心底曉得，一旦沒了歷史，自己什麼也不是。畢竟身分認同與歷史就是這般難分難解、相存相依。

這本書敘述人類紀念碑的故事，並探討這些紀念碑究竟如何向我們詮釋歷史與身分認同。書中共選了世上二十五座紀念碑，每座紀念碑各自向豎起它的社會傳達某種重大意義。其中，它們有的已成為今日熱門的旅遊景點，每年吸引數百萬人造訪。然而，它們每一座都充滿爭議，各自陳述自己的故事；有些紀念碑刻意隱藏的要比它所揭露的還多，弄巧成拙地讓我們從中領悟的反而超過了建造者試圖讓我們看到的。我想特別說明的是，這些紀念碑當中，沒有一個是真正在紀念過去；反之，它們是在表達某種直到今日仍在持續發展的活歷史，而這些活歷史會繼續主宰人類生命，不管你接不接受。

我所選的紀念碑，其建造的目的都是為了紀念一段人類的共同過往——第二次世界大戰。如此取捨的原因很多，但最重要的原因在於，它們似乎是人類目前僅存的、不盲從於「破壞偶像」（iconoclasm）潮流的紀念碑。換句話說，這些紀念碑繼續以一種其他諸多紀念碑不再使用的形式，傳達屬於我們的傳承與記憶。

近年來，我們很少見到戰爭紀念碑被拆掉，而且剛好相反，人們其實還正以空前速度打造新的戰爭紀念碑。除了歐洲與美洲，這情形也出現在像是菲律賓與中國等亞洲國家。為什麼會這樣呢？這些地方的戰爭領袖的爭議，可沒比那些近年被推倒的雕像人物少——英國和法國領袖所犯下的殖民主義罪行絲毫不比塞西爾·羅德斯遜色；美國領導人至今仍然統領一支厲行人種區隔的軍隊；每一名盟軍成員都曾幹過今天稱為「戰爭罪」的暴行。此外，這群人對婦女的態度有時也不太光明磊落。《生活》雜誌（*Life*）曾刊登過一張家喻戶曉、象徵終戰的著名照片：一名水兵在紐約時代廣場上親吻一位女護士，這張照片美化了現今大家都知道的性騷擾行為。看來，算不算性騷擾要看情況——只要是跟我們第二次世界大戰的集體記憶扯上關係就無所謂，但倘若這檔事發生在其他時候就變得不可饒恕。

在書中，我把選出的二十五座紀念碑編入五個部分，以便分門別類來發掘前述問題的答案。書中第一部會介紹幾座名氣最大的戰爭英雄紀念碑，同時會告訴你為什麼它們在所有二戰紀念碑裡最受人詬病，因而有跡象顯示它們最有可能被推倒或拆除。接著，第二部探討世人憑弔二戰烈士的幾座紀念碑，而第三部則會看到為了銘記二戰中幾樁重大惡行而打造的場址。以上三大類紀念碑之間的關係，真可謂剪不斷、理還亂，而這一點的重要性絕不亞於各類別本身：沒有惡行，英雄自然不會橫空出世，自然也無法造就烈士。

書中第四部會敘述戰爭所帶來毀滅性浩劫的紀念碑，而第五部則接著闡述浩劫之後，人們為走向重生而建的幾座紀念碑。這五類紀念碑彼此間交織襯映，相互著力，創造出一種神話般的詮釋框架。當破壞偶像運動坐大，幾乎把我們剩下的集體記憶吞噬得一乾二淨時，這個神話框架保護了這五類紀念碑，讓它們免於受害。

我在書中試著納入形形色色各種紀念碑，只為說明一件事——那就是人們曾經用如此繁複多樣的場所來保存對於過去的記憶。所以書中所描述的紀念碑，除了人物雕像與抽象雕塑之外，還囊括了神龕、陵寢、遺址、壁畫、公園及特色建築。在選入的紀念碑當中，有些建造於戰後不久，有的則新得多——事實上，在我寫作本書時，有些還沒完工。它們其中有的具有強烈的地方意義，而另一些則對國家、乃至整個世界都具重大意義。因此，我也嘗試把世上許多不同地方的紀念碑收納進來；例如，書中搜羅了以色列、中國、菲律賓，以及英國、俄羅斯與美國的紀念碑。

寫一個人人能懂，或至少自認理解的時期，有很多好處。第二次世界大戰的影響普及至世界的每個角落，大多數國家都以某種方式來緬懷這場戰爭，而這對促成今日的文化平等，著實功不可沒。然而，本書很快就會揭示，在不同國家，人們記憶這場戰爭的方式卻截然不同。我們一直認為某些事是彼此的共同經驗，如今我們在此坦然面對這種認知上的衝突，還有什麼方式比這更好、更能讓我們理解自己和鄰居之間的分歧呢？

最後，說起我為什麼全心全意專注於二戰紀念碑，這很簡單，只因它們令人讚賞的特質。大家通常把紀念碑想成厚重、灰色而無趣的事物，但本書收藏的雕塑可都是最具戲劇性與情感色彩的公共藝術作品，放眼世界任何地方也不遑多讓。在那花崗岩與青銅結構之下，是一切成就今日你我的元素的混合——力量、榮耀、勇敢、恐懼、壓迫、偉大、希望、愛，以及失落。

我們禮讚這許多和其他上千種特質，期待能從中掙脫過去的束縛。然而，我們因渴望其不朽而將之銘刻於石，最終無可避免地受制於其彰顯的力量，而那力量讓我們繼續成為歷史的囚徒。

第一部
英雄
Heroes

今天的我們活在一個醜聞如同家常便飯的年代。媒體媚俗，反覆搬演一齣齣政客、企業及宗教領袖、體壇明星和銀幕偶像的墮落戲碼，有時真讓人不敢相信世上還有英雄。

世道原本並非如此不堪。最起碼大家都還記得很清楚，從前曾經出過一些名聲響亮的英雄人物。從一九四五年開始，我們替那些在二戰中為人類的自由浴血奮戰的男男女女立碑紀念，直到今日仍未間斷。這許多紀念碑，刻劃出一個善惡分明的時代，當時的人們明辨是非、實事求是，不惜犧牲小我完成大我。

但是，這些回憶到底算不算數？大家心目中的這群英雄，真的比我們今天每個人都來得更堅強、更勇敢，或更盡忠職守嗎？假如把他們全部

放在鎂光燈下，以今日看待政客及明星的同樣標準加以檢證之後，他們還算不算得上英雄？

我們對經歷過第二次世界大戰那一代人的崇敬，在很大程度上反映了我們如何看待自己的歷史，以及這段歷史在今天對我們的影響。接下來，就讓我們瞧瞧世上某些向英雄主義致敬的紀念碑，並且除了思忖它們所陳述的過往，也體會一下派生於現今的價值與理念。我們要探討這些價值在時過境遷當中起了什麼變化。我們的英雄是否仍高風亮節、令人景仰？而當我們對過去的美好記憶和極其無情的歷史現實相互衝突時，又會出什麼事？

第1章

「祖國召喚」紀念碑

Public Domain/ Wikimedia Commons

——不管敵人多麼兇殘，祖國永遠屹立不搖。

俄羅斯
伏爾加格勒

第二次世界大戰或許是至今為止、舉世最殘酷的人類大災難。歷史學家孜孜矻矻，嘗試找出種種最能傳神表達它無數駭人規模與情狀的詞語。各種統計數據堆積如山——超過一億名士兵參戰、超過六千萬人在殺戮中喪生、白白浪費超過一點六兆美元。但是，這麼大的數字其實令大多數人感到無以名狀。

紀念碑、紀念館及博物館並不依靠統計數據，而是以其他方式來呈現二戰的空前規模。精心挑選的單一圖符所蘊涵的意義往往更勝文字。舉例來說，當看到奧斯威辛（Auschwitz–Birkenau）集中營紀念館[1]中堆積如山的鞋子時，誰的腦海中不會浮現那數不清被強行脫去鞋子的人類屍體？有時物件雖小，卻能讓人聯想到巨大事物。例如，廣島和平紀念資料館展示了幾件鐘錶，它們的指針永遠停在原子彈爆炸的那一刻。這似乎在說，原子彈爆炸的威力是那麼強大，甚至足以讓時間停頓。

或許，紀念碑用以傳達戰爭事件所造成巨大影響的方式越簡單，其實也越有效：純粹透過戰爭本身的巨大規模就足夠了。這本書中談到的許多紀念碑都具有生命中不可承受之重，而它們有些確實大得嚇人。大致來說，它們所紀念的事件越是浩大沉重，紀念碑的體積規模也就越發驚人。

這一章就要告訴你它們當中最大的一座：俄羅斯伏爾加格勒市（Volgograd，即二戰時的

1 譯注：二戰期間，納粹德國規模最大的集中營，位於波蘭奧斯威辛。本書第十二章就以其原址設立的博物館為主題探討。

史達林格勒〔Stalingrad〕）的馬馬耶夫崗（Mamayev Kurgan）山頂上聳立的碩大雕塑。它的龐然體積訴說著許多事情——不僅涉及第二次世界大戰，更關乎俄羅斯精神，而且深深連結到民族的歷史包袱。

——

馬馬耶夫崗上不是只有一座紀念碑，它是個紀念碑林立的場址，而且一座比一座巨大。我頭一回造訪時，感覺自己好像來到一個巨人的國度。在山腳下，一座打著赤膊的巨大男子雕像站立著，一手緊握機槍，另一手抓著手榴彈。他看來就像從岩石堆後縱身躍出，全身肌肉突起，有三層樓那麼高。在他身後、通往山頂的台階兩旁，是一群大塊頭的士兵浮雕，彷彿決戰將至、紛紛從殘垣斷壁中蜂擁而出的樣子。爬上山坡看向更遠處，會看到一位哀傷母親的龐大雕塑，足足比我住的房子大上兩倍。她俯身凝望兒子的屍體，眼淚滴淌到一池大水塘，人稱「淚湖」（Lake of Tears）。

陳列在公園裡的十幾座人像，個個巨大：沒有哪一座的高度低於六公尺，而且其中某幾座英雄雕塑還要再大上三或四倍。然而，位於上方山頂、高高聳立的一座雕像頓時讓他們全部成了孩子。山頂上地勢險要，俯瞰窩瓦河（Volga），坐落於此的雕像碩大無朋——那是象徵俄羅斯母親的雕像，正在呼喚孩子們起身為她作戰。只見她張口吶喊，頭髮與衣裳在風中飄蕩。她的右手高舉一柄寬闊長劍，直指天空。從腳底到劍尖，她那八十五公尺高的身形兀立在半空中，幾乎比紐約自由女神像高兩倍、重四十倍。她在一九六七年首次亮相，成為當時世界上最大的雕像。

這座名為「祖國召喚」（*The Motherland Calls!*）的紀念碑，是俄羅斯最具代表性的雕像之一，由前蘇聯雕塑家葉夫根尼・烏切季奇（Yevgeny Vuchetich）花了數年時間設計、建造完成。整座雕像大約使用了兩千五百公噸的金屬和五千五百公噸的混凝土。光是那柄長劍就重達十四公噸；也因為它實在太重了，烏切季奇只好與一位名叫尼可萊・尼基金（Nikolai Nikitin）的結構工程師合作，以確保劍不會因為太重而落下。他們不得不把劍身部分鑽空，免得強風吹到劍時引起晃動，危及整個結構。

要是這座紀念碑蓋在義大利或法國，恐怕會顯得大而不當。但這裡可是窩瓦河畔那座昔日稱為史達林格勒的城市——在這裡，它在靜謐中給人的那種情境感受，可說是再恰當不過。一九四二年，在此地爆發的戰役讓西方戰場上的一切戰爭相形見絀。起初是德軍以二戰以來最猛烈的空中轟炸揭開序幕，接下來則有十幾支集團軍發動進攻與反攻。戰役演變成範圍遍及整座城市的巷戰，雙方士兵在炸成廢墟的房舍間，一條街、一條街乃至挨家挨戶地廝殺。在那五個月當中，差不多有兩百萬人喪生、遭受重傷，或失去自由。交戰雙方在此單一戰役中的傷亡合計，便已超過英、美兩軍在整場二戰的傷亡總數。

當你站在馬馬耶夫崗頂，籠罩於祖國召喚巨像的陰影下時，你可以感覺到這整段歷史的沉重。即便身為外國人，同樣會感覺到壓抑和窒息。對不少俄國人來說，這是個神聖的地方。這座山丘的俄語「*Kurgan*」意味著古墳或墓塚，最初專屬於一名十四世紀的軍閥，然而經歷了歷史上規模最大戰爭中最浩大的一場戰役之後，它被賦予一種新的象徵意義。在這塊一九四二年的主戰場上，埋葬了不計其數的無名士兵及平民屍骨；甚至到了今天，當你走在山丘上，依然可能找到半埋在土中的金屬與人骨碎片。不論從抽象形象上、還是以寫實角度來看，祖國召喚巨像可說不折不扣地挺立在屍骨堆成的山陵上。

俄羅斯的這場戰事規模之大，是馬馬耶夫崗上的紀念碑如此宏偉的原因之一。但這並非唯一原因——實際上，這甚至不是最主要的原因。雖說肌肉發達的英雄和哭泣母親的雕像都相當龐大，但唯有兀立於山崗頂上的那位女巨人才真正夠分量，足以主宰下方所有的雕像。要記得，這一切並不是要銘記那場戰爭，而是象徵「祖國」。這裡傳達的訊息很簡單：不管戰爭再慘烈，不管敵人多麼凶殘，「祖國」永遠屹立不搖。祖國召喚雕像的巨大身形，應當是為了對浴血苦戰的士兵及哭泣的母親提供慰藉，提醒大家儘管犧牲重大，但至少共同成就了強大與燦爛。這便是馬馬耶夫崗的真實意涵。

第二次世界大戰結束後，前蘇聯人民幾乎無以慰藉。他們不但仍處於戰亂損害所帶來的創傷之中，而且還面臨著不確定的未來。不像美國人，俄羅斯人沒能從戰爭中獲得經濟利益；相反地，戰爭暴力造成他們的經濟徹底崩潰。此外，俄羅斯人也未能贏得新的自由；儘管人們期待一九四五年後實行政治鬆綁，但史達林很快便重整旗鼓進行整肅。俄羅斯人戰後的日子相當嚴峻。

唯一讓俄羅斯人及其他前蘇聯人民感到安慰的事，或許就是他們的祖國最終證明自己確實是個偉大的國家。截至一九四五年，蘇維埃聯邦社會主義共和國（USSR，簡稱蘇聯）擁有人類有史以來最龐大的陸軍。蘇聯不但控制幅員遼闊的歐亞大陸，還把波羅的海與黑海納入版圖。第二次世界大戰讓蘇聯恢復了固有疆土，並同時朝著西方與東方進一步拓展，這時蘇聯的勢力範圍已經深入歐洲的心臟地帶。二戰前，蘇聯國內動亂致使國力衰弱，充其量只是個次等強國。但二戰之後，蘇聯成了超級強國。

馬馬耶夫崗上的祖國召喚巨像便是設計來證明這件大事。巨像於一九六〇年代建造，時值蘇聯國力達到巔峰。高聳的巨像旨在警告任何人不要斗膽進犯蘇聯，而它同時也是一個要蘇聯人安心的符號。巨像在此宣告它將永遠保衛子民。

當蘇聯公民初次站在山頂上，身後有祖國召喚的庇蔭，前景看似壯麗無垠。他們立足之處以西、方圓一千英里的範圍全部是蘇聯領土。向東行，即使跨越了九個時區都還在國境之內。就連天空都好像歸他們所有：第一位太空人來自俄羅斯，第一位女性太空人也是。當他們仰望祖國召喚這座巨像，會情不自禁地眺望其後方無邊無際的天空。

自那時起，俄羅斯一直在蓋各種戰爭紀念碑。它們當中有許多都跟在伏爾加格勒的規模不相上下。比方說，一九七四年莫曼斯克（Murmansk）豎起一座高達四十二公尺的蘇聯士兵像，以茲緬懷一位在一九四一年七月在北極地區作戰殉國的軍人。一九八〇年代初，當時仍隸屬於蘇聯的烏克蘭，於基輔（Kyiv）豎立了第二座祖國召喚雕像。（它跟馬馬耶夫崗的雕像一樣由烏切季奇設計。連同底座，它的高度超過一百公尺，或約略三百二十英尺。）接著，在一九八五年，為慶祝終戰四十週年，蘇聯拉脫維亞首都里加（Riga）豎起了一座七十九公尺高的勝利紀念碑。

所有這些雕像都是權力與信心的象徵。然而光陰流逝，自祖國召喚雕像於伏爾加格勒落成後，轉眼已過了一個世代，這時蘇聯的國力開始動搖。一九八〇年代，波蘭與東德等「東方集團」[2]國家開始擺脫蘇聯束縛，最終導致共產主義在這些國家完全崩盤。隨後，蘇聯本身也逐漸解體：首先是立陶宛於一九九〇年三月獨立，緊接著波羅的海、東歐、高加索，和中亞等地的十三個國家相繼脫離。巨人就此土崩瓦解。最終，一九九一年十二月二十六日，蘇聯宣布解體。

在那段期間，許多俄國人感到絕望。一九九〇年代末擔任美國國務卿的瑪德琳．歐布萊特（Madeleine Albright）[3]講過一個故事，說她曾遇到一名俄羅斯男子向她吐苦水：「從前我們是超級強國，而今天我們不過像個擁有飛彈的孟加拉。」幾十年來，對於像他這樣在整個世紀中吃盡苦頭的人來說，國家的偉大是唯一的慰藉。現在，這僅存的尊嚴也被剝奪了。

在如此氛圍下，俄國龐大的戰爭紀念碑開始看來不再是權力的象徵，意境上反倒貼近雪萊（Percy Bysshe Shelley）[4]一首著名十四行詩〈奧茲曼迪亞斯〉（Ozymandias）的情懷：昔日輝煌的遺物，注定要被時間的沙塵緩慢而無情地吞噬。不過，這段歷史並未讓俄國官方怯步，甚至剛好相反——俄羅斯始終沒有停止慶祝第二次世界大戰勝利的榮耀。譬如，一九九五年，一座嶄新打造的「衛國戰爭中央博物館」（Museum of the Great Patriotic War）於莫斯科開幕。

在博物館前方，有一座聳入雲霄的紀念碑甚至比馬馬耶夫崗頂的巨像還高——沒錯，這座新紀念碑高達一百四十一點五公尺，世上還真找不到比它更高的二戰紀念碑。而新的紀念碑仍舊蓋個不停。二〇〇七年四月，別爾哥羅德（Belgorod）、庫爾斯克（Kursk）、奧廖爾（Oryol）等三個城市被授予「軍事光榮城市」（Cities of Military Glory）的封號，各自豎起了嶄新的方尖紀念碑，以褒揚它們在戰爭中的卓越表現。隔年十月，又有五個城市獲得此一封號，分別豎起另外五座方尖紀念碑。短短五年內，俄羅斯全國共有四十多個城市以同樣形式獲得此殊榮，從維堡（Vyborg）到海參崴（Vladivostok），一座座嶄新的紀念碑拔地而起。

為什麼俄國人繼續用這種方式紀念戰爭？距離二戰最後幾天的戰役，都已過了七十五年了。難道不該喘口氣了嗎？

對於俄國看似永無休止地著迷於建立巨大的二戰紀念碑一事，有幾種可能的解釋。首先，是這場戰爭對俄羅斯人造成的心理創傷過於強烈，他們因而無法輕易遺忘。就跟有創傷壓力症候的患者一樣，他們經常出現一種「回到過去」的錯覺，以致他們不由地一遍又一遍講述戰爭往事。這許多新建的、似乎一座比一座大的紀念碑，是俄羅斯與過去妥協的方式。

我相信這觀點並沒有錯，不過又講得太簡單了。例如，這個觀點無法說明，為什麼現在這

---

2 譯注：東方集團為冷戰期間，西方陣營對以蘇聯為首的中歐及東歐的前社會主義國家的稱呼。

3 譯注：瑪德琳・歐布萊特，一九三七年生於捷克的美國政治家，也是美國首位女性國務卿。

4 譯注：雪萊（1792—1822），英國浪漫主義詩人。在著名的〈奧茲曼迪亞斯〉一詩中，雪萊以埃及法老拉美西斯二世（即奧茲曼迪亞斯）的破敗雕像為題，借古諷今。

些紀念碑的規模及重複程度更甚以往。難道現今俄羅斯生活中有某種因素，會讓人身歷其境般地回到過去？

我不禁感覺，一定存在某種重新包裝的不穩定感或無助感，逼得俄羅斯人更加義無反顧地堅持他們的戰時英雄主義。也就是說，他們今日豎起的紀念碑，既與過去有關，也與現在有關。

又或者說，這也許只是一種單純的「國族塑造」（nation-building）。俄羅斯已不再是昔日那個國家，而且它自從失去了帝國榮耀，至今尚未找出自身在世界的新定位。對許多俄國人來說，修建戰爭紀念碑是為了銘記自己的國家曾經擁有的地位。這或許也帶給他們一種希望，那就是不久後的某一天，俄羅斯便將再次崛起。紀念碑蓋得越大，人們的自豪感與懷舊情緒就越強烈。對這場戰爭的頌揚，已成為俄羅斯總統普丁（Vladimir Putin）打造新國家認同感計畫的核心支柱。

在馬馬耶夫崗，人們也可以感覺到同樣的感受。一九九〇年代，蘇聯政權崩潰時，祖國召喚雕像跟著開始傾頹。環繞淚湖的管道腐朽，漏水滲入雕像周圍山丘，使得土壤鬆動。到了二〇〇〇年，雕像手臂上出現深深的裂痕。幾年後，有報導稱，雕像已側傾二十公分。經費拮据的俄國政府長期以來都承諾要為重建工作提供資金，但資金始終沒有到位。沒人曉得這種公然忽視的態度是由於俄羅斯新突顯的貧困問題，還是由於對蘇聯的歷史過往所新生的矛盾心結。

然而，最近幾年，這座紀念碑又重新煥發出生機。我在二〇一八年造訪俄國時，祖國召喚剛剛修復完成。伏爾加格勒市中心的其他紀念碑也進行了翻新，城市裡的勝利公園（Victory Park）全部關閉進行整修。在名為「陣亡英雄廣場」（Square of the Fallen Heroes）的中央廣場上，學生們正在練習踢正步，準備參加紀念史達林格勒陣亡將士的儀式。

這裡存在驕傲，也存在等量的悲傷。今天，當你爬上山丘，會見到來自俄羅斯各地的民眾；他們來到此地，表達敬意。家長帶著孩子前來，讓孩子們知曉關於他們高曾祖父一輩的英雄事蹟。年輕婦女在祖國召喚這座紀念碑前擺弄姿勢拍照，同時也在其底座獻上一束束紅色康乃馨。軍人們身著正式軍禮服，登上台階時，身上的勳章叮噹作響。

這些人當中，沒有誰能逃脫造就他們的歷史，也沒人能逃避一九四五年以來對於偉大的渴望，這種渴望已成為他們國家意識中不可或缺的一部分。無論好壞與否，他們都繼續活在山頂那座巨大雕像的庇蔭下。

「祖國召喚」紀念碑（*The Motherland Calls!*）

◆**所在位置**—俄羅斯伏爾加格勒市，馬馬耶夫崗

◆**建立宗旨**—紀念一九四二年七月爆發的史達林格勒戰役

◆**設計者**—雕刻家葉夫根尼．烏切季奇（Yevgeny Vuchetich）與結構工程師尼可萊．尼基金（Nikolai Nikitin）共同完成

◆**尺寸**—八十五公尺高、八千噸重（含底座）

◆**落成日**—一九六七年十月十五日

◆**現況**—二〇〇〇年，雕像手臂出現裂痕，到了二〇〇九年甚至開始側傾。俄國直到二〇一七年才開始全面的修復工程，並於二〇二〇年八月完工。

第2章

「四名沉睡者」紀念碑

——是誰在為我們民族的自由而戰？

波蘭
華沙

每個國家都以自己的英雄為榮。我們替這些英雄建造紀念碑，也在心中為他們保留特殊地位，因為他們代表我們所珍視的一切：他們展現了我們最好的一面，鮮活體現出我們最為動人的特質。然而，我們對自己的想像，並不總與我們的真實樣貌相符，此外也不同於別人對我們的看法。我們也許為自己的紀念碑感到無比光榮，但當他人以不同的價值觀來看，或許就會覺得毫無英雄氣概可言，甚至令他們感到十分醜惡。

俄國人民完全有理由為自己的二戰英雄感到自豪，但是他們不必走出國門太遠，就會發現另一種非常不同的說法，敘述俄國在戰亂中扮演的另一種角色。在烏克蘭與波蘭等鄰國，俄國人通常不被視為英雄，而是殖民者。在歐洲的紀念碑中，有不少就彰顯出這種另類敘述。其中，有一座紀念碑尤其清楚地告訴我們，不同版本的歷史已經造就多麼兩極化的意見。

「武裝兄弟紀念碑」（Monument to Brotherhood in Arms）建造於一九四五年，並在該年底豎立於華沙。這座紀念碑是由蘇聯陸軍工兵少校亞歷山大・年科（Alexander Nienko）設計，然後由一群波蘭雕刻家合力完成。在六公尺高的基座上，有著三名超過真人尺寸的士兵，他們手持武器、大步向前。下方基座的四個角上則有另外四座雕像——兩名蘇聯士兵和兩名波蘭士兵擺出低頭默哀的模樣。由於戰時物資匱乏，雕像最初是用彩繪石膏製成，兩年後則改由熔化德國武器取得的青銅鑄件所取代。基座上鐫刻著這些文字：「光榮屬於蘇聯軍隊的英雄，他們

是我們的同志，為了波蘭民族的自由與獨立獻出了生命。」

這座紀念碑的宗旨，是描繪波蘭與蘇聯人民建立友誼的新時代。二戰前，這兩個國家走過一段充滿磨擦與爭端的歷史，可追溯至沙皇專制時期。兩國在開戰之初其實分屬敵對陣營；蘇聯最初曾與希特勒結盟，於一九三九年與德軍聯手侵略波蘭。但是兩年後，納粹德國調轉槍口，蘇聯只得尋求與波蘭人建立新的合作關係——蘇方赦免波蘭戰俘及流放者，容許他們組建一支軍隊。接下來，在一九四五年間，約有二十萬名波蘭士兵和他們的舊仇家並肩作戰。波蘭士兵與蘇聯士兵協力對抗納粹，共同解放了華沙。

如此看來，武裝兄弟紀念碑同時發揮了幾項功用。首先，它正式承認了波蘭對蘇聯的虧欠；如果沒有蘇聯紅軍的犧牲，波蘭在一九四五年根本就不會存在。再者，它鼓吹人們對於未來感到希望——假如兩國在戰時共同為了解放波蘭而戰，那麼這份合作關係何不延續到和平時期呢？但當然，它也是為政治宣傳而設計。高高地踩踏在基座上的，是蘇聯軍人，而波蘭士兵則站在下方——這意味著，從現在起，就蘇聯立場而言，這才是正確的位階架構。

戰後，華沙建有許多這樣的紀念碑，這只是第一座。類似的紀念碑紛紛出現在全國各地，有慶祝波蘭與蘇聯之間的友誼的雕塑、有紀念共同戰勝納粹的方尖碑，還有紀念兩國戰爭死難者的牌匾，以及烈士陵園、英雄墓地及永不熄滅的火焰。根據一九九四年擬出的一份清單，戰爭結束後，波蘭各地修建了大約五百七十座紀念碑，以紀念戰死的蘇聯士兵。這都是依托於波蘭與蘇聯戰時合作的基礎，攜手創造共產主義新未來的官方所付出的部分努力。

不幸的是，這些紀念碑沒有一個能像蘇聯的類似紀念碑那樣，激起人們的愛國心與奉獻精神。因為它們頌揚的是外國人的功績與犧牲，無法讓波蘭人民引以為榮——它們充其量只是表達感激與友誼的紀念碑。然而一旦感激之情燃盡、友誼變質，這些紀念碑就開始散逸出一種全然晦暗的意義。

大多數波蘭人都非常清楚自己與蘇聯在任何夥伴關係中的地位。當他們看到這些權力與榮耀的象徵，就開始懷疑被強大的蘇聯巨輪碾壓於下的，不僅只有納粹而已。很快地，他們開始發洩對於那些符號的不滿。因此，蘇聯紀念碑經常遭到蓄意破壞、汙損，或者布滿波蘭民族主義者的塗鴉。波蘭人根據記憶中蘇聯士兵在解放期間的所作所為，給這些紀念碑取了帶有貶義的綽號，比如「搶劫犯紀念碑」或「無名強姦犯之墓」。華沙的武裝兄弟紀念碑也未倖免於難。人們開玩笑說，位於四個角的雕像並不是在低頭默哀，而是在執勤時睡著了——後來，這座紀念碑就被老百姓戲稱為「四名沉睡者」[1]（The Four Sleepers，波蘭文 *Czterech Śpiących*）。

接下來的四十年，這座紀念碑繼續屹立在位於華沙帕拉格區（Praga）的基座上，其所在

1 作者注：這個綽號最早出現時所代表的意義比如今更加激進。根據當地人回憶，蘇聯紅軍本來早在一九四四年就可解放華沙，那時當地民眾已經起義反抗納粹占領軍。然而，蘇聯人一直等到起義行動被徹底瓦解，順帶消除了未來對自己政權的任何抗爭後，才終於越過維斯瓦河（Vistula），解放這個成了一片廢墟的城市。換句話說，當華沙燃燒時，他們在「睡覺」。

的文蘭斯基廣場（Wileński Square）偶爾會被用作追思戰爭的場所，或是慶祝共產主義在歐洲贏得重大勝利的大會地點。比方說，慶祝紅色十月革命三十五週年時，華沙愛樂管弦樂團便在這裡演奏，官員們在樂聲中將花束擺放在紀念碑下。

然而到了一九八九年，一切天翻地覆。在那極不尋常的一年裡，整個東歐的共產黨政府逐一瓦解。柏林圍牆被推倒，獨裁政權被推翻，各地的蘇聯紀念碑遭到拆除。有好一陣子，世界各地的報紙時會不時刊出雕像倒塌的照片：羅馬尼亞的彼得魯·格羅薩（Petru Groza）[2]、阿爾巴尼亞的恩維爾·霍查（Enver Hoxha）[3]、波蘭的博萊斯瓦夫·貝魯特（Bolesław Bierut）[4]，以及在全歐洲，一會兒是這裡的列寧像倒塌、一會兒那裡的列寧像倒塌，一座又一座的列寧像倒個沒完。

在這樣的時代背景下，華沙的四名沉睡者紀念碑竟然熬過那些年頭、毫髮未損，確實令人難以置信。一九九二年，當地政府曾短暫考慮將它拆除，卻遭到強烈反對——特別是當年參與建造的一位波蘭藝術家斯特凡·莫莫特（Stefan Momot）；他在集會上公開捍衛自己的作品，於是當地政府最後打消了拆除的想法。

但是十五年後，拆除它的聲浪再起，而且這次人們有實際的理由。在規劃全市交通改善計畫的過程中，專家們打算在紀念碑所在位置蓋一座新的路面電車站。雖然他們不久便放棄了這個主意，可是四年後，專家在另一項交通建設專案中堅持一定要拆除四名沉睡者紀念碑，才能騰出地方來興建一座新的地鐵站。市政當局承諾，等到地鐵站一完工，就會把紀念碑搬回原址。於是，紀念碑在二〇一一年被拆下，送到位於米哈沃維採（Michałowice）的一所保養工坊。

對於那些反對這座雕像存在的人來說，這顯然正是他們等待已久、千載難逢的好機會。其中，鼓吹右翼民粹主義運動的「法律與正義黨」（Law and Justice Party）成員說話特別大聲。他們聲稱絕不允許紀念碑返回廣場，因為它頌揚一個迫使波蘭臣服超過四十年的外國強權。他們說，四名沉睡者是恥辱的紀念碑，而且講述的是蘇聯版本的故事，把波蘭人民描述成被動的順民；一切諸如此類的紀念碑，都是對波蘭的侮辱，況且歪曲了波蘭歷史。

還有其他人物也加入詆毀這座紀念碑的行列。許多歷史學者與前異議分子指出，四名沉睡者紀念碑屹立的廣場附近，曾經擠滿各種國家迫害機構：華沙公安局、一間省級拘留中心、NKVD 總部（*Narodnyy Komissariat Vnutrennikh Del*，蘇聯史達林時期的主要政治警察機關），以及一座城市監獄，它們全都位於距離紀念碑不到一百公尺的範圍內。「在這地方的每一個角落，都有人在審訊和折磨所謂的『國家的敵人』。」波蘭民族回憶研究所的安傑伊．扎維斯托斯基（Andrzej Zawistowski）博士如此寫道。對這些人而言，這座紀念碑不僅代表歷史的囚禁，更是監獄本身，曾經迫害過活生生的人民。

不過，也有不少人願意站出來為保護這座紀念碑發聲。社會主義從政者宣稱，這座紀念碑

2 譯注：彼得魯．格羅薩（1884—1958），羅馬尼亞律師與政治家，為親共的「耕者陣線」（Ploughmen's Front）領導人。一九四七年十二月三十日羅馬尼亞人民共和國成立，格羅薩在新政府中擔任部長議會主席。

3 譯注：恩維爾．霍查（1908—1985），阿爾巴尼亞共產黨領袖，一九四六年協助成立阿爾巴尼亞人民共和國，行獨裁統治長達四十二年直至逝世。

4 譯注：博萊斯瓦夫．貝魯特（1892—1956），曾任波蘭統一工人黨總書記。一九五六年二月率領黨代表團出席蘇聯共產黨二十大，會後因心肌梗塞，逝世於莫斯科。

根本不是為了諂媚史達林，或是紀念曾經壓迫波蘭的蘇聯領導人；相反地，它只不過是在緬懷那些平凡的士兵，而這些士兵往往都是被迫加入紅軍。波蘭老兵們指出，除了死在波蘭土地上的六十萬個「薩沙與凡尼亞」們（Sachas and Vanyas），[5]波蘭子弟兵也在紀念碑中享有一席之地。

爭論延燒了整整四年，上過無數次的新聞版面，也歷經多次請願、媒體交鋒、遊行示威及破壞行動。二〇一三年，當地政府對紀念碑的存廢問題展開民意調查，結果看來不言而喻：只有百分之八的人希望銷毀這座紀念碑，百分之十二的人想把它搬遷到偏僻地點，但卻有百分之七十二的人希望將紀念碑放回廣場原址。然而，反對者抨擊這項民調，說抽查人數不足千人，還說其中多數人僅是因為習慣看到這座紀念碑，才想保留它。他們認為，波蘭必須先摒棄這種歷史餘毒，才能走向未來。

到頭來，仍是民族主義派系勝出。二〇一五年，華沙市議會終於宣布不會讓「四名沉睡者」紀念碑返回文蘭斯基廣場。三年後，市議會又宣布已將該紀念碑捐贈給華沙北邊新建的波蘭歷史博物館（Museum of Polish History）。按照館方人員說法，要到二〇二一年才會開放參觀——差不多是它從原址被移除的十年之後。

什麼是英雄？當英雄又是為了什麼？俄國人把拆除他們戰爭英雄的行為，視作對個人的侮

辱，但英雄其實遠遠不僅是要作為一般人民的表率——英雄更是理念的象徵。當人們不再認同這些理念時，那麼英雄們或許真的應該下臺走人。

在俄國人心中，四名沉睡者這樣的雕像代表著英勇、解放、兄弟情誼，當然還有偉大。但是從波蘭人和其他東歐人的角度來看，這些雕像所體現的意義卻天差地遠：它們代表征服、屈辱、壓迫。事實是，這些紀念碑同時代表兩套思維，但圍繞它們的情感卻是如此強烈，以至於許多人根本不願接受這種模稜難辨的現實。

近年來，關於一九四五年記憶所激起的爭端橫掃全波蘭，四名沉睡者紀念碑不過是這場紛亂中的一個犧牲品。在一九八九年鬧哄哄的氛圍中，好幾十座蘇聯戰爭紀念碑被推倒或搗毀，而在隨後幾年裡，地方議會又拆除了另外幾十座紀念碑。最後，在二〇一七年，波蘭政府又推動計畫，要拆除剩下的所有這類紀念碑。這項舉措違背了一九九四年波蘭與蘇聯達成的互相尊重彼此「記憶遺址」的協議。然而，目前波蘭政府已被民粹主義政黨「法律與正義黨」把持，他們聲稱自己所做的，其實只是從波蘭城鎮中移除外國勢力的象徵，並承諾不碰任何標明確實是陵墓的地方。

如此展開清算的國家不只波蘭。例如，二〇一五年烏克蘭政府也通過一條法律，旨在將全國徹底「去蘇聯化」，包括拆除所有共產黨的符號和雕像，並重新命名了數以千計的街道、城鎮和村莊。烏克蘭的這項工程的進展速度很快。到了二〇一八年，烏克蘭民族記憶研究所

5 譯注：薩沙與凡尼亞都是常見的俄羅斯名字。

（Ukrainian Institute of National Remembrance）的所長沃洛迪米爾・維亞特羅維奇（Volodymyr Vyatrovych）便宣布，「去共產主義化」已經在全國範圍內實現。

中歐至東歐各地都掀起了針對蘇聯戰爭紀念碑的類似爭議。奧地利首都維也納的「紅軍英雄紀念碑」（Monument to the Heroes of the Red Army）經常遭人破壞。保加利亞首都索菲亞（Sofia）的「蘇聯軍隊紀念碑」（Monument to the Heroes of the Red Army）多次被潑灑油漆——有時是惡作劇，但更多時候是對俄國政府的近期作為的抗議。拉脫維亞首都里加（Riga）的「蘇聯勝利紀念碑」（The Soviet Victory Monument）於一九九七年遭到拉脫維亞極右翼民族主義團體炸彈攻擊，在那之後，曾參與二戰的拉脫維亞老兵便不斷要求拆除該紀念碑。二〇〇七年在愛沙尼亞，向「塔林解放者」（liberators of Tallinn）致敬的「青銅士兵紀念碑」（Bronze Soldier）從市中心被拆除，並搬遷到幾公里外的軍人公墓，引發居於塔林的俄羅斯少數族群長達兩天的抗議。

東歐各國有許多人覺得唯有透過這種破壞偶像的行動，才能讓國家從共產黨所造成歷史包袱中解脫。想想他們曾遭受的一切，這種想法不難理解。只不過，就像心理學家常說的，想要擺脫歷史並不容易。很顯然，這群人正在解構一座監獄，結果反而又替自己打造了另一座監獄。

與此同時，絕大多數俄國人急著想搞懂為什麼東歐人這麼痛恨自己。眼見自己的戰爭英雄被人拆掉，俄國人認為這是對自己的人身冒犯。不過，他們已不再統治東歐了，所以對此也無可奈何。

43 「四名沉睡者」紀念碑

波蘭．華沙

武裝兄弟紀念碑（Monument to Brotherhood in Arms）

◆**別名**—「四名沉睡者」（The Four Sleepers）

◆**所在位置**—波蘭華沙市布拉格區，文蘭斯基廣場

◆**建立宗旨**—紀念一九四五年間波蘭與蘇聯士兵協力對抗納粹、解放華沙，特別獻給六十萬名喪亡於波蘭土地的紅軍士兵

◆**設計者**—蘇聯少校亞歷山大．年科（Alexander Nienko）與一群波蘭雕刻家合力完成

◆**尺寸**—十公尺高、八千噸重（含底座）

◆**落成日**—一九四五年十一月十八日

◆**拆遷日**—二〇一一年十一月二十三日

◆**現況**—二〇一一年因華沙市交通規畫而遭拆除。二〇一五年，華沙市議會宣布紀念碑不會移回原址，並於二〇一八年宣布紀念碑已捐贈給波蘭歷史博物館。

第3章

海軍陸戰隊戰爭紀念碑

——他們是人類有史以來最偉大的一代人。

美國
維吉尼亞州阿靈頓

©Library of Congress, Prints & Photographs Division, HALS VA-9-15

如果說俄羅斯不朽的英雄雕像，反映出這個國家對成為偉大國家的渴望，那麼另一個戰後超級強國又是什麼情況呢？美國人民多半如何看待他們的英雄？

我在工作生涯中，經常前往世界各地講述有關第二次世界大戰的故事。在某次講座上，我談到了美國的英雄神話。這個主題讓我著迷，因為對像我這樣的歐洲人來說，其中許多內容顯得相當極端。美國人有時好像認為他們的戰爭英雄根本就不是人類，而是傳說中的人物、甚至聖人。雷根總統稱他們是一支基督大軍，受到信仰的激勵和上帝的祝福。柯林頓總統稱他們為「自由鬥士」，因為對抗「黑暗勢力」而永垂不朽。電視新聞記者湯姆．布羅考（Tom Brokaw）曾十分高調地宣稱他們是「人類有史以來最偉大的一代人」。試問，現實世界的士兵或退伍軍人怎麼可能達到如此高標的期望？

我也注意到，不同地方的聽眾對我演講內容的反應可說是大相徑庭。每當我人在美國，我的聽眾往往靜寂無聲地恭敬聽講，他們有些人同意我的觀點，也有些人不同意。可是，不管我到歐洲任何地方演講，總會遇到聽眾們在台下竊笑。有一次，我引用柯林頓總統在「歐戰勝利紀念日」（V-E Day，Victory in Europe Day）五十週年慶典致詞的一段話，卻發現聽眾們時不時地放聲大笑起來。美國人的激昂措詞，讓不少歐洲人感到滑稽可笑。

發表演講時能夠博得聽眾笑聲是件好事，但這種笑聲的背後寓意非比尋常，讓我感到難受。歐洲人經常取笑美國對世界一廂情願的看法，然而他們自己往往對美國一無所知。他們並非有意不敬，只不過是難以相信竟然有人如此這般地描述自己國家的退伍軍人。但美國人可沒在開玩笑。在美國人心目中，他們的士兵在二戰中的表現，足以代表整個國家最美好的一切。

人們若親眼見到美、歐兩地的戰爭紀念碑，立刻就能夠看出歐洲人與美國人在認知上的鴻溝。美國人為英雄蓋紀念碑，而歐洲人更多時候是為受難者蓋紀念碑。美國人的紀念碑是在紀念豐功偉業，但歐洲人的則顯得陰鬱嚴肅。此外，美國人的紀念碑彰顯理想主義，而歐洲人的紀念碑則可能在道德觀上的表態較為模糊——至少偶爾如此。

要說美國人不懂歐洲人為何如此，那是因為美國人從沒領教過歐洲或亞洲曾遭受的苦難。絕大部分的美國人都只曾透過拍攝團隊或戰地攝影師帶回的影像，來體會什麼叫戰爭，而這通常無法最真實、最全面地呈現所發生的事情。美國有些最著名的戰爭紀念碑，就是按照這些照片蓋出來的，難怪它們會呈現出相當理想主義的觀點。

但話又說回來，歐洲人之所以不理解美國人，其實原因大不相同。歐洲人未能意識到一項事實，那就是美國人對二戰的情感之深並非出於一種歷史感，而是來自一種認同感——這場戰爭彷彿變成一幅布幔，美國人在上面投射出他們深層的思想與情感，而這種思想與情感源於美國的精神核心。換句話說，當美國公眾人物對二戰熱情洋溢地說個不停時，他們其實講的並不是這場戰爭。我們會從本書中得知，只要仔細看看美國人蓋的戰爭紀念碑，馬上就可清楚發現這一點。

——

維吉尼亞州阿靈頓（Arlington）的「海軍陸戰隊戰爭紀念碑」（Marine Corps War

Memorial），是所有象徵美國二戰期間的英雄主義的紀念碑當中，人們最喜歡的一個。它位於美國權力的核心地帶，距離五角大廈不遠。從這裡，你能毫無阻攔地眺望波托馬克河（Potomac River）對岸的林肯紀念堂、華盛頓紀念碑，以及美國國會大廈。無可否認，海軍陸戰隊戰爭紀念碑是這個國家最重要的紀念碑之一。

嚴格來講，它其實不是一座二戰紀念碑，而是一座向所有自美國於一七七五年開國以來陣亡的陸戰隊官兵致敬的紀念碑。不過，它是在第二次世界大戰剛結束時建造的，由參與那場戰爭的海軍陸戰隊員捐款資助。此外，它是以一九四五年最經典的一張照片為原型塑造而成——一群陸戰隊員於硫磺島戰役時在折缽山頭（Mount Suribachi）豎起美國國旗，攝影師喬．羅森塔爾（Joe Rosenthal）當下捕捉了這幀照片。

這座紀念碑描繪六名士兵，肩上背著槍，雙腳踏在一小塊參差不齊、天地不仁的土地上。就跟我們從開篇至今看過的所有雕像一樣，這座紀念碑也相當龐大——高度超過五個大人加起來的身高。最前面那名陸戰隊員弓身前傾、幾近水平狀，以全身重量把一根粗大的旗桿插在地上。他身後的隊員們蜷腰緊挨彼此，也努力把自己的重量用於完成這項使命。最後面那名陸戰隊員挺身向上伸出手指，試圖扶住旗桿。在他們下方的黑色基座上，刻有太平洋艦隊總司令切斯特．尼米茲（Chester Nimitz）對陸戰隊在硫磺島英勇表現的總結評語：「罕見的英勇，是普遍的美德」。

跟所有壯觀的紀念碑一樣，這座紀念碑訴說著一個故事。然而這個故事的層次太多，要想好好讀懂它，我們得先回到這場爭端之初。

美國是在一九四一年十二月七日投入二戰的；這一天，日本對美國珍珠港的太平洋艦隊發動了那次惡名昭彰的襲擊。直到今日，珍珠港事變仍是美國歷史上具有關鍵意義的事件。數百架日軍戰機轟炸了美國軍艦、機場及港口設施，時間長達九十分鐘，殺害了超過兩千四百人，擊傷約一千兩百多人。美方有二十一艘軍艦被炸沉，一百八十八架軍機被炸毀。這是一次如假包換的偷襲，因為美國國務卿直到日軍展開攻擊後才收到宣戰告知。這次事件對美國社會造成的震撼難以言喻，只有二〇〇一年發生的九一一恐攻事件才足以相提並論。

這場軍事攻擊背後的邏輯很簡單。日本想控制整個太平洋地區，也曉得為了做到這一點，必須阻撓美國介入。日本決策者從沒想過美國有能力在太平洋地區進行長期戰爭，因此想賭一把，認為迅速贏得一場決定性的勝利，將能迫使美國人坐上談判桌。換句話說，日本認為偷襲珍珠港不該導致與美國開戰，反而以為這麼做能夠避免一場戰爭。

隨便一個對美國歷史有點基本常識的人都會告訴他們，這個戰略是在玩火。美國人向來都是先打才談判的。當美國從最初的震驚中回過神，他們的軍隊便毫不留情地回擊日本，並在接下來的三年半裡，以摧枯拉朽之勢，一步步地奪回整個太平洋。美國海軍打出了赫赫有名的珊瑚島之役和中途島之役等大規模海戰，也出動潛艇攻擊來切斷日本的補給線，並且把日軍趕出一個又一個島嶼。

海軍陸戰隊往往衝在最前鋒，他們在瓜達康納爾島（Guadalcanal）、塔拉瓦島（Tarawa）、馬紹爾群島（Marshall Islands）、馬里亞納群島（Mariana Islands）和帛琉等地的攻防戰，都是整場戰爭中最血腥的幾場戰鬥。在當時，日本士兵因為殘暴頑強且拒不投降而惡名昭彰，給缺乏經驗的美軍帶來嚴重的人員傷亡。但沒過多久，美國海軍陸戰隊便還以其人之道，很少對日軍留下活口，有時還殘忍殺害已放下武器的日本士兵。關於交戰雙方暴行的報導和照片極少傳回美國，因為美國審查人員不想讓民眾在知道戰爭的殘酷真相後感到苦惱或羞愧。

終於，美軍節節逼近日本本土，這時他們面對的第一座島嶼就是硫磺島。經過了整整四天的慘烈激戰，一小批陸戰隊員設法奪下了折缽山頭，那裡是島上的最高點。他們把國旗綁在一根加長的爆破管上豎起，宣告他們已攻克制高點。當天稍晚，第二批陸戰隊員抵達並換上一面更大的國旗，而戰地攝影師羅森塔爾便是在那裡捕捉到流傳後世的這一刻。

這第二次升旗的畫面，在海軍陸戰隊戰爭紀念館裡轉化為不朽的青銅塑像，同時它也成為探討何謂「決心」的課題主題。我們能清楚看見為插上國旗所耗費的千辛萬苦——六個人像中的每一個都繃緊全身的每條肌肉，全力以赴。他們是美國毅力的化身。這座雕像也探討了何謂團結——這些美國人彼此協同合作，所有人雙手握住同一根旗桿，雙腿配合彎曲使力。此外，它也是關於暴力的探討，或許比其他任何美國戰爭紀念碑來得更名副其實。這座雕像上見不到日軍屍體，但這六名男人窮洪荒之力，硬是把國旗插在敵人領土上，這一點至少也透露了某種更邪惡的隱喻，而那是美國審查員絕不想讓美國人民知道的實情。

最重要的是，這座雕像也關於對復仇的探討。故事始於日本偷襲珍珠港，最後則以美國軍人在日本領土上升起國旗收場。這麼看來，它就跟伏爾加格勒的祖國召喚雕像一樣，是一則強烈的警告：任何膽敢侵犯美國的人，都會落得這種下場。

當海軍陸戰隊戰爭紀念館於一九五四年十一月首次揭幕時，站在紀念碑前的人們都會敏銳感受到以上所有情結。雕像刻劃的六名人物中，有三人出席了揭幕典禮，另外三人則因為在羅森塔爾拍下這幀劃時代的照片後不久便陣亡了，所以由他們的母親代為參加。這幾位出席者，連同其他五千名來賓（其中不少曾直接參與了太平洋戰爭），理所當然地都會被這座紀念碑撩起某種惡毒情緒。

不過，復仇和冷酷的決心等特質，並不能說明大多數美國人對這座紀念碑的崇敬之心。每個星期都有好幾千人來此致敬，或是在夏令月份拜訪並欣賞在紀念碑前操演的降旗儀式。他們來此的目的，並不是頌揚暴力。顯然，這裡頭還有另一層意義。

要看出端倪，且讓我們把視線從紀念碑上的前面幾人挪往後面幾人，就會明白這群人並非只是忙著往地裡捅鐵柱；實際上，他們舉著雙手，彷彿在向上天祈願。美國國旗在他們頭頂上方飄揚著。最後面那人正試著觸摸旗桿，但他使勁伸長了手指卻沒能摸著。這種意象讓人聯想到米開朗基羅在羅馬西斯汀教堂裡的著名畫作，畫中的亞當向上帝伸出了手。

雕塑這座紀念碑的藝術家菲力克・德・威爾頓（Felix de Weldon）曾在一九五四年揭幕典禮的演講中說明此一形象的意涵。「這些人伸長了手，」他說道，「是因為個人力有未逮而企求上蒼幫助，那是我們每個人處於逆境時都需要的力量。少了這種力量指引，我們的努力可能付諸流水。」飄揚於他們上方的國旗，就代表這種神聖的指引，威爾頓稱其「象徵我們的團結、我們的力量、我們的思想，以及作為一個國家的宗旨」。

如此看來，這座雕塑的真正命題完全無關乎美國海軍陸戰隊或是戰勝日本人，也跟第二次世界大戰毫無瓜葛。是那飄揚的國旗賦予這座紀念碑的真義。這種融合上帝與國家的象徵，才是美國人如此喜愛這座紀念碑的真正原因。

如果歐洲人和美國人之間對於二戰的記憶存在鴻溝，那麼以上就是它的核心問題之一。歐洲人和美國人從二戰汲取的經驗教訓截然不同。一九三〇年代的歐洲充斥著對旌旗飄揚背後隱藏的事物的恐懼。在接踵而至的暴力歲月裡，歐洲首先體驗到狂熱民族主義坐大且失控後發生的一切苦果。結果是，在今日的歐洲，國旗變成必須非常小心看待的標誌。戰後，在後殖民歐洲，人們凡是對國旗表現出過於熱情的舉措，都會招致懷疑。這種以紀念碑為形式來頌揚將國旗插在外國領土上的想法，在歐洲人眼裡看來是徹頭徹尾的異端。

相較之下，國旗在美國隨處可見——在法院外，在學校和政府大樓廣場上，在公園裡，在家家戶戶大門口、汽車上，乃至衣服上的裝飾，都可以發現它的存在。其實，美國國歌就是一首對美國國旗的讚歌。每一場全美足球聯賽開場前，大家都要唱國歌；每一個孩子從大到可以上學那天起，都透過唱這首歌，宣誓效忠國旗。其實早在二戰開始前很久很久，美國便已如此，只是這場戰爭進一步強化了美國人民與他們的國旗之間的連結。

在大多數美國人心中，國旗的意義遠遠不止於國族情懷（nationhood）而已，但歐洲人並不了解這一點。國旗象徵美國人所相信的普世美德，也就是希望、自由、平等，以及民主。在一九四一年到一九四五年間，美國人看著自己的國旗在歐洲及太平洋上四處飄揚，見到隨之而來的自由解放，從而認為自己正在成就了不起的大事。戰爭過後，美國寬待戰敗的對手，協助他們恢復經濟元氣，並迅速歸還國家主權。這便是硫磺島戰役紀念碑傳達的終極意義——美國士兵在外國領土插上自家國旗的舉動並非征服，而是解放。

美國人對這一點深信不疑。這就是為什麼從一九四五年至今，美國如此張揚地在韓國、越南、格瑞納達、索馬利亞和阿富汗炫耀自己的國旗。這也是為什麼二〇〇三年解放巴格達時，新生代的陸戰隊員爬上菲爾德斯廣場（Firdos Square）的海珊雕像，然後用一面美國國旗蒙住海珊的頭。美國人熱切相信他們所推崇的價值，而那同樣也是他們參與二戰時秉持的價值。

可惜的是，世界其他地方根本不是這麼想。我們接下來會看到，縱然飄揚在美國本土的美國國旗看似燦爛輝煌，但它在外國領土當地人的眼中，已變得不是那麼回事。

海軍陸戰隊戰爭紀念碑（Marine Corps War Memorial）

◆**所在位置**—美國維吉尼亞州阿靈頓，阿靈頓嶺公園（Arlington Ridge Park）

◆**建立宗旨**—紀念自一七七五年美國建國以來陣亡的陸戰隊官兵

◆**設計者**—菲力克．德．威爾頓（Felix de Weldon）以喬．羅森塔爾（Joe Rosenthal）於硫磺島拍攝的照片為靈感完成

◆**尺寸**—近二十四公尺高

◆**落成日**—一九五四年十一月十日

◆**現況**—二〇二〇年八月，紀念碑完成最新一次修繕。富商魯班斯坦（David M. Rubenstein）以紀念父親於陸戰隊服役為名捐款五百萬美元，美國國家公園管理局因此除了完成修繕工作外，還得以設立新展覽並公開新拍攝的兩支影片。

第4章

麥克阿瑟將軍登陸紀念碑

——我回來了，救贖的時刻已經到來！

菲律賓
雷伊泰島

二戰後，當蘇聯在別的國家豎起歌頌自己的紀念碑時，美國人也在做同樣的事。西歐就有幾座，最著名的在諾曼第（Normandy），靠近盟軍登陸日的海灘。太平洋地區也有幾座，譬如在瓜達康納爾島及巴布亞紐幾內亞（Papua New Guinea），二戰中最激烈的幾次戰鬥就發生在這些地方。

有別於蘇聯，美國人當時沒有把他們對榮耀的幻念加諸於被解放的國家之上。他們並未占用山頂及城鎮廣場等要地，以便讓自己的紀念碑盤踞在城市景觀中。大體而言，他們的紀念碑多半座落於美國軍人長眠的陵寢附近。這麼做的好處就是，美國的紀念碑至今尚未像蘇聯那樣引發在地人的敵意──畢竟，怎麼會有國家會去反對他們的解放者向其陣亡將士默哀呢？

然而，有時候美國並不低調。他們在某些外國領土上豎起另一種崇拜美國英雄主義的紀念碑，讓事情也就這麼突然地變得極具爭議。

在菲律賓雷伊泰島（Leyte）沿岸的帕洛市（Palo），就能找到像這樣的一座紀念碑。這座紀念碑是由佇立於灘頭附近一池水中的七尊人像組成。這幾尊塑像大於真人尺寸，刻劃的是一九四四年率眾從日本人手裡解放菲律賓的美國軍官及隨從人員。其中包括當時的菲律賓總統塞爾吉奧．奧斯曼納（Sergio Osmeña），但他並非這座七人塑像的主角。在這七人當中眾星拱月、一馬當先的那人，便是盟軍西南太平洋戰區最高指揮官道格拉斯．麥克阿瑟（Douglas MacArthur）。他的雕像要比其他人都顯得高大、身形挺拔，正昂首闊步地走向灘頭，只見他振臂向後，看起來威風凜凜。雖然臉上的墨鏡遮住了雙眼，但仍能看出他目光如雷般地凝視著他即將解放的土地。

「麥克阿瑟將軍登陸紀念碑」（Douglas MacArthur Landing Memorial）是根據一九四四年在此海岸線拍攝的一幀照片打造，當時解放此地的部隊正展開登陸行動。這座紀念碑跟大部分獻給美國軍人的紀念碑一樣，展現出各種英勇美德：毅力、勇敢、善良、救贖、勝利。然而，這座紀念碑又與大部分紀念碑不同，是把這許多美德定格在一個真實的歷史人物身上，而不是針對概念上的美國英雄或尋常百姓。不過，道格拉斯．麥克阿瑟並不是個單純的人物，他可說是戰爭中最具爭議的將軍之一。

如果是美國人自己豎起了這座紀念碑，會令某些人不齒。然而，它竟是菲律賓政府委託且出資建造，這便相當值得玩味。沒有別的紀念碑比它更能彰顯美國英雄所犯的冒進問題，以及被解放的國家如何看待美國英雄。

不論是在菲律賓還是在美國軍隊，麥克阿瑟都是舉足輕重的人物。打從美國殖民菲律賓的第一天起，麥克阿瑟的父親便擔任當地的軍事總督；麥克阿瑟自己也曾在此做過許多職務，從低階軍官開始，一路晉升到成為指揮官。一九三〇年代中期，麥克阿瑟被指派為菲律賓的軍隊元帥，這是菲律賓有史以來第一次，也是唯一的一次由美國人出任此一軍銜。不過真正讓他名揚四海、乃至臭名遠播的，是他在二戰期間與之後，在菲律賓及亞洲其他地區扮演的角色。

麥克阿瑟在日本偷襲珍珠港後僅數小時就投入戰爭，那是一九四一年十二月八日的早晨，日本對菲律賓展開攻勢。當時的他真的嚇了一跳，因為此前不久，他才剛接下遠東地區各路美軍部隊指揮官的職務。他轄下的所有飛機還沒來得及起飛，就全部被炸毀在機場。沒過多久，整個呂宋島海岸防線也被擊垮，在一片混亂中，他的部隊倉皇撤退。

他們退向馬尼拉灣對岸巴丹半島（Bataan Peninsula）上一片山巒起伏的叢林地帶，希望在那兒堅守下去，直到美國海軍的增援抵達。但援軍始終沒來。麥克阿瑟的人馬在那兒苦苦堅持了三個半月，期間與日軍發生了零星衝突，而存糧已不夠他們維持生存。最後，他們撐不下去了。到了一九四二年四月初，八萬多名餓得受不了的美國軍人向日軍投降。在那接下來的幾星期，至少有五千名美國戰俘死於將他們轉移至該島北方集中營的那場惡名昭彰的「死亡行軍」途中。[1]拘押這群戰俘的環境骯髒至極，因而又有好幾千人死在等待戰爭結束的那段日子裡。

麥克阿瑟本人在千鈞一髮之際僥倖逃過一劫。他和幾名主要部下靠著夜色掩護，在科雷希多島（Corregidor）登上幾艘魚雷巡邏艇，隨即逃往民答那峨島（Mindanao）南方。他們在那兒趕上最後一架飛離菲律賓的軍機，成功逃到澳洲。

麥克阿瑟幾乎是一踏上澳洲土地，就疾呼他自我救贖的決心。「我一定會回去。」在澳洲南部特勞伊（Terowie）轉換火車時，他在車站月台上如此告訴記者。在接下來的兩年半裡，麥克阿瑟全心全意獻身於履行自己的這項承諾。他組建了整整十八個美軍師級的強大武力，破

1　譯注：巴丹死亡行軍是日軍在太平洋戰爭中犯下的最著名暴行。一九四二年年初，由於日軍亟欲占領美軍在菲律賓的最後據點科雷希多島，於是下令從巴丹島轉移所有戰俘，逼迫近八萬名美國與菲律賓戰俘在滿身傷痛、營養不良的狀況下徒步行軍，造成多數戰俘在過程中死亡，甚至是被日軍射殺身亡。

釜沉舟地投入巴布亞紐幾內亞和阿得米拉提群島（Admiralty Islands）的戰役，一步步向北方進擊，逐漸逼進菲律賓。

他重返菲律賓時的情況，就跟他當年逃離時一樣充滿戲劇色彩。一九四四年十月二十日，在美國海軍第七艦隊的火力支援下，麥克阿瑟帶著二十萬大軍登陸雷伊泰島。當時，雙方交火仍然熾烈，麥克阿瑟親自爬上一艘登陸艇，向灘頭衝刺。登陸艇在距離海岸邊幾公尺處撞上陸地之時，他就和隨員們跳進海裡涉水前進。四處傳來輕型武器的射擊聲，但麥克阿瑟毫不害怕地繼續走向灘頭。

接下來幾天，全世界各地報紙的頭版都登出了他那破浪前進的照片，隨之而來歌頌他英勇的大批報導則幾乎把他吹捧上了天。「入侵菲律賓的成功不僅僅是偉大的軍事勝利，更是麥克阿瑟的個人凱旋，」某家澳洲報紙如此報導，「他懷抱十字軍的熱血與罕見的專注及勇氣，全心全意兌現他向菲律賓人民，以及巴丹島與科雷希多島上那些飽受戰爭摧殘、衣衫襤褸的美國戰俘做出的承諾。」

麥克阿瑟自己似乎也意識到當下重大的歷史時刻。他在涉水上岸的隔天，便透過無線電台廣播發表了一場充滿宗教意味的精采演講。「菲律賓的子民，」他說道，「我回來了……救贖的時刻已經到來……隨我前進！……神聖上帝將為你指引道路。跟隨上帝之名，走向代表正義勝利的聖杯！」

這便是今天佇立在雷伊泰島灘頭的紀念碑背後的故事，描述一名美國英雄——他熱情而剛強，絕不屈服於絕望境地，為追求解放人民而毫不畏懼傷及自己的身體髮膚。從象徵意義上來說，麥克阿瑟就等於美國。他把美國最寶貴的禮物送給菲律賓，一份名為自由的禮物。另一方面，他也不僅止於代表美國；他就像是歸來拯救孩子的父親，是一名返回拯救羊群的牧人。今天，人們看著這座紀念碑，看著他和他的隨從站在水中的模樣，十足透露出彌賽亞（Messiah）[2]的氛圍——他們彷彿並非涉水，而是行走於水面。他們身後海天一色，別無其他，讓他們看來宛若來自天堂，而不是登陸艇。

—

大多數紀念碑都會賦予過往事件一種神話力量，而這便是它們的目的。但把如此特質加諸於真實的歷史人物，就是一種危險的操弄。沒人可能達到這般完人境界，更別說像是麥克阿瑟這種毀譽參半的人。

並非所有關於麥克阿瑟的故事都描寫得那麼諂媚。許多歷史學者認為，人們嚴重高估了他的領導能力，尤其是他在戰爭之初的表現。為什麼他的部隊完全沒有防備敵人攻擊？為什麼他率眾撤向巴丹島的行動那麼狼狽不堪？還有，他憑什麼享有收回菲律賓的莫大功勞？那不都是因為其他部隊的指揮官（特別是美國海軍）調度有方，才能夠實現的嗎？

麥克阿瑟絕非當代新聞故事中無私與道德的典範，相反地，他常被指控對待部下粗心大

2 譯注：受上帝派遣拯救猶太人的國王。

意。戰爭剛開始時，他撇下正在巴丹島捱餓的部隊，自己跑到糧草充沛、工事堅固的科雷希多島設立指揮部。紀錄顯示，他僅探望過一次他那些困守在主島上的部隊。由於他不光采地離去，他的部隊開始譏諷他為「防空洞道格」（Dugout Doug），以〈共和國戰歌〉（The Battle Hymn of the Republic）的曲調，哼唱若干專為謾罵他而編出的歌謠：

「防空洞道格」，別躲了，快出來
「防空洞道格」，別躲了，快出來
去給富蘭克林送捷報
弟兄們沒飯吃還在捱！

他對平民百姓的照顧往往也稱不上楷模。登陸帕洛時，他冷酷無情地往海岸狂轟，根本不管住在那兒的人民的身家性命；還好，當時有個名叫查爾斯．巴森斯（Charles Parsons）的美國間諜，在砲轟開始前通知當地居民撤離。在戰役後期，麥克阿瑟大軍全面轟炸馬尼拉，到最後整座城市可供解放的事物已經所剩無幾：據信，大約有十萬菲律賓人喪命，具有歷史意義的市中心也被炸成一片廢墟。從這個角度看，麥克阿瑟的事績就一點都不像最初那樣令人欽佩。

如果說麥克阿瑟是個傑出的軍事領袖，那麼他也是個高度自戀的人物。他被人拍下那張著名的涉水登岸照片其實並非事出偶然，而是他在背後暗暗運作的產物。這張照片的作者名叫加埃塔諾．法雷斯（Gaetano Faillace），是麥克阿瑟的私人攝影師，而拍下的照片更由麥克阿瑟的私人公關小組大肆宣傳。這個公關小組素來以誇大真相聞名，為的就是讓將軍面上有光。他們經常捏造麥克阿瑟與部下同在前線的消息，而事實上他正舒舒服服待在上千公里外的澳洲。他們把別人的功勞算在他頭上，這讓美國海軍、陸戰隊，甚至連他的下屬都深感懊惱。麥克阿瑟的空軍首腦喬治・肯尼（George Kenny）曾如此說道：「除非新聞稿給將軍戴上光環，並讓他坐在宇宙至高無上的寶座，否則就得刪掉。」

麥克阿瑟死後，人們也開始質疑他的道德操守。歷史學者卡蘿・皮蒂略（Carol Petillo）曾在《太平洋歷史評論》（*Pacific Historical Review*）發表一篇勁爆文章，揭露這位將軍曾經收受戰前菲律賓總統曼努埃爾・奎松（Manuel Quezon）的一筆五十萬美元的神秘款項。這件秘辛發生在一九四二年初那段令人焦慮的日子，當時菲律賓諸如奎松這樣的領導人，都急著趕在被日軍逮捕前出逃。原本麥克阿瑟已告知華盛頓當局，說他不會協助奎松逃命；但等到他收了這筆錢之後，奎松竟安然無恙離開了菲律賓。究竟這筆錢是否為賄款並讓麥克阿瑟因而改變心意，多數歷史學者都語帶保留。不過大家都同意，當處於戰爭最黑暗的日子，加上自己的士兵就在區區幾公里外的巴丹半島上捱餓時，身為美國駐軍領袖的他卻接受這筆巨額資金，確實讓人有些反感。

當我們曉得所有這些關於道格拉斯・麥克阿瑟的黑歷史後，還能不能夠以原先的敬意去看待這座登陸紀念碑？這座紀念碑本來旨在讚揚英勇、毅力及操守等美德，但萬一它不小心歌頌了另一套不同的特質如虛榮、自大與腐敗的話，該如何是好呢？此外，假如這些特質最終透過麥克阿瑟印證出劣跡斑斑的美國，又該怎麼辦呢？

看樣子，塑造這座紀念碑的藝術家未曾捫心自問過任何以上的問題。菲律賓雕塑家阿納斯達其歐・卡厄多（Anastacio Caedo）於一九七〇年代中期受命建造這座紀念碑，在當時菲律賓紀念二戰的氛圍仍然強烈，而麥克阿瑟也仍普遍受到全球愛戴。因此，麥克阿瑟從一開始就被當成紀念碑的核心人物。卡厄多也承認，他並不清楚他所雕刻的人物身分，只是努力設法把法雷斯的平面照片打造成一座立體全景。

卡厄多本來打算用青銅來塑造，但如此一來不管從時間或經費上來看，都無法趕在慶典之前完工。於是他使用鋼筋混凝土來塑造，然後塗上金屬橄欖綠油漆。（今天見到的青銅像是後來換上去的。）揭幕儀式定於一九七七年十月，但首先要談判，以克服一些政治阻礙。當時的總統夫人伊美黛・馬可仕（Imelda Marcos）在最後一刻下令對紀念碑進行一些重大變更。在七人雕塑的最早版本中，卡厄多把一艘登陸艇放在背景中，讓畫面就跟那張戰時照片一模一樣；但是第一夫人卻下令拿掉背景，說紀念碑應該「只尊崇人，而非戰車」。據說花了八個月打造紀念碑上登陸艇的卡厄多看到這部分被拆除時，激動得失聲痛哭。

對這座紀念碑大有興趣的還不只伊美黛・馬可仕。她的丈夫斐迪南・馬可仕（Ferdinand Marcos）[3]總統也積極參與了紀念碑的設計及揭幕儀式。他在揭幕致詞中，清楚說出這座紀念碑所應象徵的意義：「讓這座登陸紀念碑……向為履行回歸承諾而穿越廣闊太平洋的美國戰鬥人員表達敬意，」他繼續說道，「讓它延續菲律賓人民與美國人民友誼的連結。」

當時，還有其他公眾人物也發表了類似感言。菲律賓外交部長卡洛斯・羅慕洛（Carlos Romulo）強調緬懷麥克阿瑟對於菲美關係的重要性。他在一九八一年的一次採訪中說：「我們對他的感激永遠不會消失，他的大名在菲律賓受到景仰與崇拜。」

像羅慕洛這類的人之所以發表這種聲明，肯定出於某些國家利益考量。一九七〇年代，菲律賓接受美國投資，以及美國財務及軍事援助，也因向美國貸款而被緊緊綁住。此外，美國在這個國家還設有十幾處軍事基地，於是美軍便透過這兒控制了整個西太平洋和南中國海。處於如此氛圍下的菲律賓向麥克阿瑟這種「美國作戰人員」致敬，當然是再合理不過的事情了。而腐敗的菲律賓官員為這些美國讚頌背書，也有見不得光的原因。除了馬可仕本人，許多菲律賓官員接受美國企業行賄，或是從投入該國的開發援助中撈取油水，因而大發不義之財。偶爾對美國小題大作一下，或許被認為是一項明智的投資。

然而，除了這種偽善的動機外，也並不缺真情的成分。不管馬可仕和他的政權貪腐與否，他們並未強迫國民接受這座紀念碑——它始終廣受百姓支持。或許，這裡面還摻雜著個人情感因素：我們不得不懷疑，政府領導人希望看到麥克阿瑟獲得如此殊榮，其實有他們私人的理由。馬可仕總統戰時曾在麥克阿瑟將軍麾下效力，並聲稱自己曾接受麥克阿瑟親自授勳表揚（儘管後來證明這項說法有點誇張）。說到自戀的程度，馬可仕絲毫不輸麥克阿瑟，他不斷試

3 譯注：斐迪南・馬可仕（1917—1989），菲律賓第十任總統，一九六五至一九八六年期間在位，實施獨裁統治，直到一九八六年因選舉舞弊遭人民推翻，在眾叛親離之下流亡夏威夷。

圖把自己挾帶到麥克阿瑟將軍的榮耀光環中。馬可仕的妻子伊美黛也對這段過往滿懷感念——她從小在雷伊泰島長大，住處非常靠近麥克阿瑟登陸的地點，甚至親眼目睹了整個解放過程。另一方面，羅慕洛甚至跟麥克阿瑟更為熟識；事實上，熟到連他自己也出現在紀念碑的七人雕像中（他就是站在隊伍後面那位頭戴鋼盔者）。

這群政府的核心人物親自發包建造紀念碑，介入它的設計，然後全心全意地慶祝。但他們可不只是在紀念菲律賓歷史上一個重要時刻，當然也不僅止於認可一位重要的軍事、政治、經濟盟友而已。事實上，他們還把這件事納入自己生命中最重要的時刻之一。

——

時代改變了。我在一九九〇年第一次造訪菲律賓時，便感受到一股清新氣流已然吹起。馬可仕在一九八六年的一場人民起義中被推翻。他的政府被公認為是戰後最腐敗和殘暴的政權之一，而柯拉蓉．艾奎諾（Cory Aquino）領導的新民主政府正開始調查他的罪行。菲律賓舉國上下都在努力試著對剛剛走過的那段歷史釋懷。

與此同時，菲律賓國內對美國勢力的不滿情緒高漲，尤其是針對美國在各島嶼上的軍事基地。美國大兵不再被視為英雄，反而被認為是強加於一個主權國家的恥辱。菲律賓媒體時常報導安格利斯市（Angeles City）和蘇比克灣（Subic Bay）的大型美國空軍、海軍基地附近發生婦女遭到玩弄的新聞。全國熱烈議論著如何從一個強大的新殖民勢力手中收回控制權的話題。

反美主義也蔓延至學術圈。包括著名的雷納托・康斯坦丁諾（Renato Constantino）在內的多名歷史學者，對大眾在第二次世界大戰結束後抱持的解放思維展開撻伐。他們宣稱，當年菲律賓自己的反抗軍眼看就快要打敗日本人了，根本不需要外人營救。麥克阿瑟不再是從前那位無可質疑的英雄；在部分地區，他被視為美國殖民主義延續的象徵，而他在雷伊泰登岸並非解放菲律賓，而是奪回自己領地。

在接下來幾年中，菲律賓歷屆政權都致力於以菲律賓人民為主體的歷史觀來紀念過去。他們蓋了新的紀念碑，最著名的有「菲律賓英雄紀念碑」（一九九二年揭幕），以及「馬尼拉光復之戰死難者紀念碑」（一九九五年揭幕）。近年，連追念「虎克軍」（Hukbalahap）的紀念碑都被蓋了出來；這是菲律賓二戰期間的一支游擊隊，他們不僅反抗日本人，也反對美國人回到菲律賓。

假如菲律賓也步上其他國家後塵，那下一步就很清楚了：社會聲浪會要求政客們徹底擺脫被殖民的歷史，鏟除麥克阿瑟紀念碑。類似情景已出現在另外一、兩個亞洲國家；例如，南韓長期以來尊崇麥克阿瑟為扭轉韓戰戰局的指揮官，然而仁川的麥帥雕像已成為示威活動絡繹不絕、抗議美國勢力干預韓國的焦點。二〇〇五年，雕像周遭發生暴動，抗爭民眾要求將它推倒。

不過，到目前為止，菲律賓人尚未做出這樣的舉動，至少麥克阿瑟將軍登陸紀念碑仍安然無恙。執政當局依然十分尊敬這座紀念碑，並小心維護。當七人雕像中有一座（卡洛斯・羅慕洛）在二〇一三年海燕颱風中被吹倒，政府立刻將它修復並歸回原位。每年的十月二十日，二戰老兵與家屬在菲律賓、美國、澳洲及日本的政要名流陪同下，仍舊持續前來造訪這座紀念碑。

海灘上定期演出當年的戰鬥場景，鄰近的獨魯萬市（Tacloban）則每年都會舉行的解放日遊行。

儘管麥克阿瑟有很多缺陷，歷史學家之間也長期爭論不斷，但他在菲律賓仍然是一個英雄，哪怕只從他踏上雷伊泰海岸的那一刻來看。今天，帕洛市這座刻劃著麥克阿瑟及其隨員的塑像，因日曬雨淋及腐蝕而有點褪色；海鳥不時在上面停歇，留下了排泄物。但他們仍然挺立著，眼睛緊緊盯著菲律賓海岸，臉上依舊掛著捨我其誰的堅毅。

麥克阿瑟將軍登陸紀念碑（Douglas MacArthur Landing Memorial）

◆**所在位置**—菲律賓雷伊泰島帕洛市，麥克阿瑟登陸國家紀念公園

◆**建立宗旨**—紀念麥克阿瑟率軍於一九四四年十月二十二日登上雷伊泰島灘頭，從日軍占領中解放菲律賓

◆**設計者**—菲律賓雕塑家阿納斯達其歐．卡厄多（Anastacio Caedo）以埃塔諾．法雷斯（Gaetano Faillace）拍攝的照片為靈感完成

◆**尺寸**—將近真人大小的兩倍大

◆**落成日**—一九七七年七月十二日

◆**現況**—二〇〇五年曾遭民眾要求推倒。二〇一三年海燕颱風時，七人雕像的其中一座遭吹倒，但在二十天內立即被修復完成並歸位。

第5章

轟炸機司令部紀念碑

——用這種方式打仗並不光明磊落。

英國
倫敦

©Keith Lowe

蘇聯和美國並非第二次世界大戰唯二的主要戰勝國。同樣屬於這個由英雄組成的菁英俱樂部的國家，還有英國。所謂「三巨頭」當中，唯有英國打從一開始便參戰，所以在盟軍歷史上享有一種特殊地位。

二戰期間，英國首都倫敦一直是盟軍的作戰指揮中心。也因此，多達數十座不同的戰爭紀念碑都蓋在倫敦；這些紀念碑分別是為眾多不同的民族與國家而建，其中有的是紀念在納粹閃電戰中喪生的平民，有的則是紀念該市的消防員、鐵路工人，以及空襲民防隊員。這裡有專為加拿大、澳洲、紐西蘭士兵，以及來自印度等其餘大英帝國屬地為英國而戰的士兵設立的大型裝置藝術。每一支部隊在這兒似乎都擁有自己的紀念碑，從戰鬥機飛行員、坦克車組員，到廓爾喀兵（Gurkhas）[1]、欽迪特遺隊（Chindits）[2]等，一應俱全。這兒的雕像中，有不少將軍，也有海軍及空軍司令，甚至還有獻給在戰時服勞役的動物的紀念碑。

除此之外，倫敦還有一座凌駕於所有紀念碑之上的紀念碑。那就是「皇家空軍轟炸機司令部紀念碑」（The Royal Air Force Bomber Command Memorial），它位於綠園（Green Park），是倫敦最新的幾座紀念碑之一；它幾乎是等到所有其他紀念碑都蓋好後，才在二〇一二年揭幕。這座紀念碑也是迄今為止倫敦最大的二戰紀念碑，高度超過八公尺，寬達八十公

1 譯注：廓爾喀部隊在十九世紀初原是受聘於東印度公司的傭兵，後被英國徵召，加入駐印、緬的英軍，之後逐漸成為英軍的常備部隊。

2 譯注：欽迪特遺隊是英軍在緬甸的特種部隊，由曾在北非組建兩支特種部隊的溫蓋特（Orde Wingate）上校以緬甸佛寺的獅首鷹身獸「欽泰」（Chinthe）為名而建的。

尺，或許比最接近其大小的紀念碑都還要大兩倍。不過，這座紀念碑真正與眾不同的地方，在於它的設計——不像倫敦其他戰爭紀念碑都是豎立於開放空間，這座紀念碑是半封閉式的。它所傳達的訊息，隱藏在一座由多立克柱[3]和古典欄杆組成的精緻結構中——看起來更像是古希臘神殿，而不是戰爭紀念館。建物裡面，在看似屬於戰神或太陽神阿波羅的位置上，佇立著一座由七名飛行員組成的雕像；他們聚在一塊兒，像是剛剛完成任務回來。從他們的體格、姿態，以及每個人信心滿滿凝望遠方的神情，會讓人感覺他們必定是群英雄。走進這座神殿般的建築後，你不得不抬頭仰望這些雕像，彷彿是在崇拜他們。雕像上方是開放式的屋頂，彷彿能夠直貫雲霄。若要問英國英雄主義的殿堂位於何處，那肯定非此地莫屬。

轟炸機司令部紀念碑是倫敦最重要的紀念碑之一，但也是最令人質疑的一座。儘管雕像人物擺出一副英雄姿態，卻沒人清楚這群人憑什麼該被當成英雄。跟其他許多紀念戰爭的雕像不同，他們並未升起旗幟，也沒有揮舞寶劍、抑或踏上灘頭去解放某個國家。實際上，他們沒有擺出任何強有力的姿勢，就只是站在那兒。石牆上深深刻著銘文，告訴人們戰爭期間曾有五萬五千五百七十三名和那七個人一樣的人喪生。然而，這段文字還是無法解釋他們的英雄原型從哪兒來的——如此驚人的死亡數字，只意味著他們是一群受難者，這不是英雄主義。雕像對面的牆壁上，鐫刻著二戰時期英國首相溫斯頓·邱吉爾（Winston Churchill）的名言，聲稱「有了轟炸機便足以讓我們贏得勝利」。這說的是什麼呢？又為什麼要這麼說呢？到底這幾個人做了什麼了不起的大事，足以讓他們為人稱道呢？

要想了解這座紀念碑究竟在緬懷些什麼，我們得先曉得一點轟炸機作戰的故事，以及英國在二戰期間於這種作戰型態中所發揮的主導作用。但要理解這座紀念碑的外觀為何如此、為什麼它比其他英國戰爭紀念碑都要大得多，以及它真正試圖傳達的訊息是什麼，那麼我們首先需要了解二十一世紀初英國的政治氛圍，以及當時推動興建紀念碑的驅力。

——

英國採用轟炸機作戰，是該國近代史上最富爭議的經歷之一。轟炸機作戰起先出於良善本意。英國政府曾鄭重承諾要儘量減少平民死傷，所以只派遣轟炸機攻擊特定軍事設施。然而在那個年代，若要轟炸特定目標，就代表飛機必須在大白天出勤，而且得飛得很靠近目標。在這種情況下，速度緩慢的轟炸機很容易就成了德軍高射砲[4]與戰鬥機的囊中物——英國空軍飛行員死傷極其慘重。

於是，英國皇家空軍改變了戰術，開始在夜間才進行轟炸，而且飛行高度也拉升了。結果是，這相對保障了英軍飛機及機組員的安全，不過投彈的準確度大幅下滑。一九四二年的一份官方報告顯示，英國空軍每三枚炸彈，只有一枚落在距離目標五英里（約七點五公里）的範圍內。

3 譯注：多立克柱（Doric Order）源於古希臘，和愛奧尼柱（Ionic Order）及科林斯柱（Corinthian Order）並列古典建築的三大柱式。多立克柱也是最早出現的柱式，雅典的帕德嫩神廟所採用的正是多立克柱。

4 譯注：原文 flak gun，指的是二戰時德軍著名的八八公厘防空砲。

因此，轟炸機根本無法達到邱吉爾所說的「足以讓我們勝利」，使得轟炸成了一種代價高昂的作戰方式。看來，皇家空軍只剩下兩個選擇，但兩者同樣無望——他們要麼就冒著被擊落的風險在白天出擊，要麼就在夜間出擊並錯失目標。

就在這個時候，新任總司令亞瑟．哈里斯（Arthur Harris）接管了轟炸機司令部——他是一名粗暴、強悍的領導者。正是哈里斯倡導了一種不同的轟炸理念：別管個別軍事目標，反正轟炸整座城市就對了。這背後的邏輯相當殘酷。首先，要接受轟炸是種鈍兵器的想法，如此轟炸才能起到作用。藉由大面積轟炸，皇家空軍不僅可以摧毀供應德軍武器的工廠與設備，還可以夷平這些工廠工人們的住家。殺害工人本身也成為作戰計畫一部分；在一場全面戰爭中，工廠工人和使用他們所生產武器的士兵一樣，都被看成正當目標。

但是，哈里斯做得太過頭了。他相信，藉由毀滅整個城市，不僅可以破壞德國經濟，還可以破壞德國人民繼續奮戰的意志。照這種推論，百姓的店鋪、飯館、學校及醫院都是正當目標，其目的是讓德國絕望。因此，普通平民遭遇的，不再是連帶傷害——他們都成了被攻擊的對象。

哈里斯明白自己的決定是在跨越道德底線，但他也相信，為達目的可以不擇手段——他推斷，如果他能早日結束戰爭，那麼他的殘酷政策最終可能挽救更多生命。哈里斯對此非常坦率，也希望得到全英國人民的支持。他沒能公開說明這項戰略的唯一原因，是因為被政府阻止。邱吉爾及其閣員全心全意支持這項戰略，但他們仍想假裝轟炸機司令部的目標永遠都嚴格限定為軍事設施。

壞消息是，德國的民心士氣，根本沒像哈里斯預期的那樣瓦解。戰事持續進行著，德國境內的城市一座接一座被摧毀。根據軍事史學家理查德・奧弗利（Richard Overy）的說法，盟軍在德國及其他被解放的國家投下的炸彈，大約造成六十萬名平民死亡。這是令人震驚的死亡數字，比德國炸彈襲擊英國時的遇害者多了近十倍。不過，當時的英國民眾似乎對此不太在意。報紙以慷慨激昂的方式報導每一次成功的轟炸。此外，轟炸機的機組員前往英國工廠進行宣傳之旅，而他們告訴工人的故事總是引發一片歡聲雷動。德國平民喪命被認為是德國應付的代價。

然而，就在戰爭接近尾聲之際，大眾氛圍突然變了。轉折點是一九四五年二月對德勒斯登（Dresden）的轟炸。在攻擊行動後的新聞發布會上，有一名高級軍官透露說，這次行動部分是為了消滅「德國人最後僅存的一點士氣」。在接下來幾天，有報導稱英國正在進行「恐怖轟炸」。英國下議院開始有人發言質疑。當美國媒體得知此事後，英國皇家空軍受到相當大的國際壓力，被要求對此行動做出說明。

沒過多久，英國執政當局就不再挺轟炸機司令部了。邱吉爾給他的參謀長們起草了一份備忘錄，痛斥他們縱容「恐怖和恣意破壞的行為」（不過在備忘錄的最終版本中，他的言詞有所和緩）。這份備忘錄的偽善程度實在令人瞠目結舌。一直以來，邱吉爾對哈里斯採取的戰略一清二楚，但是從來沒有對此表示關切。一九四五年五月，盟軍取得勝利後，邱吉爾在勝利演講中讚許了英軍的每一支部隊，卻幾乎完全不提英國的轟炸機。此外，邱吉爾在戰後出版的暢銷回憶錄中，也省略了對德勒斯登的大轟炸。他似乎期望只要絕口不提，就能從大眾記憶中抹去這個事件。

長久下來，轟炸機飛行員自然對如此這般的形勢逆轉感到難以釋懷。研究轟炸機作戰的官方歷史學者諾布爾．弗蘭克蘭（Noble Frankland）是這麼說的：「在戰爭期間，一直到基本上快要戰勝之前，大多數人都對轟炸機司令部讚不絕口。但接著，他們又反過來說，用這種方式打仗並不光明磊落。」

如此不公的對待在接下來幾年引發的憤慨，就不言而喻了。我認識且採訪過數十名英國轟炸機機組人員，他們當中大多數人談到一九四五年後被執政當局嫌棄的情形時，都有滿腔的辛酸要發洩。許多人感到很委屈，因為他們不但從來沒被授予屬於自己的褒揚勳章，還要勉強接受一枚很一般的、授予空軍所有成員的參戰紀念勳章。此外，他們還認為，當局刻意迴避轟炸機機組員的作戰貢獻，就像把他們當成菸灰一樣掃進地毯下。然而，最糟糕的是社會大眾看待他們的態度。二戰期間，一名身穿制服的轟炸機機組員走進酒吧喝上一杯，幾乎都不必付自己的酒錢；可是一九四五年之後，他們在酒吧被問到戰時做過的事情時，都要小心翼翼地回答。到了一九六〇年代則尤為尷尬，當新生代年輕人質問父執輩在二戰中幹的好事時，這些學生還不時譏諷轟炸機退伍軍人「當時只是服從命令」的說法。像大衛．爾文（David Irving）這類右翼歷史學者，還刻意將納粹暴行和皇家空軍的行動進行對比，儘管他的這種作法啟人疑竇。就這樣，轟炸機司令部這群昔日的英雄，突然間就被當成了十惡不赦的壞蛋。

最終，這種強烈排斥空戰老兵的浪潮漸漸消退，人們開始以較細微的眼光探討事情真相。一九七〇年代後期，諸如馬丁．米德布魯克（Martin Middlebrook）及馬克斯．赫斯汀（Max Hastings）這類歷史學者帶頭重塑轟炸機司令部人員在大眾心目中的形象。

自那時開始，羅賓・尼爾蘭斯（Robin Neillands）、梅爾・羅爾夫（Mel Rolfe）和凱文・威爾遜（Kevin Wilson）等作家以轟炸機司令部為題寫了幾十部通俗史。在我過去從事軍事出版工作的那些年頭，我與這些作家中的好幾位合作過，事實上我還委託他們寫過幾本書。

在一九九〇年代和二〇〇〇年代，一系列關於轟炸機之戰的英國電視劇和紀錄片將這種微妙的歷史觀帶入主流市場。英國廣播公司（BBC）的電視劇《轟炸機哈里斯》（*Bomber Harris*）或第四頻道（Channel 4）紀錄片《收割旋風》（*Reaping the Whirlwind*）邀請觀眾以飛行員的立場來做出道德判斷。漸漸地，英國民眾開始逐漸接受那一段令人不快的歷史。

意識到社會大眾已有意願支持他們，轟炸機司令部協會於是在二〇〇九年開始為建立一座紀念碑進行宣傳。三年後，他們如願以償，轟炸機司令部紀念碑終於在二〇一二年夏天落成。

假如故事就到此結束的話，轟炸機司令部紀念碑就不會像今天那麼耐人尋味，也不會像今天那般問題連連。它的下場說不定會像英國或德國其他地區的大轟炸紀念碑一樣。好比說，它本來可能成為一座寓意和解的紀念碑，像是考文垂大座堂（Coventry Cathedral）的「釘子十字架」（Cross of Nails，詳見本書第二十四章）；也可能成為一座反戰雕像，像是德國漢堡市中心的反法西斯紀念碑（Dammtordamm）；或至少，它本來也可對英國因迫於戰爭而在無奈之下做出的失德，選擇表達同情。然而，因為有股新的民粹情緒淹沒整個議題，使得任何細微

觀點都幾乎變得毫無發揮餘地。

問題始於報社的介入。轟炸機司令部紀念館需要透過私人資金建造，因此英國的三家日報，即《每日電訊報》（*The Telegraph*）、《每日郵報》（*The Mail*）、《每日快報》（*The Express*），展開了募捐活動。由於這三家報社全是右派政黨的報紙，所以紀念館大部分的資金都來自右翼贊助者，特別是前保守黨副主席艾斯考夫特勳爵（Lord Michael Ashcroft）就捐出了一百萬英鎊。相較之下，幾乎沒有左派政治人物受邀發表意見，而且令人不齒的是，他們似乎也不特別想要發表意見。這麼一來，原本應是一個凝聚不同政治派別的計畫，卻變成一樁引起軒然大波的高度黨派化事件。

為了號召社會大眾支持建立紀念館，這三家報紙，特別是《每日郵報》，開始發表極其煽情的、關於轟炸機司令部人員如何受到冷落的故事。有人開始撰文，稱他們為「被遺忘的英雄」或「第二次世界大戰英國大眾記憶中的異類」，儘管他們實際上既未被遺忘，也不再被視為「異類」。謠言開始在網路上流傳起來，暗示地方議會正在阻止紀念館的興建，因為設計者對於幫英國轟炸機機組員建碑紀念感到羞愧；另有一說則是德國正在向英國政府施壓，要求終止該計畫。但這些故事全都缺乏事實根據。

當歷史學者堅持該對轟炸行動的諸多爭議有個說法時，他們反而被嘲諷為毫無國家榮譽感的懦夫。專欄作家則戲稱，轟炸機司令部人員再度遭到砲火攻擊了，而這一次的攻擊來自政治正確。（最後，紀念碑的建造者同意補上一段銘文，寫上「一九三九年至一九四五年在轟炸中喪生的所有國家的人民」。不過這段文字後來放置的位置有點離譜，高高的且靠近屋頂，讓人們的視線剛好被雕像遮住，顯然是畫蛇添足。）

我對於事態的發展感到有點好笑，卻也越來越困惑。因為根據多年研究，我曉得絕大部分說法根本是胡說八道，尤其是描寫轟炸機司令部退伍軍人的方式，那真的嚇了我一大跳。英國媒體口口聲聲稱他們為「英雄」，實際上卻把他們描述成受害者。多年來我訪談過的轟炸機老兵當中，沒有一個像報紙隱約表達的同情那樣為自己感到難過。總而言之，他們都是講道理的人，對自己的作戰方式早已釋懷，也對英國社會對他們姍姍來遲的接納大致上感到滿意。那麼，這些憤慨究竟從何而來？

其實，轟炸機司令部紀念碑就像書裡所有的紀念碑一樣，在豎起它的社會上所引發的感受，一點都不下於紀念碑本身所緬懷之人的意涵。這不是一座具有現代感或當代感的建物，而是像周遭很多晚近建造的紀念碑一樣，是一座懷舊的紀念碑。它的古典圓柱與欄杆，喚醒人們心中對於英國仍是殖民強國的時代情懷。建築師利安．歐康納（Liam O'Connor）非常重視紀念碑的風格是否呼應對面的建築外觀[5]——那些建築都建造於大英帝國鼎盛時期。因此，轟炸機司令部紀念碑的規模與顯耀，可說是設計師有意創造某種令人印象深刻的事物的結果，就像納爾遜元帥[6]和維多利亞女王時代的英國人會有的作為。

5 譯注：位於綠園對面的正是白金漢宮。

6 譯注：何瑞修．納爾遜（Horatio Nelson，1758—1805），英國海軍名將，於拿破崙時代規模最大海戰特拉法加海戰（Battle of Trafalgar）陣亡。英國於此次海戰戰勝法西聯合艦隊，使拿破崙不得不放棄進軍英國本土的計畫。今日，「納爾遜紀念柱」（Nelson's Column）聳立於倫敦市中心的特拉法加廣場（Trafalgar Square）上。

紀念碑上的雕像也是一種懷舊操作。他們的姿態與神情，讓人聯想到一九五〇年代英國戰爭片中嚴守紀律的英雄人物，這些電影包括《與天比高》（*Reach for the Sky*）和《水壩剋星》（*The Dam Busters*）。在電影中，這些英雄不需特意表現些什麼——戲劇效果就在他們堅強、沉默的外表之下。如今，我們已不再創造如此這般的英雄。

今天的英國人還是會說第二次世界大戰是他們「最光輝的時刻」（finest hour），但他們內心雪亮，明白某些事物也已隨之終結。英國在第二次世界大戰中賠掉了它的帝國、威望，乃至世界經濟中心的卓越地位。一九四五年之後，英國不再是全球工廠；它再也無法像過去兩個世紀那樣，在世界上呼風喚雨。基本上，這場戰爭讓英國破產了，被迫長年仰賴美國的財政援助。難怪英國人會感到憤慨、會對歷史冷漠，甚至感覺被歷史所背叛。難怪他們無法確定自己到底是英雄，還是受害者。

這便是英國戰後生活的主要基調之一，也是這個國家至今仍未接受的現實。即便在戰爭期間，英國官員們就已開玩笑說美國、蘇聯和大英帝國其實並非三巨頭，而是兩個半巨頭。一九六〇年代，美國前國務卿迪安・艾奇遜（Dean Acheson）有句話很出名：「英國失去了帝國，但尚未找到自己的角色。」英國在一九八〇年代及一九九〇年代的「柴契爾主義」（Thatcherism）[7]和「酷不列顛」（Cool Britannia）[8]時期迎回了些許自豪，但到了二十一世紀初，卻再次感覺處於別人的陰影下——美國、中國，以及歐盟。

這就是轟炸機司令部紀念碑的真實含義——在多立克柱間向外凝望的英雄，恍若鎖在牢籠裡的囚徒。這是一群看來沒有啥事可做的英雄，他們雖已完成自己的任務，但其榮耀卻遭到漠視，而今他們就只是站在那裡，雙眼環視倫敦綠園，堅忍不拔地等待再次出現在視野中的另一股新興的失望落寞。

7 譯注：柴契爾主義指的是英國政治家瑪格麗特．柴契爾（Margaret Thatcher）任職首相期間所採取的政策主張。她認為國家不應過分干預經濟，因此實施了一系列國營企業民營化、減稅、取消匯率管制、削減福利開支等措施。

8 譯注：「酷不列顛」一詞來自英國愛國歌曲〈統治吧！不列顛〉（Rule, Britannia），後來在1990年代成為媒體用來描述英國文化與創意經濟時的用語。1997年英國前首相布萊爾（Tony Blair）在其任內亦曾大力推行相關理想。

轟炸機司令部紀念碑（The Royal Air Force Bomber Command Memorial）

◆**所在位置**—英國倫敦，綠園

◆**建立宗旨**—紀念五萬五千五百七十三名於二戰喪生的英國皇家空軍轟炸機機組人員

◆**設計者**—雕像由菲利普．傑克森（Philip Jackson）創作，其所處建築則由利安．歐康納（Liam O'Connor）設計

◆**尺寸**—超過八公尺高、八十公尺寬

◆**落成日**—二〇一二年六月二十八日

◆**現況**—二〇一九年一月二十一日，紀念碑遭人噴灑大量白漆。這是紀念碑落成六年以來第四度遭到攻擊。

第6章

陣亡者神龕

©Keith Lowe

——是英雄，還是受害者？

義大利
波隆納

最初的神龕（1945 年）

海神廣場（2013 年）

倫敦的轟炸機司令部紀念碑展出的主題，屬於某種更大的發展模式的一部分。這種模式不單出現在英國，在世界各地都顯而易見。二十一世紀，每個國家都傾向相信自己的國家英雄輩出，但大部分國家也都逐漸發自內心地自視為受害者。

這整個過程已進行了好幾十年。二戰剛剛結束時，英雄主義仍有廣大的市場需求，但在那之後的許多年中，許多國家逐漸了解，英雄主義伴隨著重責大任。就以二戰無可爭議的勝利者美國為例，它在二戰之後便發現自己不得不扛下世界警察的角色。同樣地，英國也認為自己有義務維護一九四五年後的世界和平，不管自己年老體衰，早已不堪此重任。

對這些戰勝國來說，還存在其他風險。英雄總要冒著被揭穿的危險，因為他們本來就是有著缺陷的人類；而且一旦曝光，他們可能很快就會失寵，就跟前蘇聯英雄近年來在東歐的下場一樣。為了避免這種演變，有些國家以狂熱態度來保護他們的二戰英雄。只消瞧瞧美國是如何神化他們所謂的「最偉大的一代人」，或是看看英國下足功夫、不斷神格化邱吉爾這號人物，就會曉得維持英雄的地位有多麼費事。

不過，有些國家卻完全放棄了為自己塑造英雄。相反地，他們開始越來越常為自己的紀念碑另找一個中心主題——與英雄這一主題同樣強大、同樣純真，也就是「殉難」。這種身分維護起來更加容易，讓一個國家無須承擔任何維護和平的工作或使命，就可以保持道德崇高。此外，這也是轉移批評的簡單方法。我們會在本書的下一部分討論受難者思維、國族動機的興起，以及隨之衍生的缺陷和風險。

但首先，讓我們先探討書中最後一座英雄主義的紀念碑，它展現了英雄截然不同的一面。

義大利波隆納（Bologna）的「陣亡者神龕」（Shrine to the Fallen），比我迄今所描述的任何一座紀念碑都要更加富含個人情感。這座紀念碑的創作構想十分簡單，由大約兩千幅當地反抗軍戰士的肖像與名字組成，被貼在波隆納市中心海神廣場（Piazza del Netuno）的市政大樓的牆上。海神廣場是二戰期間游擊隊隊員遭逮捕後被公開處決的地點。自一九四五年以來，這裡不僅成了緬懷在此地犧牲的人的場所，也成為整個地區為對抗納粹及義大利法西斯而陣亡者的紀念地。

這座陣亡者神龕和本書提到的其他紀念碑不同，它並非由國家豎立，也不是在博物館或任何一類紀念團體的協助下建成。它沒有經過事先規劃安排，而是在民眾自發的情緒中誕生，由當地人民為了追念他們所認識和所愛之人的生命與死亡所建造的。它突顯了戰爭的某些面向，而那是在多數大型、國家贊助的紀念館中看不到的東西——第二次世界大戰不僅是戰場上許多大軍團之間的巨大衝突，在遠離前線的山林與城鎮街道上，也發生了激烈的戰爭。發生在義大利的戰爭有它特別的情狀，和波蘭或法國的不同，而發生在波隆納的爭戰，當然也有別於在那不勒斯或米蘭發生的戰爭。建造陣亡者神龕並不是為了展現民族美德與雄心壯志，這只不過是當地人對於生命中之得失的情緒流露。這一點讓人想起我們在家中客廳會做的一些事情，例如我們會懸掛我們最愛之人的照片。這樣的照片代表的意義是，這就是我們——我們是家人。

二戰在義大利遠比在歐洲其他地區複雜。開戰之初，義大利曾是德國的盟友，但在一九四三年義大利試圖換邊站時，立即被德軍占領。在盟軍攻入義大利南部之後，德國人便在北部成立了以貝尼托．墨索里尼（Benito Mussolini）為領袖的傀儡政府，於是國家就此一分為二。在這場動盪之中，反抗運動逐漸興起。各式各樣的團體都加入了游擊隊，但其背後的主要驅力來自義大利共產黨；他們不僅試圖從德國人手裡解放國家，而且還要推翻自一九二〇年代起便統治義大利的法西斯政權，並準備在過程中推動大規模的社會改革。

波隆納是反抗運動的中心城市，因而所遭受的苦難超過義大利大多數地方。二戰的最後一年，該地區卻籠罩在陰謀與暴力的迷霧之中。納粹黨衛軍（Waffen-SS）在波隆納附近的馬爾扎博托（Marzabotto）屠殺了一整個村子的人，以報復當地的抵抗活動——至少有七百七十名男子、婦女和兒童被殘忍地槍殺，或者被燒死在家中。波隆納市中心也發生了四十多起公開槍決，約有一百四十名男女遇害。海神廣場是納粹和義大利法西斯分子最喜歡行刑的地點。從一九四四年七月到戰爭結束，至少有十八人在這裡遭到射殺。他們被陳屍在廣場上以警告當地居民；為了讓人們知道厲害，牆上還貼了一張充滿諷刺的告示，上面寫著「游擊隊來此散心」。

假如說如此暴行是為了防止人民加入反抗軍的話，那麼結果卻適得其反。就在戰爭快要結束的時候，波隆納的人民真的已經忍無可忍；他們在一九四五年四月十九日發動武裝起義，短短兩天內便掌控了整座城市。根據官方資料，那時已有超過一萬四千名當地人積極參與游擊隊作戰，而且其中有兩千二百多人是女性。波隆納起義等於是開了第一槍，隨後便引起全國響應——四月二十五日，起義行動已遍及至義大利北部各地。

等到德國人及其法西斯傀儡逃離後，波隆納人民終於可以公開哀悼他們失去的至親好友。

那些被處決者的家人們重新回到海神廣場上，為他們最愛的親人搭起一座神龕。有人把一張綠色的舊桌子靠在牆上，讓人們可以在上面放些小紀念物、鮮花和鑲了框的逝者照片。牆壁上還掛起了義大利國旗，並釘上了更多的照片。

在接下來的日子裡，這處神龕變得越來越大，幾個月後，已有數百張照片沿著牆貼滿了長達二十公尺之遠。沒過多久，這裡就不僅只是追悼在此遇害者的地方，也成為向所有為自由犧牲的人致敬的場所。照片中的人物及悼念品哀悼的對象形形色色，包括因參與抵抗而被處決的十幾歲男孩、在戰鬥中英勇犧牲的六十多歲婦人，以及死於訓練事故或被統治者折磨到死的壯年男子。武裝抗暴的過程彷彿歷歷在目。

不久之後，新的市政府決定把這處神龕變成一個永久性地標，並供奉在達古修宮殿（Palazzo d'Accursio）中世紀風格的牆上。一九五五年，這些紙質照片被換下，改用適合戶外、耐久的瓷磚，每一塊上面都顯示某個男人或女人的名字或肖像。今天，這面牆上已有超過兩千塊瓷磚，加上十六塊較大、用來展現當年照片牆的原始樣貌的瓷磚。這裡永遠追憶著波隆納飽經苦難的英勇人民。

俗話說，一切都離不開政治。陣亡者神龕最初可能只是單純地象徵哀悼，但總有人沒事找事。它不可避免地帶有一點政治色彩，畢竟它是為了紀念那些為信仰而犧牲的人所建造的。因

此，神龕從一開始就存在著政治基調，並將在接下來幾十年裡繼續有著如此色彩。

一九四五年四月解放波隆納的運動十分混亂且暴力。根據當時人在現場的美國戰爭畫家愛德華．瑞普（Edward Reep）所說，城市的解放始於海神廣場，但那完全不是一場哀悼，而是一場復仇。民眾在那裡設好神龕之前，先在那裡槍斃了一名法西斯串謀者——牆上仍看得見他的血跡。換句話說，戰爭年間特有的政治暴力尚未完全結束，只是受害者現在成了加害者。在這場戰爭漫長的餘波中，類似的暴力景象時不時在義大利各地上演。

根據瑞普回憶，神龕剛剛建成時，就已融入了政治符號：

才幾分鐘的時間，牆上就掛起了一面義大利國旗，就位於血跡的左上方……塞沃家族盾徽（The House of Savoy，義大利皇室徽記）已被從國旗的白色中央區塊撕掉了，原來位置上別著一條黑色喪禮緞帶。這反映出兩種姿態——它宣告君主制與法西斯的末日，也紀念那些在漫長解放戰爭中獻出生命的人。

哀悼者就是在這面國旗上釘上第一張照片。[1]

在後續幾年裡，這座神龕成為波隆納眾多紀念游擊隊的紀念碑之一。一九四六年，一尊墨

1 作者注：一九六四年，瑞普完成了描繪這座神龕的得獎畫作，從此展開他藝術家的職業生涯。今天，這幅畫已成為華盛頓美國國家藝術博物館永久收藏品之一。

索里尼騎在馬上的銅像被熔掉，用來鑄成兩座義大利反抗戰士的新雕像——如今在波隆納市中心西北處的拉梅門（Porta Lame）一帶可以見到。一九五九年，義大利建築師皮耶羅・波多尼（Piero Bottoni）設計的一座陣亡游擊隊員納骨塔，在切爾托薩墓園（Certosa Cemetery）修建完成；接著，在一九七〇年代又新增了兩座紀念碑，一座在斯帕達莊園（Villa Spada），另一座則位於城南的沙比烏諾（Sabbiuno）。除此之外，好幾處街道和廣場為了紀念戰爭而改名。比如說，原先以國王翁貝托一世（King Umberto I）[2]為名的廣場被重新改稱為「一九四三年至一九四五年烈士廣場」（Piazza of the Martyrs of 1943-1945）。

這一切都是經過仔細考慮後採取的行動，為的不僅是表現這座城市戰後的道德觀與重生，也為了重新界定它的認同。君主制和法西斯的符號被拆除，原有位置上設置了反抗的象徵。如果說波隆納這座城市出英雄，那他們不再是老態龍鍾的菁英主義英雄。從今往後，受人景仰的英雄將出自工人與學生——他們是一群普通百姓，每張臉孔都讓人想到海神廣場上展示的照片。

在這些已逝英雄們的注視下，波隆納人民可說有義務追隨他們戰時記憶所啟示的未來。二戰後，在一九四六年三月舉行的第一次地方選舉中，他們選出了一位反抗軍成員為市長——朱賽貝・多薩（Giuseppe Dozza）將於往後二十年間領導市議會。他所屬的義大利共產黨，在二十世紀結束前的大多數時間，都是波隆納政壇中的主要政治勢力。

在一九七〇年代到一九八〇年代，波隆納再度受到攻擊。在這段「領先年代」（*anni di piombo*，英譯為 Years of Lead），義大利各地都陷入了政治暴力浪潮之中。許多城市紛紛遭到共黨「赤軍旅」（Red Brigades）發動的恐怖攻擊，但波隆納遭遇的攻擊卻是來自「新法西斯」（Neo-Fascists）分子。一九八〇年，在中央火車站引爆的一枚炸彈殺害了八十五人，傷者超過兩百人。還有兩次較小規模攻擊分別發生在一九七四年和一九八四年，每次都造成大約數十人遇害。攻擊發生的原因十分簡單——波隆納是個左派城市，因此被當成目標。

為了追悼這些攻擊中的死難者，海神廣場的神龕旁新立了一塊紀念牌匾，上面列出死者姓名。然而，這塊新牌匾卻在無意間突顯了城市紀念景觀中微妙的變化。原來的陣亡者神龕從未帶給人民一種自怨自艾的感受，哪怕他們在戰爭可怕的暴行中受盡折磨。神龕上斗大的燙金字體說得很清楚，二戰時的游擊隊員是為正義而犧牲的英雄：「為了自由與正義、為了榮譽和祖國獨立。」然而，新牌匾上的文字沒有傳達這種訊息，上面只簡單說明死者為「法西斯恐怖主義的受害者」。他們並非為了什麼理由而犧牲，看不出半點英雄主義。但當這兩種紀念碑並列在一起時，英雄與受害者之間的界線也就模稜難辨了。一九八〇年代的愚蠢暴行讓人聯想起二戰時期的愚蠢暴行，讓游擊隊看起來也不再像英雄，反倒更像是烈士。

近年來，波隆納的城市認同發生了更大轉變。政治生活舊有的約定俗成早已被打破——隨著冷戰結束，共產主義在此地消亡，如同整個歐洲的情形。時序進入二十一世紀至今，這座城市戰時的過去與現在之間幾乎沒有什麼連續性：大致來說，共產黨已經讓位給較溫和的社會民

2 譯注：翁貝托一世（1844—1900），十九世紀末義大利國王，一九〇〇年因其保守作風，以及支持一八九八年將軍貝卡里斯（Fiorenzo Bava Beccaris）在米蘭鎮壓食糧暴動時屠殺抗爭者的行為，遭無政府主義者布雷西（Gaetano Bresci）刺殺身亡。

主黨人。全球化的浪潮也很明顯，大學始終歡迎來自全義大利和世界各地的學生，在普羅大眾間也同樣如此。如今，波隆納的人口中有百分之十以上來自其他國家，而且這個比例還在增長。

在像今天這樣的世界，海神廣場的兩千幅肖像已經不如當年那般有力。它們明顯來自過去。肖像中人物的神情嚴肅、正經——完全不像現代人經常發布在社群媒體上的微笑自拍照。為什麼這些古老照片還要再有意義？為什麼今天的城市要被這些人的歷史、思想給囚禁？

然而，他們依舊霸占著這個中世紀廣場上的牆壁。當地政客每天往返市政廳，都得從他們面前走過；聚集在公共圖書館台階上的學生就坐在他們的影子下。他們就像波隆納各地無數家庭中過世許久的姑姑和叔叔，凝視著這個左派城市的居民，默默提醒他們自己是誰、從哪裡來。

陣亡者神龕（Shrine to the Fallen）

◆所在位置—義大利波隆納，海神廣場
◆建立宗旨—紀念二戰期間反抗法西斯政權而遭處決的游擊隊隊員
◆設計者—波隆納市民自發建立，貼上兩千多幅照片
◆尺寸—兩千多幅照片，長達二十公尺寬
◆落成日—一九四五年
◆現況—一九五五年，由市政府設為永久地標，並將照片以瓷磚替代。一九八〇年代，政府在神龕旁新立了一塊列出死者姓名的紀念牌匾，紀念遭新法西斯分子攻擊而喪命者。

小結　英雄主義的終結

英雄宛如彩虹，我們只能站在遠處欣賞。一旦我們靠得太近，那些令他們發光發熱的特質往往消失無蹤。

到目前為止，我敘述過的紀念碑還沒有哪一座反映出歷史現實的微妙癥結。俄羅斯祖國召喚雕像的宏偉，始終建立在搖搖欲墜的基礎上。美國人熱愛國旗，雖說他們自己覺得光榮，但其他人總感覺他們居心叵測。英國需要那有名的堅毅微笑，為的不僅是贏得戰爭，還為了應付隨後到來的失望。再說到反抗運動，不僅在波隆納，也包括整個歐洲及亞洲，這類運動往往帶來大量死傷，遠大於他們所做的抵抗。不過這些其實都不重要，因為這幾座紀念碑從來都不是用來表達歷史現實。它們代表了我們在神話概念中所認知的英雄，僅此而已。它們既是歷史的表述，也是身分的表達。

從某些角度看，我們的二戰英雄紀念碑似乎足以永垂不朽。它們所展現的價值，例如力量、堅毅、兄弟情誼、美德，與古往今來所有社會珍視的價值並沒什麼不同。但換別的角度來看，它們似乎過氣得無可救藥；說實話，其中一些，比如倫敦的轟炸機司令部紀念碑，打從它首次揭幕的那一刻起，看起來就已經過氣了。我收錄在本書第一部裡的紀念碑，全都是中規中矩的雕像、照片，或根據照片塑造的雕像。這並不是巧合，畢竟這是全世界一般用來紀念英雄的方式，但比起稍後我將介紹的某些紀念碑，它們就顯得相當缺乏創新精神。

英雄代表我們的理想。他們必須勇敢但溫柔，堅定但靈活，堅強但寬容。他們必須永遠道德高尚，永遠完美，隨時準備慷慨赴義。作為我們的群體表率，他們必須自始至終代表我們所有人。沒人能夠達到如此期望，任何團體都辦不到。

然而，歷史賦予了某些國家這種責任。自從成為第二次世界大戰不容置疑的勝利者後，美國始終捨我其誰地扮演英雄。退而求其次地講，英國與法國也感覺自己非得在國際事務上帶頭不可，尤其事情攸關它們的前殖民地時。有時候，甚至俄國也深感自己必須延續超級強國的領導地位。這些國家強出頭的作為並不總是討人喜歡，但這也不足為奇——如今再也沒有哪個「國際警察」具備二戰時期英雄的高風亮節。

時代在改變。價值觀、甚至永不過時的價值觀，宛如潮起潮落：今天還有誰歌頌擇善固執、不屈不撓或甘願默默隱忍的品德？在現代人看來，我們過去崇拜的一些英雄，不可避免地變得有些悲涼，甚至有點可笑。社會也變了。我們的英雄本應代表我們所認定的自我實現，或至少我們期許自己成為的樣子，但是當我們開始採納新的政治觀點，或是當來自不同階級、宗教或族群的人加入了我們的社會，我們就很難再認同那些老英雄了。

這一切突顯了一個奇怪的悖論——在我們心目中，這些英雄看來如此強大而堅不可摧，但實際上竟是歷史萬神殿中最脆弱的角色，似乎不費吹灰之力就能被打落神壇。

但話說回來，還有另一些更強有力的中心思想。如同我前面暗示過的，許多群體現在更傾向把自己描述為烈士，而不是英雄。大多數案例中，我們談到的這些群體可說是別無選擇——大家全是歷史的囚徒，而這種角色正是過去的悲劇所留下的歷史共業。然而，我們會越看越清楚，殉難其實是一種比英雄主義更強烈的身分認同。

英雄如潮水般來去，但是烈士會永遠被記住。

第二部
烈士
Martyrs

一九四五年的時候，世上每個國家都相信自己的民族英雄輩出。然而真相是，第二次世界大戰在絕大多處都非常殘酷，毫無光榮可言，這一點無可迴避。全體人民遭受轟炸、饑餓、奴役和羞辱。數百萬人死於極不光采的境地——他們不是死在戰場，而是死在自己家中、死在毒氣室，或者變成防空洞裡一具蜷縮的屍體。數十萬名婦女遭到強姦。數十萬名孩童成了孤兒。這些人不是英雄，他們是受害者。

戰爭受害者的紀念碑是我們最重要的一些紀念場所。人們大多有很好的理由來建造這些紀念碑，因為苦難必須昭告世人。一座精心設計的紀念碑，可以提供人們一個地方來悼念失去的事物，並記住那些死去的人。

它能讓一個分裂的國家在共同悲痛之中團結起來。它或多或少能給一群受辱的人一點自我告解的空間——不是人人都能成為英雄，尤其當他們遭遇無法克服的巨大力量而變得無能為力之時。

然而，這種紀念碑有一個大家很少注意的負面效應。雖說一方面，它讓我們有機會理解痛苦的過去，然後振作起來；但另一方面，它會誘導人們沉溺於過去，直到我們的靈魂被它所束縛。儘管受難者的紀念碑能讓我們重建對自身傷痛的主導權，從而加以掌控，但它也可能讓我們自暴自棄於傷痛過往，全然不顧自身責任，四處怨天尤人。如果用這種負面方式回憶過往，將讓我們陷入險境——不僅無法激發團結契機，反而觸發分裂；不但不會帶來平靜，反倒令我們勃然大怒。

近幾十年來，我們的紀念文化出現了一種轉變。如今我們傾向為受害者和烈士豎起紀念碑，所建之處就是我們以往為二戰英雄豎立紀念碑的地方。在這現象背後的政治原因相當直白。雖說烈士和英雄一樣，都激勵忠誠，但是當一個英雄國家非得為自身國際地位負責時，一個出烈士的國家卻可隨心所欲地自掃門前雪。畢竟烈士是無可批判的，即便他們曾經犯錯，也永遠會被原諒；他們所受過的苦難就好比一張永遠有效的「免罪卡」[1]，讓他們將所有罪過一筆勾銷。

很不幸地，這種表面上的自由只是幻象。在接下來的幾章就會發現，這種思維方式雖能帶來甜頭，但也得付出代價。那些視自身為烈士的國家和其他國家一樣，同樣受困於自己的歷史。

1 譯注：「免罪卡」（**Get out of jail free card**），《大富翁》遊戲中的卡片道具。

第7章

國家紀念碑

——誰才是為祖國犧牲的人？

荷蘭
阿姆斯特丹

水壩廣場（1958年）

©Harry Pot/Anefo/Nationaal Archief, Amsterdam

荷蘭人民在第二次世界大戰中遭受了巨大創傷。一九四〇年。他們的國家遇到勢不可擋的大規模侵略，造成極為嚴重的破壞；特別是城市，例如鹿特丹（Rotterdam）在轟炸之下幾乎被夷為平地。在後續五年裡，荷蘭人嘗盡了被納粹占領後的一切苦楚——國家主權淪喪，猶太人及其他「不受歡迎者」遭到圍剿，荷蘭百姓被奴役，異議分子則遭到殘酷鎮壓。隨著二戰接近尾聲，反抗運動也日趨激烈，而納粹為了報復，切斷了通往荷蘭西部的所有糧食與燃油運輸。一場大饑荒迅速降臨：在這場日後為眾人熟知的「饑餓寒冬」（Hunger Winter）中，據說大約有一萬八千人活活餓死，還有好幾十萬人因此嚴重營養不良。等到荷蘭終於在一九四五年五月解放時，整個國家已經不支倒地。

在恐怖的戰禍過後，荷蘭新政府授權建造一座紀念碑，以確保全國人民永不忘記曾經被迫忍受的恥辱與苦痛。打從一開始，政府就以建立全國最重要的紀念碑為目標，來興建這座「國家紀念碑」（National Monument）。它將坐落於水壩廣場（Dam Square），這裡是阿姆斯特丹富有歷史意義的中心地區。它的核心主旨，就是要成為荷蘭烈士碑。

紀念碑的第一部分始建於一九四六年。一開始只是一堵彎曲的牆，上面是一個接一個的壁龕；每個壁龕都安置了一個甕，甕裡填滿了荷蘭人被折磨和處決的某個地區的土壤。剛開始總共有十一個甕，每個甕來自一個省分，使這座紀念碑成了名副其實的國家紀念碑。幾年後又加入了第十二個甕，裡面裝的是來自荷屬東印度（Dutch East Indies，即今天的印尼）的泥土，以表同等追念受到日本人折磨的荷蘭公民。

又過了幾年，這堵彎曲的牆前面立起了一根石柱。石柱高達二十二公尺，裝飾有荷蘭傑出藝術家約翰・雷德克（John Rädecker）創作的雕塑。雷德克的設計在很大程度上反映了荷蘭人在二戰後對自己的看法。主像位於柱子前緣，是四名用鍊條鎖在一起的男子；其中一人伸展雙臂，活像釘在十字架上的基督。塑像兩側分別站立著兩座代表反抗的雕像——左邊留著鬍子的人像體現了知識分子的反抗，右邊肌肉發達的人像則代表工人階層的反抗。他們腳下坐著三隻嗥叫的狗，代表忠誠。視覺中心的上方還有一名抱著孩子的婦女，象徵戰後新生命帶來的希望，而女人頭上的花環則象徵勝利。最後，在柱子背面是一系列展翅高飛的鴿子，象徵和平。

於是，這座紀念碑同時傳達了好幾道訊息。荷蘭人反抗壓迫。他們在苦難中團結一致。他們忠於共同理想。最後，苦難得到回報，他們獲得了勝利、和平，以及重生的機會。

總之，這是一座經過深思熟慮設計出來的紀念碑。它的核心形象大致歸屬宗教性質。鴿子讓人聯想到基督教中的聖靈，女人和孩子則如同聖母瑪利亞的經典形象。最重要的是，其中宛若基督的人物，代表人民的殉難：他們遭受折磨、束縛並犧牲，但他們對於戰爭結束後得以復活的信念堅定不移。一名基督徒若站在這座紀念碑前，不可能察覺不到他或她曾在教堂感受到的那種肅穆。這是荷蘭在二戰期間堅信不移、不證自明的願景——把國家想作彌賽亞的國度。

只是有一點被疏忽了。即便在一九四五年，荷蘭也並非人人都是基督徒。不是所有被納粹迫害的人都死在荷蘭土地上。如此描繪這個國家，使紀念碑排除了許多群體，他們不符合雷德克所定義的荷蘭道統。而其中最重要的群體，是全國人口中遭受最嚴重迫害的一群人：猶太人。

假如我們要找尋一個二戰期間殉難情結的典型代表，那肯定要從歐洲猶太人開始。猶太人只占荷蘭人口的百分之五，可是二戰結束時，他們卻占荷蘭總傷亡人數的一半。不像國內其他群體，猶太人是被仔細挑出來的。他們被無情地追捕、趕上火車，往東送往集中營。在那裡，他們要麼剛到就被殺害，不然就是慢慢地工作直到累死。大約十一萬人以這種方式被驅逐出境。只有大約五千人返回。

而今，任何追念死者的紀念碑理所當然地都應納入這類人群，並給予他們應得的敬意。那麼，為什麼荷蘭國家紀念碑卻忽略他們？這真的只是一個不幸的疏忽？還是這裡頭另有名堂？

為了搞清楚這種情況究竟為何被容許發生，就必須了解一下一九四五年那五千名大屠殺倖存者返回荷蘭的故事。荷蘭歷史學者汀科．洪迪厄斯（Dienke Hondius）在二十世紀末曾找過幾十名猶太人，訪談他們的歸鄉經歷，結果發現他們述說的故事幾乎千篇一律。他們在一九四五年時，幾乎全都感覺遭到忽視，而且幾乎所有人都對提起自身受苦受難的經歷一事備感壓力。最懊惱的是，他們當中有許多人發現，人們有種變態和荒謬的情緒，把他們當成嫉妒的對象。一九四五年，有個猶太倖存者遇到一位舊識，對方這樣跟他說：「你真幸運，我們餓得半死！」另一名猶太人還遇到雇主拒絕支付預付款給他，理由竟是他曾待過奧斯威辛集中營。「你在那一直有吃有喝，有房子住！」他的雇主如此說道。

對於這種無情冷漠，有人編織出良善的藉口，說這一切純然源於無知。在東歐，大屠殺就發生在人們的眼皮底下，而在荷蘭，人們對猶太人被驅逐出境後的遭遇只有模糊認知。許多荷蘭人並不認為猶太人蒙受苦難，因為他們幾乎沒有意識到這一點。這種無知很可能延伸到了國家紀念碑的建造，它的創造者只是未曾想過要把猶太人的苦難當成一個單獨類別來表現。

當然，這背後也可能有惡意存在。反猶太主義早在二戰前便已盛行於荷蘭，而納粹多年的宣傳勢必也對國家和人民產生了影響。要是說沒人在乎猶太人在戰時的遭遇，那部分原因是他們對此不感興趣。因此，我們可以想像，國家紀念碑遺漏了猶太人，是因為他們被認為不配，或者至少在潛意識層次，他們沒被看成荷蘭人。

然而，當代文獻指出另一種更富政治意味的解讀，闡述為什麼猶太人的經歷在荷蘭遭到忽視。一九四五年，荷蘭人不遺餘力地重新團結一個分裂的國家。於是，一個神話就這麼誕生了——荷蘭人民，以一個單一民族集體受難，為了殉道而團結。國家紀念碑的基督圖像，以及從荷蘭每個受難省分採集的土壤，傳達的就是這個中心主題。這種神話幾乎適用於每個荷蘭人，從希望有機會重返故土的前納粹合作者，到筋疲力竭、渴望將戰爭拋諸腦後的廣大群眾。

然而，很不幸地，猶太人沒能融入這個舒適的神話中。事實上，只要有人一承認他們所曾經歷的苦難，就會立刻變成眾人嘲諷的笑柄。在內心深處，人人都曉得戰爭期間猶太人被刻意挑出送走，也知道他們所遭受的苦難與所有人大不相同。除此之外，人們也因為自己對猶太人的處境無能為力而感到羞愧。與其承認這些令人尷尬的事實，倒不如把它整個給忘了還來得容易些。於是，至少在國家層級上，荷蘭的猶太人突然間彷彿消失了。

不管國家紀念碑之所以排除猶太人究竟有哪些理由，荷蘭的猶太人拿它一點辦法也沒有。即便在阿姆斯特丹這個一度昌盛的猶太中心，如今剩下的猶太人寥寥可數，沒法形成聲勢。總體來說，他們只能保持低調，努力在沉默中重建自己的生活。在經歷這一切之後，大多數猶太人都不願招引他人注意。他們甘願隱姓埋名。

過了好些年，猶太人的宿命才在荷蘭得到應有的認可，而情況最終確實改變了。它始於一九四七年安妮．法蘭克（Anne Frank）日記的出版。這名猶太少女被迫和家人一起躲藏了兩年多。他們活在安妮父親做生意的房子後屋，透過藏在書架後面的一扇秘密的門進出。一九四四年八月，這家人還是曝光，並被遣送到德國及德國占領下的波蘭集中營。一九四五年初，安妮．法蘭克死於貝爾森集中營（Belsen）[1]，不過她的日記流傳了下來，後來成為國際暢銷書。

若存活在阿姆斯特丹的猶太人沉默不語又孤立無援的話，至少這本書替他們發出了某種聲音。法蘭克家的唯一生還者——安妮的父親奧圖．法蘭克（Otto Frank）在一九五〇年代晚期買回了那棟他們在戰時躲藏的房子，將它改建成博物館。自一九六〇年開幕以來，這座博物館的重要性與日俱增。如今，它每年吸引超過一百萬名遊客，是荷蘭參觀人數最多的博物館之一。

其他紀念猶太人的二戰經歷的紀念館最終也陸續建立。一九六二年，在荷蘭劇院（Hollandsche Schouwburg）新建成一座猶太受害者紀念碑，這座劇院在戰時曾被用作驅逐猶

1 譯注：二戰時位於德國西北部的集中營。

太人出境時的集合點。一堵紀念牆被豎立起來，上面列出被殺害的十萬四千名荷蘭猶太人的姓氏。牆上的銘文清楚表示，這些不是「為祖國犧牲」的人，而是帶走後被謀殺的人。他們不是英雄，而是受害者。

一九七七年，烏斯特墓園（Nieuwe Ooster）裡修建了一座紀念死於奧斯威辛集中營的猶太人的紀念碑。後來，在一九九三年，它被遷移到猶太人區的韋特海姆公園（Wertheimpark），規模大幅擴大。它由一系列破碎的鏡子組成，其中安放了一個甕，裡面裝有從奧斯威辛集中營取來的骨灰。不管有意還是無心，它比照水壩廣場上的國家紀念碑那堵紀念牆上的甕，在此補上了那個當初漏掉的甕。

一直到本世紀，紀念猶太受難者的活動仍在阿姆斯特丹持續舉辦。自二〇〇〇年代中期以來，「絆腳石」（Stolpersteine）已成為阿姆斯特丹幾十條街道的特色，在歐洲許多城市也同樣如此。所謂「絆腳石」是鵝卵石大小的黃銅塊，嵌在大屠殺期間被驅逐的猶太人故居外的地面上，上頭鐫刻著曾經住在這的猶太人的名字、被捕日期，以及他們的最終命運。今天，阿姆斯特丹全市有超過四百座這種紀念碑。

最後，就在二〇一六年，國家大屠殺博物館（National Holocaust Museum）在阿姆斯特丹揭幕，也位於前猶太人聚居區。在同樣地點，彼時曾被忽視的苦難，此時卻被紀念得最為深刻。

沒有紀念碑能夠如同孤島般存在。戰後，荷蘭政府建造了單一座紀念碑，認為這座紀念碑可以呈現荷蘭人在二戰期間受苦受難的共同經驗。他們失敗了。但在那之後的幾年裡，阿姆斯特丹彌補了它所犯的疏離與過失。如今，這座城市擁有豐富多元的紀念文化，其中紀念了許多戰爭剛結束便被忽視的受害者。例如，阿姆斯特丹是世上第一個為二戰期間遭納粹迫害的吉普賽人修建公共紀念碑的城市；它於一九七八年揭幕，目前矗立在博物館廣場（Museumplein）上。阿姆斯特丹也是首先於一九八七年建造「同性戀紀念碑」（Homomonument）的城市，紀念那些由於性取向而遭到納粹迫害的人。

今天，當你站在水壩廣場的國家紀念碑前，值得記住的是這座富有基督教意象的重要紀念碑只是一個大標題，提示著阿姆斯特丹其他地方枝繁葉茂的協奏曲目。跟歐洲許多城市一樣，阿姆斯特丹確實是個烈士之都，而烈士之中無分各種形體與大小。

國家紀念碑（National Monument）

- **所在位置**—荷蘭阿姆斯特丹，水壩廣場
- **建立宗旨**—紀念於二戰期間喪生的所有荷蘭人
- **設計者**—雕塑家約翰．雷德克（John Rädecker）與建築師雅各．歐德（Jacobus Oud）共同完成
- **尺寸**—近二十二公尺高
- **落成日**—一九五六年五月四日
- **現況**—二〇〇九年，被列為荷蘭國家遺產。

第8章

南京大屠殺紀念館

©Keith Lowe

——他們否認，我們指責。

中國
南京

©Keith Lowe

©Gary Todd/Wikimedia Commons CC0 1.0

第二次世界大戰是從什麼時候開始的？這個問題的答案因人而異，差別很大。對美國人而言，二戰是在一九四一年十二月，日本偷襲珍珠港時才開始的。歐洲人的二戰則開始得較早，是希特勒於一九三九年九月入侵波蘭時展開。但是對中國人來說，戰爭開始的時間比前述這些都更早，是在一九三七年七月，當中日雙方的軍隊在北平城外的蘆溝橋首次交火時爆發的。蘆溝橋事件跟之前別的事件不同，以往都是以中國人羞辱認輸告終，而這一次卻促使中國國民黨領袖蔣介石全面性地發動全國對日抗戰。於是，長達八年多的衝突就此展開，這場衝突將導致數百萬人喪生，並使中國華東大部分地區成為廢墟。

今天，中國人對二戰的記憶，主要集中在開戰後頭幾個月發生的事情上。這段時間內發生了幾場最大規模的會戰，中國軍隊重創了日軍，其中有不少可歌可泣、值得中國人驕傲的英雄故事。蔣介石在戰爭一開始便傾盡全力，希望好歹能給日本人來個迎頭痛擊，說不定還能因此贏得國際社會的支持。然而，在戰爭的這個階段，他的軍隊無法和日本的軍事實力與技術優勢相匹敵，沒過多久，這些中國的英勇事蹟就被一齣齣悲劇所取代。

其中有段故事特別引人注目。一九三七年十一月，就在開戰的幾個月後，中國軍隊戰敗退守到他們的首都南京。十二月初，日本人開始包圍這座城市。經過雙方在城牆周圍激烈交戰，蔣介石決定棄守南京。這麼一來，數萬名中國士兵不得不越過長江逃竄；那些逃不了的士兵只好繼續戰鬥，而投降者則在江岸邊的一系列大規模處決中遭到屠殺。還有一些士兵換上便服，打算躲在一般民眾間，但仍遭到日本軍隊無情追捕——日軍對他們見到的所有男人都進行盤查；他們從群眾中把有著「軍人身姿」的人拉出來，也沒放過手上長繭或腳上有鞋瘡的人，而任何人只要肩膀上有背帶印痕，就被認定最近曾扛過軍用背包或步槍。這種檢查法難免造成許多普通老百姓也被誤認，並被拖出處死。

處決完了被懷疑是軍人的群眾，屠殺仍然繼續進行。在這場戰役之後，日本軍隊喪失了一切紀律，開始洗劫這座城市。婦女們不管年齡多老或多年幼，都被強姦然後殺掉，孩子們、甚至連嬰兒也同樣在劫難逃。無數目擊者證實曾見到日軍用刺刀將孕婦開膛剖腹，也有許多照片可以佐證這些指控。有的日本兵甚至還自己拍下照片，不是作為證據，而是當成紀念品。

可想而知，南京城陷入一片混亂。老百姓在情急之下，開始爭先恐後擠進城裡的外國人居住區，希望能從南京的歐洲居民那兒尋得庇護。一小群為數大約二十名的學校教師及傳教士竭盡所能地提供幫助。他們和日本人交涉，爭取能為難民設立一個「安全區」。日軍前來找女人時，他們挺身而出，擋在日本兵和這些被視為獵物的女人之間。毫無疑問，那時日本人還比較忌憚得罪歐洲人——日本此時還不想激起任何與西方的磨擦。然而，南京淪陷後，日軍的暴行一直持續了幾個星期，最後連所謂的「安全區」也不再安全了。中立的歐洲人在現場作為見證者，他們找機會拍下大屠殺的照片、甚至影片，提供了一些最具說服力的證據，證明在這發生過的暴行。

現今，我們很難確切得知在一九三七年十二月到一九三八年二月間那最血腥的幾星期裡，究竟有多少人被日軍殺害。但可以肯定的是，就算沒有數十萬人，也有好幾萬人。根據戰後的戰犯法庭紀錄，被謀殺者約在二十萬人之譜，而且至少有兩萬名婦女被強姦。今天，中國官方公布的死亡數字為三十萬人。若干日本學者不承認這麼高的數字，然而沒人否定，或者說，至少沒有任何具有學術信譽的人否定這場大屠殺的存在。這起後來被稱為「南京大屠殺」的事件，是中國戰爭史上最屈辱的經歷之一。

—

在中國，紀念這段經歷的主要機構叫做「侵華日軍南京大屠殺遇難同胞紀念館」。這個機構真的非常之大，場址內包含一間博物館、兩座萬人塚、一所學術單位，以及一系列紀念廣場與和平公園。這裡有幾十座紀念雕像及雕塑，其中一些規模相當宏大，最高的約達三十公尺，最長的也有三十公尺長。總體而言，整個紀念館占地超過兩萬八千平方公尺（約八千五百坪），距離市中心不遠，每年吸引多達八百萬遊客。

在你踏入這座龐大的複合建物之前，首先映入眼簾的是一座衣裳被撕破的母親雕像，手裡抱著死去孩子癱軟的軀體。那是一名受難的母親，懷抱著死去的孩子仰天長嘯的景象。這座由中國藝術家吳為山創作的雕塑，至少有十公尺高，它就站立在紀念館位於南京最熱鬧的水西門大街的入口處。這座雕塑顯露出一種發自內心的悲痛。女人絕望地垂下肩膀，裸露的長頸脆弱不堪，懷裡的孩子毫無生氣，而她再也沒有力氣支撐下去——這一切都讓你心裡清楚，在紀念館裡等著你的會是什麼。

隨著群眾走過這座雕像後，迎面而來的是一系列其他雕像，都出自同一位藝術家之手，描述一九三七年逃離這座城市的難民。他們的表情因恐懼而扭曲，其中有些描繪的是拖著或載著受傷或垂死親人的人物雕塑，有的則刻劃出婦女和孩子的屍體。

現場到處可見到令人生畏的雕像。例如，你可以看到一隻從地下彎出的巨大手臂，死氣沉沉地抓著周遭的石頭；附近還有一顆被砍掉的巨大頭顱，靠在一堵滿是彈孔的牆邊。一根十六公尺高的石頭十字架赫然聳現在其中一處紀念廣場上，彷彿墓碑——上面刻著大屠殺的日期。一座孤單母親的雕像矗立在一片石地上，正尋找著她死去家人的遺體。另一處鋪有一條青銅步道，上面鑄壓出兩百二十二位大屠殺目擊者的腳印。這地方處處傳來受難的哀嚎聲。為了讓人印象更深刻，許多地方都可看見官方公布的遇難人數被以一公尺高的大字展現。走進博物館，「三十萬」這個數字是用青銅鑄成，從上方照亮了一處相對昏暗的空間。在紀念廣場的一面花崗石牆上，這個數字被以十一種不同語言寫出。此外，它也被刻在紀念館一處巨大階梯的石頭上，也被以黑色油漆寫在眾多雕像中某一座的側面。它就像一句咒語，在整個紀念館中不斷重複，彷彿想看看是否有人膽敢挑戰它的威信。

就跟所有這類數字一樣，三十萬這個數字也有失真的成分。這個數字高得讓人震驚，毫無零頭讓人好記，也保守得足以讓人信服——但實際上，沒人曉得一九三七年底的南京有多少人被屠殺。對中國人來說，三十萬這個數字是一個符號，他們可以對這符號注入情感能量，同時也能讓他們從冥想個別遇害者遭到謀殺及肢解的細節等沉痛的現實裡，獲得些許喘息。對日本人、尤其是對否認大屠殺的日本右翼分子來說，這個數字讓他們有了可以爭辯的口實。這數字到底是怎麼算出來的？它包含軍人及平民加起來的傷亡嗎？它是否涵蓋周邊地區人民，還是純粹只有南京市區人口？當時，南京的官方人口統計大約只有十九萬人，那麼怎麼可能這麼多人被殺？還是說，這數字也把難民人數算了進去？以上都是些合理的問題，卻也有效分散了大家對日本士兵真正犯下的恐怖暴行的注意力。

紀念園區中心有一間博物館，裡面有一千多件大屠殺的遺物和照片。這些有關這場暴行的照片證據，是博物館最重要的展品。有一張照片，是一名被強姦的十九歲孕婦，她的臉、腹部和大腿上一共被刺了三十刀——奇蹟般地，她活了下來、得以親自講述這個故事，但她失去了寶寶。城市周圍的萬人塚裡發現了一些殘骸與遺骨。甚至在參訪者的腳下，在博物館裡，就有一座亂葬崗：一個黑暗的坑洞裡有二十三具骷髏，那是二〇〇七年博物館進行擴建工程時發現的。

博物館後面的另一棟建築裡，是第二座萬人塚的所在，裡面有兩百零八具屍體殘骸。參訪者看完這些骷髏後，會被邀請到一間冥想廳，在那裡他們可以靜靜思索剛才看到的一切駭人事物，並回想這裡所記錄的數百名受害者的名字。

參觀這地方的整體感受真的相當沉重，就算是與南京毫無沾親帶故的外國人也一樣。對那些故鄉就在南京，以及父母親或祖父母曾捲入這些事件的人來說，想必此刻已快要無法忍受了。博物館的設計者顯然很清楚這種情狀，所以盡最大努力讓遊客擺脫剛剛目睹的那些令人不安的景象。走出陰暗的萬人塚與冥想廳後，遊客們會進入一座明亮美麗的「和平花園」，周圍有成熟的樹木在微風中搖曳，隔絕了外面的車輛聲。長長的水池裡點綴著黃色花朵，倒映出天空的顏色。在花園盡頭，一座和平女神的雕像矗立在城市的天空。

儘管如此，離開這地方後，訪客心中很難不留下強烈的創傷感。當我們回到家中，記得的不是和平女神像，而是博物館入口處那失去親人的母親雕像，她的聲嘶力竭隱約傳出整座城市在回聲裡延續蕩漾的苦痛。

——

我第一次造訪南京大屠殺紀念館是在二〇一九年四月，當時是接受紀念館館長張建軍之邀，請我向他的同儕們發表研究成果。我抵達當地之後，他幫我安排了一位導遊，帶我四處走走。

每當我遇到研究二十世紀歷史的中國學者，我都會問他們：為什麼中國花了四十年，才開始紀念第二次世界大戰中的事件？中國一直到了一九八〇年代，才真正開始著手於大眾記憶專案。南京大屠殺紀念館就是個好例子，它直到一九八五年才開放。中國怎麼花了這麼長的時間？

多年來，我從此問題得到的答案往往了無新意。有幾位歷史學者很坦白地告訴我，過去四十年中，光是應付國共內戰、朝鮮戰爭（即韓戰）、大躍進，以及文化大革命，就已經夠中國忙的了——實在沒有多餘的空閒、精力進行其他任何思考，或者回顧第二次世界大戰中的事件。另一些人則沒正面回答我的問題。他們認為中國與許多西方國家並沒什麼太大不同——在一九八〇年代以前，現今許多著名的大屠殺博物館和紀念館都還未建立。任何國家都需要時間來接受過去的創傷。

我在南京遇到的幾位學者，用比較政治性的觀點來談我提出的問題。他們告訴我，當中國共產黨正專心聚焦於階級鬥爭時，紀念一場國民黨人對抗日本的戰爭，在政治上毫無助益，也沒有意義。據說，毛主席曾感謝過日本人侵略中國，因為這最終變相為他取得中國政權提供了助力。直到毛澤東死後，人們才開始有機會重新省思一九三七年的創傷；而且，共產黨領導人直到一九八〇年代，才意識到中國戰時的苦難可以成為一個強大的動機，有力地團結起整個國家。

我問過張建軍，想知道他覺得為什麼中國會拖這麼久才紀念一九三七年的事件。他的回答雖沒完全出乎我的意料，但也讓我感到難受。他解釋，在一九八二年以前，人們沒有興趣重揭舊瘡疤。但據他所說，就在那一年，日本教育部犯了一個看似故意的挑釁行為：為了淡化日本對戰爭的責任，他們修改了學校的歷史教科書。「這裡的人都想忘掉這些不幸的過去。」他對我說道，「我個人認為，如果日本政府從來沒有修改過教科書，以否認大屠殺的存在，我們可能永遠也不會有一個紀念館，因為這根本不必要。」

張建軍這番話雖是肺腑之言，但卻遺漏了一段更加微妙的歷史。一九八二年，國際上確實曾因日本教科書問題而爭吵得沸沸揚揚。不過，那場風波來自一項誤解：張建軍所提到的那次修訂並未真正發生。然而，他說的也絕對屬實，日本教科書傾向於淡化侵略行為，但這在一九八〇年代早已不是新鮮事。最厚顏無恥的修改與刪除，主要都發生在幾十年前：在一九五〇年代和一九六〇年代，日本主要的教科書幾乎完全沒提到南京大屠殺，而且向來都是用最自我寬容的措辭撰寫。簡單地說，日本在一九八二年沒有真的修訂教科書，因為那時的日本教科書中已沒剩下什麼東西可刪改了。

中國政府在一九八二年所抗議的觀點，其實已經不再是日本人民的主流看法；實際上，當時日本社會的風向正開始朝著有利於中國人的方向傾斜，甚至強烈反對自己的國家蒙蔽事實。正如張建軍向我指出的，日本右翼民族主義分子在一九八〇年代變得氣急敗壞，其中一些人極端暴力。他們向那些探討日本戰爭罪行的人發出死亡威脅，有時甚至採取行動。他們訴諸暴力的原因，在於他們在有關日本戰時歷史的爭論中已明顯落敗。到一九八〇年代末期，日本學術界中的絕大多數人都已拒絕右翼言論，並接受日本對戰爭負有集體罪責，而確實自那時起，幾乎所有日本的歷史教科書都重新修訂，並納入南京大屠殺的相關內容。

所以，看來是有三股波瀾共同推動了南京大屠殺紀念館的興建。首先，它得以滿足學術界對中國歷史上一個重要時刻加深理解並且取得公共文獻的需求。其次，它對這道折磨整個社會許久的創傷，提供了迫切需要昭告世人並獲得認可的契機。然而最後，自一九八〇年代日本與中國之間的新競爭態勢開始浮現檯面之後，它也起了政治作用，並呈現在象徵第二次世界大戰的建物之上。幸與不幸，南京大屠殺紀念館已經成為中日較勁的其中一個面向，同時兩國也在集體記憶上彼此競逐。

過去三十年裡，中國的歷史意識出現了劇烈變化，特別是社會大眾對於二戰的記憶。南京大屠殺是這場革命的核心：它已成為中國烈士的民族象徵。以這起暴行為題材的書籍已有數千本出版，也製作了數千部相關的電影、電視劇和紀錄片。如今，中國的電視公司每年製作大約兩百個節目，全都是有關一九三七年到一九四五年戰爭的戲劇，其中絕大部分以南京大屠殺為主題。南京大屠殺紀念館之所以如此龐大，以及其每年吸引如此眾多遊客前來的原因，是因為它不僅是一個地方機構，而且還是一個全國性機構。南京成了戰爭期間所有暴行的代表，不管中國其他地方還發生了哪些暴行。自二〇一四年以來，南京大屠殺週年紀念日（十二月十三日）一直都是國定假日。

相較之下，改變的速度在日本就要慢得多，也比較捉摸不定。日本部分民眾，特別是右翼政客，始終不願承認他們歷史中極不光采的部分。一般來說，他們並不否認曾犯下的戰爭罪行，但已起而質疑中國人是否誇大了這些罪行。他們也高度懷疑中國人不斷提起這段過往的動機。有些日本政界人士指出，過去多年來，有很多日本人道過歉，其中包括個人、機構團體、政府，但中國人似乎從來未曾滿意。近年，日本右翼修正主義再度抬頭，尤其是在社交媒體上。他們對南京大屠殺紀念館的指控有失公允，說它的唯一功能就是將矛頭直接對準日本。

這就是我們這個時代的一個重大問題。唯一能夠減輕中國人殉難感的方法就是道歉，然後道歉、再道歉，而且每次的道歉都絕對不可以避重就輕。德國就能成功對歐洲鄰國做到這一點，為什麼日本做不到呢？然而，就連時下的日本主流民意都不打算這麼做，更別說日本右翼人士了。

在日本並未心甘情願謝罪的情況下，中國的感情用事只會變得越發強烈。但這只是人類本性所致——當那些加害過他們的人堅持質疑他們最痛苦的記憶，受害者就更走不出過去的傷痛。他們所能做的，就是更大聲、更激烈地重申自己的故事。中國人喊得越是響亮，日本人的戒心也就越來越重。在此過程中，歷史的客觀性就逐漸被看似永無休止的指責與否認的循環所扼殺了。

—

鑒於中日兩國之間不堪回首的歷史，我們很容易對兩國未來的關係感到悲觀。但事實上，人們還是有理由抱持希望，特別是在地方層級。南京紀念館與日本的合作夥伴頻繁進行和平交流，每年都有成千上萬的日本人來此悼念。該機構的策展人與日本同行之間的關係一般都相當良好。

這種和平交流精神也可在別的地方看見。我在訪問南京期間，碰巧遇到一位當地歷史學家——一位謹言、細心，名叫劉小平的學者，他對自己家鄉的了解可真像部活百科全書。劉小平帶我看了關於大屠殺的另一座紀念碑，位於河邊一條主要道路旁，地點偏僻。這是九千八百名中國士兵在大屠殺中被處決的地點。一九八五年，人們在這裡安置了一塊紀念石，以標示這個遺址，同時還有一座雕刻著石頭花環的三腳抽象雕塑，以茲紀念。

今天，這座紀念碑被維護得很好，修剪整齊的樹籬使它與繁忙的道路相隔開來。不過三十年前，它才剛建成不久後，便因疏於維護而倒塌了，當地人也沒注意，使得這地方逐漸成了垃圾場。

據劉小平說，今天這裡之所以受到這麼好的照顧，是因為曾有一群日本遊客來到這裡致敬和懺悔。他們發現這地方的境況時相當震驚，便通知當地政府，後者隨即介入重整現場。在日本人的關切下，這座紀念碑重見天日，而中國地方官員也與他們合作，確保大屠殺的記憶在此處受到尊重。

中國人也好，日本人也罷，都永遠擺脫不了一九三七年底發生在南京的這段歷史。然而，這些小小善意的舉動給了我們莫大希望，期許這段歷史或將變得較能讓人承受。

南京大屠殺紀念館

◆**正式名稱**—侵華日軍南京大屠殺遇難同胞紀念館

◆**所在位置**—中國江蘇省南京市

◆**建立宗旨**—紀念於一九三七年十二月十三日至一九三八年二月間遭日本帝國軍隊大規模屠殺的三十萬中國人

◆**設計者**—齊康（紀念館建築）、吳為山（入口處的母親雕像）、孫家彬（和平女神像）

◆**占地面積**—兩萬兩千五百平方公尺

◆**落成日**—一九八五年八月十五日

◆**現況**—自二〇一四年起，每年十二月十三日舉辦南京大屠殺死難者國家公祭儀式。

第9章

和平少女像

©Hakan Nural/Unsplash

——她帶著控訴坐在這裡，靜靜凝望。

南韓
首爾

©Yun-Ho Lee/Wikimedia Commons CC0 1.0

如果說中國與日本之間的關係一度相當惡劣，那麼南韓與日本的仇恨有時就可以用「水火不容」來形容。一九一〇年到一九四五年之間，韓國曾經是日本殖民地，飽受日本殖民者殘暴壓迫，尤其在二戰期間最為慘痛。直到今日，南韓政客還是常常以這段歷史作為攻訐現今日本的武器。近年來，日韓兩國間的指控與反指控已淪為另一場看似永無休止的互相謾罵。

在雙方熾放的憤怒之火之間，豎立著兩座紀念碑。在日本，同情戰爭期間民族主義的情緒絕大集中在靖國神社——這是個只會讓南韓勃然大怒的地方（我將在本書第十四章討論這座引來各方爭議的神社）。另一方面，在韓國人這方，他們以一尊銅像來表達心中關於痛苦過往的記憶：這座銅像坐落於首爾市區，是一座讓許多日本人、特別是右翼政客，恨得咬牙切齒的銅像。

乍看之下，我們很難看出這座和平雕像有什麼地方冒犯到日本人。這座青銅雕塑描繪出一名年輕婦女——事實上，只是個年齡稍長的小女孩，雙手緊握並坐在椅子上。她穿著韓國傳統服裝，肩上停著一隻小鳥，象徵著和平與自由。她直視前方，臉上神情冷漠而堅定。在她身旁空出了一個位子：或許是邀請別人坐在旁邊，抑或象徵還有另一個人，一個失蹤的人。

從表面上看，這座雕像應該毫無爭議。女孩看起來並沒有特別生氣或傷心。她沒有怒目相向，也沒做出任何可被視為挑釁的姿勢。就連紀念碑的標題看來都十分柔和。這座「和平少女像」到底哪裡出了錯？

只有當我們知道這名女孩代表何許人時，才會開始了解她為什麼足以激起這般熾烈的情緒。這座雕像描繪的其實是一名「慰安婦」——這是日本對戰爭期間提供日本士兵性服務的妓女的委婉稱呼。一九三七年到一九四五年間，數萬名韓國婦女被拐騙成為慰安婦。那時，她們往往被許諾能在遠離家鄉的工廠找份好工作，到頭來卻被綁架並關進妓院，成了性奴隸。日本當局不但沒有處置這種人蛇販賣活動，反倒視若無睹。事實上，根據一些消息來源，日本軍方不僅共謀策劃了此一龐大的性奴役體系，它甚至很可能就是日軍一手包辦建成的。

這座雕像之所以備受爭議，是因為它坐落在位於首爾的日本大使館正對面的人行道上。女孩的臉上或許沒有任何憤怒或受傷的表情，但她的雙眼直直盯著對面的日本外交使團。她緊握的拳頭足以說明一切。韓國人稱它為「和平雕像」，但它的弦外之意顯然非同小可。

韓國素來彌漫一股極其強烈的仇日情結。在二十世紀前，韓國就經常與鄰國日本發生衝突，往往得要仰賴中國或俄羅斯來抗衡日本勢力。然而，當日本在一九〇五年[1]打敗最後的區域對手後，朝鮮半島就完全落入了日本的勢力範圍。日本帝國在一九一〇年正式併吞韓國，從此展開了長達三十五年的殖民壓迫。

日本對韓國的剝削在二戰期間達到頂峰，當時的日本政權逐漸深入管控韓國人民日常生活中的一切事物。一九三九年至一九四五年間，約有二十萬朝鮮人被徵召加入日本皇軍，還有至少一百五十萬人被徵募到日本工廠工作。韓國婦女也被迫替日本人從事各種工作；根據一九四一年的一份公告，所有十四至二十五歲的韓國女性，每年必須犧牲三十天替政府效勞

——這個制度看來只會助長統治者對年輕女性恣意妄為。到了戰爭末期，韓國婦女不論年齡長幼全部都被日本人強行徵用，而且時間更長。這些婦女中有部分人根本沒去過工廠，而是被綁架並囚禁在日軍妓院。

不幸地，韓國的困境並未隨著二戰終結而劃下句點。韓國人與相鄰的中國人，或者越南及印尼等被殖民國家的人民不同，無法感受從解放中贏得自由的喜悅。日本確確實實地統治韓國直到戰爭的最後一刻，然後馬上又有別的外來勢力接手：俄國人占領韓國北方，美國人占領韓國南方。看來，韓國人民一點都沒有掌控自己命運的權力。

在那之後的幾年裡，兩個相互對抗的政權被強行運行於韓國，而且兩個政權同樣暴虐，分別由不同的超級強權撐腰。北方是蘇聯扶上台掌權的共黨獨裁者金日成，自此開始了他的金氏王朝。南方則不斷更替著一個個殘酷的軍事獨裁者，統統是美國人拉上台的魁儡，這情況一直持續到一九八〇年代。一九五〇年，南北韓發生激烈衝突，韓戰隨即爆發，這場戰爭至少讓一百二十萬人送命。儘管戰爭血流成河，但什麼事也沒解決，韓國直到今天仍然是分裂的兩個國家。

後來發生的這些悲劇不能歸咎日本。但就像人們經常說的，如果不是日本一開始征服朝鮮半島，然後又把這個地方捲入第二次世界大戰，這些悲劇根本就不會發生。

沒多久，韓國人就有了其他理由怨恨日本。在一九五〇年代、一九六〇年代、一九七〇年

1　譯注：文中此處指的是一九〇五年的日俄戰爭。

代，當韓國還在新近動盪中掙扎，它的鄰國卻實現了前所未有的經濟成長。很快地，日本再次成為該地區無可爭議的強國，這不僅引起極大的嫉妒，也勾起了過去不愉快的記憶。

在經濟力量背後，政治力量如影隨形。一九六五年，日本向南韓政府提供了約八億美元的捐款與貸款，以補償二戰之前及期間對韓國的殘酷統治。作為回報，日本要求兩國關係正常化，且南韓須承諾未來不再對日本提出任何追索。南韓的軍事獨裁政權並未得到人民授權，但在美國壓力下還是簽署了這項條約。接下來的幾星期，首爾街頭爆發了一連串反日示威遊行。

在許多韓國人看來，重新屈從於日本及美國一事，儼然使國家成了一個龐大性產業的象徵，主要服務日本遊客與美國大兵。這麼一來，韓國女人、連同整個韓國，似乎都還沒甩脫外國的壓榨。

在這種歷史背景下，我們大概可以明白為什麼今天慰安婦的形象注定成為南韓的國家象徵之一。這個被外來者控制、強姦和奴役的女性形象（但她仍然設法維護了自己的尊嚴），完美隱喻著二十世紀韓國人的苦難。這一切都體現在首爾的和平少女像之上。

不過，我思前想後了一會兒。我想，在一九八〇年代初，這些事情並未如此顯而易見；事實上，直到一九八〇年代末，南韓民眾聽說過「慰安婦」的人都還不多。婦女中很少有人敢說出她們自身的遭遇，因為她們害怕事情曝光後會讓家族蒙羞。同時，南韓官方也不鼓勵她們挺身而出。整件罪行就好像被隱蔽在羞恥的煙霧中。

直到一九八八年，南韓開始走上民主改革的道路之後，這種沉默才被打破。那一年，一個教會團體組織了一場關於性旅遊的學術會議，會上一位名叫尹貞玉的學者發表了她對朝鮮婦女在二戰期間如何遭受凌虐的研究。她的論文大為轟動。在隨後的媒體風暴中，各方要求提供更多資訊的聲浪突然間淹沒了韓國與日本政府。

很遺憾的是，日本一開始的反應是對此事全盤否認。一九九〇年，日本政府宣稱慰安婦體系在戰時絕對不是政府或軍方推動，而是私人企業主導。

隨即，有一位名叫金學順的前慰安婦站出來講述自己的親身經歷，讓日本犯下的罪行一下子變得再真實不過。金學順在一九四一年被一名日本士兵擄走後遭到強姦，當時她十七歲，與父親一同遠赴北平試著找工作。日軍把父女二人逮捕後，分開來關押。接下來的四個月，她被囚禁在一所軍方妓院，後來她和一名韓國客商、也就是後來的丈夫，一起逃了出來。

在接下來一段年月中，亞洲各地有數百名婦女紛紛站出來控訴相似遭遇。她們當中有的像菲律賓的羅莎阿嬤（Filipina Lola Rosa）一樣，因為參與反抗運動而被日軍關進妓院作為懲罰；也有如同珍・奧赫恩（Jan Ruf O'Herne）這樣的荷蘭籍移民後裔，她簡直就像戰利品一般，專供一群日本軍官享用。不過，她們絕大多數都是普通農婦、工廠女工或女學生，她們要不是被士兵綁架，就是被無恥掮客拐騙才離家出走。她們陳述的故事，無一不令人驚駭。設立在首爾的非政府組織「韓國慰安婦問題對策協會」（Korean Council for Women Drafd for Military Sexual Slavery）已蒐集了數十份證詞，裡面的控訴除了多次遭受強姦，更涉及其他極端的人身暴力。中國、印尼和菲律賓的類似組織也蒐集了這類控訴，後來在聯合國人權委員會上提出，交由日內瓦國際法學家委員會（Geneva International Commission of Jurists）進行調查。

這些團體和日本學者的調查結果毋庸置疑：日本軍方或許沒有正式徵召朝鮮婦女作為性奴，但他們絕對策劃、建立並經營了一個關押朝鮮婦女的妓院網絡。此外，日軍的最高層首腦顯然早就曉得，這些婦女中有許多是在違背自由意願的情況下被強行招募的。

一九九〇年代初期，這些真相在南韓逐漸為人知曉，引發社會大眾廣泛的憤怒。首爾當地的抗議人士決定要上街頭發洩他們的怒火。日本首相宮澤喜一在一九九二年一月訪問韓國時，南韓抗議者在日本大使館外組織了示威活動；他們高舉著標語，要求日本政府做出明確、正式的道歉。

沒過多久，這些示威抗議變成了每星期都舉行的常態活動，群眾們固定在每星期三中午到日本大使館外集結。這些每週一次的示威活動一直持續了超過二十五年——事實上，在我撰寫本文時，這些活動仍在進行中。只要有機會，一群身為「前慰安婦」的老太太就會現身，他們會坐在示威人群的最前面。這些婦女被群眾高喊為韓國民族受難者的活見證，被稱為人民的「祖母」。

和平少女像正是在這種背景下被豎起。二〇一一年，星期三示威運動的組織者希望紀念即

將到來的抗議週年——該年十二月十四日將是他們在日本大使館前舉行的第一千次示威。他們把這項工作託付給一對藝術家夫妻——金曙炅和金運成，請兩人在示威群眾集結現場建造一座紀念碑。起先，大家以為這對夫妻可能會簡單設計一塊石碑，並在上面刻一些文字。當日本政府開始抗議在他們大使館外擺放的不當物品，人們才發現這對藝術家夫妻做出的回應甚至更加尖銳：他們蓋了一座雕像。

這座雕像若是立在別的地點，比方說教堂外、政府大樓或某處軍人妓院舊址，也許它的立意會較為溫和。它可以成為受難者的表徵，或許給予韓國人民一處哀悼場所，追憶困苦的歲月，為過往的不幸遭遇療傷止痛。它原本可能如其雕塑者所說的那樣，有助於推動和平進程。然而，打從一開始，這座雕像就是專為此地（日本大使館前）而建。這麼一來，它就絕不可能簡簡單單被視為受難者的表徵或和平象徵。它更是體現了對日本高度情緒化的抗議。

銅像也好，石碑也罷，問題在於，它意味著一種永恆。紀念碑和抗議活動不同（就算是持續多年、每週一次的抗議活動也是如此），前者不會就在週三晚上活動結束後就消失，也不會隨時間過去而逐漸消逝。它每天二十四小時佇立在日本大使館外的人行道上。它陳述了一個看似永遠不變的真相，不管任何一方是否做出了任何政治讓步，也就是韓國永遠是受害者，而日本永遠是作惡者。

日本人認為這不公平。他們說，日方已經多次做出經濟賠償，並一再為二戰前和戰爭期間在韓國犯下的錯誤道歉。這項說詞倒也不可否認。一九九〇年代中期，在日本政府協助下，「亞洲婦女基金會」（Asian Women's Fund）成立，該組織的宗旨在於宣導慰安婦問題，同時以贖罪金補償受害者。大約在同一時間，日本首相村山富市多次表達了他的歉意，不僅是在韓國進行國事訪問期間，他也在寫給個別受害者的親筆信中道歉。後續幾任日本首相也採取了同樣作法；就連以右翼民族主義觀點著稱的安倍晉三，也在二〇一五年十二月「向所有在成為慰安婦期間，經歷過無法估量的痛苦，遭受無法治癒的身心創傷的女性，表達他最誠摯的歉意與悔恨」。

然而，就像韓國抗議者指出的，這項爭議不能用以偏概全的方式處理。他們表示，日本的道歉再怎麼動聽也都是言不由衷，更何況還經常被日本民族主義分子在媒體上大放厥詞與攻擊性的否認言論所掩蓋。沒錯，慰安婦制度的受害者是收到了亞洲婦女基金會的補償金，但這筆錢應該由日本政府親自支付才對。藉由間接管道發放補償金，只不過又一次顯示日本政府想逃避其法律責任。於是，他們也拒絕了二〇一五年日本政府相對直接投注的一筆新基金。

問題的癥結在於，儘管日本人看來願意為過去承擔道義責任，他們卻從沒打算負起直接的法律責任。然而，這卻是韓國抗爭人士亟欲達成的目標。他們希望日本正式承認，日本政府曾蓄意計劃奴役韓國婦女，並曾為此建立了整套制度，而且自始至終都知道自己在做些什麼。

不幸的是，由於缺少斬釘截鐵的關鍵證據來說明這項指控屬實，所以日本人並不打算配合。與此同時，和平少女像將繼續端坐於首爾市中心街頭，帶著控訴、默默凝望著日本大使館。自二〇一一年以來，它已成為首爾的永久地標。

如今，其他城市也紛紛響應；按兩位藝術家的說法，現在已有數十座一模一樣的雕像遍布南韓各地的公園與城市。這些雕像的其中一座於二〇一八年被豎立在日本駐釜山領事館外，規格完全比照人們在首爾的抗議方式。不僅如此，在美國、加拿大、澳洲和德國等其他國家，也逐漸可以看到這些雕像。

於是，受難反過來成了武器。南韓受難者心中清楚他們占據了道德高地，而持續的抗議活動，甚至可說是永無休止的抗議，是為了確保世人聽到他們控訴的最佳手段。

那些曾在一九三七年到一九四五年間多次遭到強姦的婦女，永遠無法從自己的歷史中逃脫。他們最大的心願，就是透過少女和平像這樣的紀念碑，讓日本也永遠不得安寧。

和平少女像

◆**正式名稱**—慰安婦像
◆**所在位置**—韓國首爾，日本駐大韓民國大使館前
◆**建立宗旨**—紀念二戰期間成為日軍慰安婦的韓國女性，並要求日方道歉
◆**設計者**—金曙炅與金運成
◆**尺寸**—一百三十公分高
◆**落成日**—二〇一一年十二月十四日
◆**現況**—二〇一六年底，另一座慰安婦像由民間組織設立於日本駐釜山總領事館前，促使日方緊急召回駐韓大使及駐釜山總領事。二〇二〇年底，德國也於柏林設置了一座和平少女像，並設為永久地標。

第10章

卡廷大屠殺紀念碑

——請尊重我們的歷史！

美國
澤西市

1939
SIBERIA

在美國澤西市（Jersey City）的哈德遜河（Hudson River）河畔，矗立著世上最動人的二戰紀念碑之一。花崗岩基座上是一座十公尺高的士兵銅像，士兵被綁手蒙眼，步槍刺刀從其背後插入。他看來正處於瀕死前的剎那間，身體因劇痛而彎曲，臉孔上傾朝向天空。刺刀尖端從他的左胸穿出，那裡正是心臟的位置。

這座紀念碑追憶的，是前蘇聯秘密警察在一九四〇年犯下的一起暴行：數千名波蘭軍官在俄羅斯卡廷（Katyń）的森林中遭到屠殺。自一九九一年被豎立至今，「卡廷大屠殺紀念碑」（Katyń Memorial）在民眾間就出現十分兩極的觀感。一些居民抱怨雕像既醜陋又粗俗，而且對於暴力和死亡的描述實在太過血腥。但也有人總是為它的黑色美感辯護，說它所迸放的不安感，正是一座絕佳的戰爭紀念碑應該激發的情緒。

然而，到了二〇一八年五月，這座雕像突然成了紛爭的焦點，而且還遠遠超出在地民眾小吵小鬧的範疇。這場紛爭始於澤西市市長史蒂芬．富洛普（Steven Fulop）宣布計畫將紀念碑移到附近另一個位置。政府正準備重新開發附近區域，而雕像現址位於新河濱公共公園的預定地，所以雕像必須要移走，好為開發工程騰出空間。

一群波蘭裔美國人立刻站出來抗議這項變更，並對市議會提起訴訟：這是屬於他們的紀念碑，而政府沒有事先與他們充分協商。他們得到當地其他居民支持，一致反對新開發案。

短短幾天內，這件事就升級為一場全面的國際事件。波蘭駐美大使在社群媒體上抱怨這座紀念碑要被移走。波蘭國內的政客指控澤西市不尊重波蘭英雄，並譴責該市這項計畫「真是可恥」。市長富洛普不甘示弱，指責其中一名政客是著名的「反猶太分子」和「大屠殺否認者」，並敦促相關政客採取法律行動。很快地，人人都變得脾氣火爆。負責重建該地區的開發商痛斥這座紀念碑令人毛骨悚然，而紀念碑的設計者則大罵開發商是「笨蛋」。

隔岸觀火的群眾對眼前這番奇景感到嘆為觀止，但他們心中也冒出了各式各樣疑問。為什麼當地百姓這麼容易激動？這整件事情看起來，不就只是將紀念碑從一處顯眼位置移到區區幾百公尺外的另一個地方嗎？二戰都已結束七十多年了，這些人為什麼現在火氣還這麼大？最重要的是，這座雕像最初怎麼會出現在美國紐澤西州呢？它所緬懷的事件沒有牽扯到任何美國公民，而且事發地距離美國本土足足有七千兩百四十多公里之遙，那它到底為什麼會蓋在這裡？

我們在這裡必須關注的主題又多又雜，有本地糾結，也有國際因素，真不知道應該從何說起。但是，將它們綁在一起、形成這種無解局面的原因是歷史。這再好不過地證明，想逃避自己的歷史有多麼不可能，尤其在歷史還與受難有關的時候。

我們有必要花點時間思考一下這座紀念碑究竟在紀念些什麼，因為它就跟許多紀念碑一樣，並不如它表面上看起來那麼簡單。

在二次大戰剛爆發的時候，波蘭在奮勇抵抗德國入侵時，突然又遭到蘇聯攻擊，於是陷入腹背受敵的困境。換言之，波蘭形同「遭人暗算」。

幾個星期後，波蘭被人從中間被撕成兩半，由德國納粹統治西半部、蘇聯統治東半部。比起納粹，蘇聯占領軍的殘暴完全不遑多讓。從一九三九年九月到一九四〇年三月，蘇聯秘密警察逮捕了幾十萬名波蘭人，其中包括任何可能對蘇聯統治構成威脅的人，例如波蘭地主、商人、教士、律師、教師及知識分子。他們絕大部分被放逐到西伯利亞和哈薩克，然後被丟在那兒自生自滅。好幾萬人因此餓死。位於澤西市的紀念碑，其基座背面就刻有一幅青銅浮雕，描繪一名赤腳、衣衫襤褸的婦女和三個小孩，以此告慰這些事件。他們頭上寫著「一九三九年於西伯利亞」，下方則陳述導致他們被蘇聯流放的一連串的背叛行為。

當這群波蘭人被驅逐出境時，其他波蘭群體正面臨著更可怕的命運。波蘭士兵和警察基本上是被就地處死。而最令人髮指的殺戮場是在俄羅斯的卡廷森林；在那裡，有數千名波蘭軍官被謀殺，然後成堆地棄置在亂葬坑裡。深植於澤西市的紀念碑核心的，正是這些恐怖暴行：在它的花崗岩基座下，埋藏著從發生暴行的森林中取來的土壤。

二戰後期，波蘭接二連三地「遭人暗算」。比方說，一九四五年年初，美英蘇「三巨頭」舉行雅爾達會議，史達林在會中要求將波蘭東部一大片遼闊地區納入蘇聯版圖。作為交換，波蘭會從戰敗的德國手裡取得一塊新領土。這筆交易是在沒有跟波蘭人民做過任何協商的情況下敲定的，它的後果影響深遠。二戰結束後，大約有一百二十萬名波蘭人從他們在東部的家園給攆送到西部，更有超過一百萬名當時身在海外的波蘭人，頓時發現自己無家可歸。這些離鄉背景的波蘭人包括數十萬波蘭士兵與飛行員，他們在二戰中為盟軍作戰；另外還有從德國工廠和勞改營中解放出來的波蘭奴工。這些人感到背叛他們的，不僅有侵占自己土地的蘇聯人，還有袖手旁觀、任其發生的英國人和美國人。

最後的屈辱來自一九四五年蘇聯征服波蘭。儘管蘇聯承諾波蘭人民可以自由選擇自己的政府形式，蘇聯仍然設立了一個傀儡政權。接下來的四十四年，波蘭成了一個附庸國，一切以蘇聯利益為優先，直到一九八九年共產主義垮台，自由選舉才再次舉行。

澤西市的紀念碑就是為了紀念前述所有往事。雖然表面上是專為紀念卡廷大屠殺，但「卡廷」這個字眼本身已成為波蘭人在二十世紀下半葉無奈遭受一次次背叛的象徵。紀念碑基座上那名被刺刀殺害的士兵所代表的，遠不僅止是一九四〇年在卡廷森林遇害的數千名波蘭軍官。它代表波蘭本身，代表它所有的悲慘殉難。

我們若在這裡總結我們的分析似乎很理想——這座紀念碑是一個國家的象徵，代表這個國家的苦難。但對於建造者來說，它的意義遠不只如此。它不僅與波蘭歷史緊密相連，也與澤西市的在地歷史，以及戰後遷徙至此的人群的個人歷史密不可分。

一九四五年，波蘭的政治難民比任何歐洲國家都要多。在最終抵達美國的大約二十萬波蘭人中，大約有一萬人在紐澤西州落戶，當時那裡早已成為一個興旺的波蘭移民社區。他們來此找到工作，展開新生命，學習講英語，擁抱美國生活。但他們從未忘記自己的傳統。許多人加入了波蘭裔美國人的文化及政治團體，像是「波蘭裔美國人大會」（Polish American Congress）和「波蘭羅馬天主教美國聯盟」（Polish Roman Catholic Union of America）。對於那些在二次大戰中慘遭家破人亡命運的移民來說，這些組織讓他們有機會塑造新的身分認同，也幫助他們學習怎樣同時做個波蘭人與美國人。

一九八〇年代初，有一群波蘭老兵聚會討論該如何紀念他們此生遭逢的種種悲痛經歷，尤其是卡廷大屠殺。這群老兵裡有像是華特．索蘇斯基（Walter Sosulski）、瑞薩德．文諾夫斯基（Ryszard Winowski）這種曾在義大利與西方盟軍並肩作戰的人，也有諸如斯坦尼斯洛．帕蘇爾（Stanisław Paszul）之輩，不但曾加入波蘭反抗軍和納粹作戰，甚至還在西伯利亞的蘇聯「古拉格」[1]集中營蹲過幾年苦牢。他們和其他波蘭裔美國人聚在一起，琢磨著如何在自己的社區中心建立一座紀念碑。

一九八六年，他們成立了一家致力於籌募資金的非營利公司。他們聘請雕塑家安德烈．皮坦斯基（Andrzej Pitynski）設計一項能夠呼應他們所感受到的那種強烈情感的創意雛型。在向市議會遊說之後，他們獲准公開展示自己的紀念碑，最後取得了交易廣場（Exchange Place）上某個地點的特許權；該地點位於河濱，可以隔著哈德遜河，遠眺位於對岸的曼哈頓。卡廷大屠殺紀念碑最後在一九九一年六月揭幕。

在那段歲月裡，澤西市是一個與如今大不相同的地方。當時，它仍是一個以工人階級為主的城市，居民在哈德遜河沿岸的許多當地工廠、貨櫃碼頭和倉庫工作。這一點反映在支持紀念

1 譯注：古拉格（gulag）是俄語「勞動改造營總管理局」（*Glavnoe Upravlenie Lagerei*）的縮寫。但後來，古拉格一詞不止被用來指稱勞改營當局，亦代表蘇聯的勞役制度本身，舉凡勞動營、懲治營、罪犯及政治犯集中營、中繼營等各類集中營都包括在內，爾後甚至用來泛指蘇聯的壓迫系統。

碑的團體成員中，裡面不僅有記者和教師，還有木匠和鑄造廠工人。

然而，在接下來幾年，新的企業開始搬來澤西市，因為這裡的土地租金要比河對岸的曼哈頓便宜得多。很快地，新的居民隨之而來，例如雅痞、嬉皮和金融白領。這些人無法理解，為什麼在他們的社區中心有如此血腥的暴力死亡表述。中產階級的移入所造成的仕紳化（gentrification）問題開始席捲整座城市，推高了房價，也逼得許多年長藍領居民搬走。卡廷紀念碑所在的交易廣場重建計畫，就是這種仕紳化發展的最新例證。因此，人們之所以抗議遷移紀念碑，並非全然關乎波蘭人的身分認同或對二次大戰的記憶，更是關乎一個迅速消逝的社區的在地身分認同與回憶。

這座紀念碑自身也烙有屬於在地身分的印記。二〇〇一年，當兩架客機撞向曼哈頓的雙子星大樓，來到卡廷紀念碑的遊客眼睜睜地目睹了河對岸正在上演的災難。三年過後，紀念碑基座上添加了一塊紀念九一一事件的牌匾；上面是一幅青銅浮雕，描繪出紐約市的天際線，陣陣濃煙從受損的世貿中心雙子星大樓不斷冒出。「永遠別忘記！」下方銘文如此寫著，「為所有在二〇〇一年九月十一日美國遭受的恐怖攻擊中喪生的無辜受害者和英雄祈禱。」

這塊牌匾與卡廷大屠殺、波蘭，或者二次大戰有什麼關係嗎？答案是，根本無關。然而，它和當地人「遭人暗算」的經驗，卻有著數不清的牽扯。

世界史、國家史、地方史、個人史——這座紀念碑展現了歷史的每一層次。而這每一層次上都滿滿銘記著創傷，以及飽受折磨及背叛的深層情緒。卡廷大屠殺紀念碑是世上最讓人看了情緒激動的紀念碑之一。所以說，史蒂芬．富洛普宣布要將這座紀念碑從交易廣場移走（而且純粹出於商業重建目的）這一令人驚訝的聲明之後，遭遇戒心如此強烈的憤怒反彈，又有什麼好大驚小怪的呢？

在消息宣布的幾天後，當地和全國報紙、社交媒體、市議會、波蘭電台，以及波蘭和美國外交官之間，都開啟了有關這一問題的辯論。在這場情緒風暴的中心，是當地的波蘭裔美國人社區，他們當中有許多人感到再度遭人背叛。這些在當地議員們看來微不足道的細節，也就是讓紀念碑從一處顯著位置移到另一處顯著位置，不知為何惹惱了波蘭裔美國人。這些戰爭的倖存者知道那種違背自身意願被連根拔起、強迫遷移的感覺是什麼滋味。在沒有徵求他們意見的情況下，決定移走他們的紀念碑，對他們而言只是又一次喚起那段沉痛的歷史。

在大西洋彼岸的波蘭，人們更能對這種情緒感同身受。然而，即便在波蘭，人們也沒能完全搞清楚狀況。波蘭將卡廷大屠殺紀念碑視為波蘭人身分的象徵，但事實顯然有些出入——那是「波蘭裔美國人」的身分認同；它紀念的是一九四五年後被迫流亡的波蘭人所特有的一種特殊的失落感，以及一種特殊的殉難。

澤西市的卡廷大屠殺紀念碑看上去要比波蘭境內眾多的卡廷紀念碑更血腥、更引人關注，這並非偶然。建造它的那群人失去的不僅只有朋友和家人，更包括他們的家園與歸屬感。他們當中的一些人，在一九四五年後再也沒回到波蘭。因此，他們身上的波蘭身分（Polishness）

被這座紀念碑所界定，外人、乃至其他波蘭人永遠都無法真正理解。

最後，這場爭論還有一層地方因素，而且只有澤西市居民才能完全明白。城市裡的老一輩們感覺被他們的議會背叛了，仕紳化的議會似乎把新住民和大企業的需求置於老一輩人之上。對這些人來說，卡廷紀念碑是在地人的身分象徵，諷刺的是，這身分本身也在背後遭人暗算了。

甚至，有些地方議員也深受這種情緒影響。一位名叫里奇・博賈諾（Rich Boggiano）的市議員特別呼籲要把紀念碑留在原地。他對當地報紙說：「我對這些新來的人感到厭煩透頂，他們想把澤西市變得不像澤西市。」

一旦人們被激怒，就很難再讓他們平靜下來。市議會試圖亡羊補牢，開始諮詢當地的波蘭裔美國社區領袖，但為時已晚。雖然他們保證只會把紀念碑往南遷一個街區，移到約克街角，但憤怒的抗議者拒絕妥協。不管誰出聲為遷移紀念碑一事說句公道話，都會被罵得狗血淋頭。當卡廷紀念委員會主席在記者招待會上表示願意接受市議會提議時，民眾報以噓聲。當波蘭大使以火上加油的方式表示支持時，議員博賈諾罵他「狗屎」。波蘭總統杜達（Andrzej Duda）本人對遷移表達支持，但立即遭到當地抗議者譴責，說他背叛了眾人志業——二〇一八年五月，杜達親自造訪紀念碑時，示威者包圍他並放聲高喊「不要臉！」

助長這場抗議騷亂的力量是記憶與殉難——在抗議者腦海中，這些力量形塑了一個叫做「歷史」的單一實體。在市政規畫會議上，他們指責市政府試圖「抹煞歷史」。在公開示威活動中，他們拉開標有「尊重我們的歷史」的巨大橫幅。對他們來說，這段歷史比進步、和諧、妥協或其他任何事情都更重要，任何對它的威脅都被視同對他們自身身分的威脅。

最終，經過幾場激烈的會議、兩次請願和一次公投的安排，市議會讓步了。紀念碑的主題已經變得太具殺傷力，並威脅到太多其他事務。二〇一八年十二月，在爭議爆發七個月後，議會投票一致通過將雕像留在原處，讓它「永久存在」此地。

—

依據不同的政治觀點，我們可從不同角度來解讀這個故事。我們可能會把它看作是普通公民無畏地對抗強權及金錢聯手，並且獲得勝利。或者，我們也可以把它看作是進步力量的失敗，受到一群歇斯底里的暴民挾持、勒索贖金。無論如何，這個故事都證明了一個基本事實：在我們社會的日常運作中，人人都是歷史的囚徒。一旦我們忘記這個事實，或試圖忽視它，它不可避免地會反咬我們一口。

對贏得這場戰鬥的抗議者來說，他們的紀念碑現在又有了另一層意義：這次說的不是苦難，而是賦權。這一次，烈士站上了首位。他們取勝後的心理影響或許令人深省。今天，澤西市的人們不僅能從蒙眼士兵身上獲得認同，而且至少在象徵意義上，也能認出握著步槍和刺刀的那雙看不見的手。

有位居民在當地的一個網路論壇上發帖說道：「我愛這座紀念碑。歡迎來到澤西市。但別他媽惹我們。」

卡廷大屠殺紀念碑（Katyń Memorial）

◆所在位置—美國紐澤西州澤西市，交易廣場

◆建立宗旨—紀念於一九四〇年遭蘇聯秘密警察屠殺的波蘭軍官

◆設計者—安德烈．皮坦斯基（Andrzej Pitynski）

◆尺寸—十公尺高

◆落成日—一九九一年六月六日

◆現況—二〇一八年五月，澤西市市長宣布遷移計畫後，遭大量當地波蘭裔居民反彈。同年十二月二十八日，澤西市議會投票通過將紀念碑永久保留於原址。

第11章

德國占領遇難者紀念碑

Public Domain/Wikimedia Commons

——我們的國家絕不只是無辜的受害者。

匈牙利
布達佩斯

©Dina Balogh/Eleven Emlékmű

首爾的和平少女像的問題之一，是它把韓國慰安婦事件的一切責任全部怪罪到日本頭上。當然，日本軍方永遠對此責無旁貸，但還有許多人也是這樁悲劇的幫凶。根據韓國國內的史料，綁架朝鮮婦女的人往往並非日本士兵，而是韓國賣國賊或掮客。戰後，這些婦女所遭受的恥辱被她們自己的社會延續下去。她們在一九六五年從日本政府得到的賠償金，實際上都被韓國政府收入囊中，用於支付公共基礎建設。這些事情在和平少女雕像上一點都沒提到。對於國家來說，責難外人總是比自我反省容易得多。

這是以人物為主題的紀念碑和紀念館會碰到問題之一：它們往往過於簡化歷史。在追尋一段關於我們的過去且驚心動魄的故事的過程中，這些紀念碑會隱蔽其他更幽微的情節。此外，這種混淆有時不僅是偶然而已。唯恐天下不亂的政客不時豎立似乎故意粉飾過去的紀念碑，而烈士這一主題往往是他們的主要道具。烈士具備道德力量。烈士不容質疑。在二十一世紀，幾乎每個國家都想把自己描述為烈士。

如此看來，匈牙利布達佩斯的「德國占領遇難者紀念碑」（Monument for the Victims of German Occupation）大概算是歐洲最具爭議的紀念碑。它是在二〇一四年匈牙利右翼政黨「青民盟」（Fidesz）執政時豎起的，為的是紀念德軍在七十年前入侵並控制整個匈牙利的時刻。根據匈牙利政府敘述，在德國占領期間，有數十萬名匈牙利人遭到殺害；這些人有的被遣送到

集中營裡，有的則戰死在反抗德國占領軍的戰場上。這座紀念碑應該是為了追悼上述所有的死難者。

德國占領遇難者紀念碑的設計是由古典柱廊前的兩個主要人物組成。位於前景的是大天使加百列——祂是匈牙利的象徵，張開雙臂站立，一旁空中則飄蕩著其衣襟的末端，暗示那裡曾有一隻翅膀、但今已折斷。祂臉上露出寧靜的苦痛、雙眼緊閉；手中有一顆金色的球，球頂上的一座雙十字架是匈牙利的另一象徵。祂毫不在意地舉起金球，似乎無視它即將被人奪走。

在祂上方，從柱廊頂端向下俯衝的，是這諷喻中的第二個角色——代表德國的老鷹。與下方安詳無邪的天使相反，這老鷹展現出全然的咄咄逼人，伸出的爪子無比鋒利。牠的羽毛一點也不像加百列翅膀上的那般柔軟——它們更像是刀刃。此外，這隻老鷹的腳踝上戴著金屬環，上面刻有日期：一九四四年。

這座雕塑傳達的訊息再清楚不過。和平安詳的匈牙利正遭到殘忍好鬥的德國攻擊。匈牙利被描繪成無辜的受害者、一名負傷的天使。德國，正是千夫所指的德國，犯下暴力的罪行。

曾經，對這座紀念碑的反對意見是如此之多，而且來自四面八方，再次讓我不曉得該從何談起。建築師、規劃師與政治地理學者批評它的所在位置，認為那裡不適合蓋一座國家紀念碑。它坐落在布達佩斯自由廣場（Szabadság Tér）南邊的狹長地帶，正前方有條崎嶇道路通過，使得人們很難看到它，也極難靠近它。另一方面，藝術家從美學觀點批評，說它是以維也納巴洛克風格搭配社會寫實主義的廉價裝飾而成，令人感到心神不寧。獲獎雕塑家哲爾吉·約瓦諾維奇（György Jovánovics）甚至稱它為一場「混亂的噩夢」。

但主要的反對意見，還是關於它在象徵意義上的缺陷。沒人否認一九四四年三月對匈牙利來說確實是個悲慘時刻，但眾人絕對會質疑紀念碑描述這個事件的方式。當時的匈牙利真的是天真無邪的天使嗎？而德國又是唯一的侵略者嗎？這段期間發生的其他事件，難道不是另一個截然不同的、更令人不快的故事嗎？

就在紀念碑開工之前，甚至有一群著名的匈牙利歷史學者寫給政府一封公開信，抱怨它的象徵意義是「基於偽造的歷史」。許多政治家、國際組織和當地的猶太人團體也加入他們的行列，在對媒體的公開信中發表了類似言論。國際舞台上也出現了抗議聲浪。美國和以色列的外交官對這座尚在計畫中的紀念碑表示憤怒，還有一群美國參議員聯名寫信給匈牙利政府，敦促他們在展開設計前先諮詢猶太社區代表。在歐洲議會（European Parliament），這座紀念碑迅速成為激烈辯論的主題。

如同所有團體指出的那般，匈牙利被占領的歷史遠比紀念碑所喻示的更具爭議。他們想提醒匈牙利政府，匈牙利非但不是德國侵略的受害者，反而在戰爭大部分期間是德國如假包換的盟友。德國直到一九四四年才占領匈牙利，原因是希特勒擔心匈牙利會私自向盟軍求和，所以才先發制人，而這整段過程並未引發特別暴力的事端。事實上，當德軍開進時，匈牙利不戰而降，因此德軍兵不血刃便占領了匈牙利。基本上，這裡並不存在對德國人的抵抗。

德軍占領下的真正受害者是誰，這要到後來才真相大白，而且跟這座紀念碑給人的印象完全不同：絕大多數的受害者並非匈牙利人，而是不折不扣的匈牙利猶太人。一九四四年三月十九日，也就是德國占領匈牙利的第一天，阿道夫・艾希曼（Adolf Eichmann）[1]是首批抵達布達佩斯的德國執政官之一，他也是大屠殺的籌劃者。在四個月內，他和屬下便安排將四十三萬八千名猶太人驅逐到奧斯威辛集中營。根據猶太大屠殺歷史學者薩羅・弗里德蘭德（Saul Friedländer）所說，這群猶太人中有百分之九十、一共約三十九萬四千人，才剛抵達奧斯威辛就被處死。之後，大約兩萬名羅姆人（Roma people，也就是吉普賽人）也被挑出來殺害，同時還包括少數「道德敗壞者」與政治犯。

與紀念碑給人的印象相反，德國人並不是唯一犯下這些罪行的人。納粹大屠殺確實是在德國占領匈牙利之後才開始，但如果不是匈牙利人自願合作，大屠殺絕不會發生得如此之快。實際上，人們支持大屠殺的基礎在數年前就已確立了。早在一九二〇年，匈牙利就推行了第一部反猶太律法；當時的攝政王霍希（Miklós Horthy）政府對大學容許招收的猶太學生人數，施加了嚴格的法律限制。自一九三八年以後，政府又陸續推出了一系列反猶太律法。匈牙利的猶太人被予以定型、標明並登記。他們被官方排除，不得從事政府工作，在媒體、法律和醫療行業的工作機會也受到嚴格限制。此外，他們也被剝奪了投票權。從一九四一年起，猶太人還被禁止與非猶太人結婚或發生性關係。即使在德軍占領後，來圍捕猶太人、毆打他們，並把他們塞進火車，然後分享他們的財產的人也不是德國人——所有事情全都是匈牙利警察和地方政府官員幹的。

後來，匈牙利法西斯主義者也更直接地參與屠殺。一九四四年十月，攝政王霍希終於被迫下台，德國人任命了一名匈牙利法西斯分子為總理：費倫茨・薩拉斯（Ferenc Szálasy）。薩拉斯是民粹極右翼組織「箭十字黨」（Arrow Cross Party）的領導人，該組織主張採取更暴力的手段執行反猶太主義。在薩拉斯掌權的一個月之內，他的追隨者不斷追捕猶太人，並在多瑙河畔槍斃他們。最嚴重的暴行發生在距離今天的德國占領遇難者紀念碑僅幾百公尺遠的地方，那裡曾有一萬至一萬五千人被謀殺後扔進河中。（順帶一提，這裡還有另一座紀念碑「多瑙河畔之鞋」〔The Shoes on the Danube Bank〕，有六十雙鞋子被排在岸邊，以紀念那些在此地遭到殺害的人。）

有鑒於前述種種，紀念碑的設計者怎麼還能名正言順地把匈牙利描繪成無辜的受害者，即負傷的天使，而祂的唯一過錯只是對占領軍的到來視而不見？他們怎麼還能認為所謂德國占領期間的受害者，那些直到一九四四年還自願與納粹合作的政客，有資格與大屠殺的受害者相提並論呢？

關於這座紀念碑的其他反對意見，與其說與歷史有關，不如說與當代政治有關。它的建造計畫一經宣布，人們就開始質問為什麼有必要建造它。既然以前從來沒有過大張旗鼓地為占領

1 譯注：阿道夫．艾希曼（1906—1962），納粹德國高官，曾負責管理納粹德國建立的第一座集中營「達豪集中營」（Dachau Concentration Camp）。二戰後，艾希曼藏匿於阿根廷，最終在一九六〇年由以色列情報局特工秘密綁架，帶回耶路撒冷受審。一九六一年，艾希曼被以反人道等十五條罪名起訴，判處死刑。

期間的受害者立碑，那麼政府現在又何必如此熱中於興建一座紀念碑？而且為什麼這麼急呢？

德國占領遇難者紀念碑的建造計畫於二〇一三年十二月三十一日的一項政府法令中首次獲得批准。但官員們起初希望它能在隔年三月十九日，即占領七十週年紀念日前完成發包、建造並揭幕——距離當時，只剩下短短的十一個星期。批評者稱，之所以會訂出這種不可能實現的工期，根本與七十週年紀念日無關，真正的原因是為了即將在四月初舉行的全國大選。當時，奧班．維克多（Orbán Viktor）[2]領導的執政黨青民盟已在議會中占有壓倒性的絕對多數席次，而全黨都希望在選舉後繼續保有這種優勢。話雖如此，但長期以來，激進的右翼政黨「尤比克」（Jobbik）帶給青民盟不少壓力，當時已經獲得了近百分之十七的選民支持。此時建立一座匈牙利烈士的紀念碑正可展現一種民粹主義姿態，或許能從這些選民中爭取一些人，把票投給青民盟。

紀念碑工程的發包方式也備受質疑。奧班政府在過去幾年不斷被其他政客及政運人士指控為威權主義者，此刻這座紀念碑看來是個絕佳機會，讓他們能進一步攻擊青民盟。建造紀念碑一事從沒在議會上討論或辯論過，也從沒請益過匈牙利相關專家；更不用說，政府絕對沒諮詢過公眾意見。紀念碑工程案的合約也沒經過招標程序，政府直接就把案子發包給一家營造商。此外，政府沒有透過任何評比方式來遴選合適的藝術家；權責單位的部長直接把這案子交給了皮特．巴卡里．冉比（Péter Párkányi Raab），他是青民盟多年來最喜歡的雕塑家。接下案子後，巴卡里．冉比只花了幾天時間，就遞出一份設計稿，而且很快就由一個只有五人的委員會審議通過。換句話說，整個專案是由上層決定後，直接交付下面執行的結果，並且藉由政府命令倉促通過。就這樣，在沒有任何公眾監督的情況下，布達佩斯的城市景觀中被強行加上了一座紀念碑。

在這樣的狀況下，人們會開始抗議也就不足為奇了。起初，反對意見是以寫給政府的私人信函，以及在媒體上發表的公開聲明等形式出現。社會大眾對此問題的強烈情緒，似乎讓青民盟政府著實大吃一驚，在二〇一四年三月，還曾一度叫停紀念碑工程。但沒過多久，他們就變卦了。青民盟在同年四月的選舉中獲勝的兩天後，便毅然決然地繼續推動專案。

一群藝術家和公民維權人士對政府漠視眾人關注的爭議感到沮喪，決定自己動手解決問題。他們大概曉得已無法影響官方紀念碑的外觀，所以打算最起碼要做個最佳補救，打造一座自己的紀念碑。有別於政府的紀念碑，他們的建造材料不用石頭和金屬，而是由一九四四年流傳下來的照片、故事手稿及私人遺物組成，全部都來自社會大眾的個人捐贈。他們在臉書上設立一個社團，邀請人們提供代表他們「靈魂」的標誌，並特別要求人們不僅要帶來他們個人受害的印記，也要提供代表悔改、寬恕過去的象徵物。

不久後，他們蒐集到數百件這類素材，並且把這些物品擺放在施工位址前。有祈禱書、鞋子、眼鏡和破舊的手提箱，還有猶太人在二戰時被迫戴上的那種以布料做成的黃色星星。數百人帶來了小石頭，宛若來到了猶太人墓前；有些石頭上刻著被驅逐到奧斯威辛集中營的人的名

2 譯注：奧班．維克多，匈牙利政治家、青民盟領袖，自二〇一〇年二度擔任總理至今。二〇二〇年時曾以對抗新冠疫情擴權而引發爭議。

字和相關細節。還有人帶來了鮮花、植栽與蠟燭。

這次行動的組織者稱他們的「反紀念碑」行動造就了一座「活紀念碑」，因為它每天都在改變和演化。在陳列品的中央，有兩把面對面的白色椅子，像是象徵要邀請大家坐下來談談過去，以及現在對於過去的描述方式，而這正是官方紀念碑在發包過程中所缺少的那種對話。秉承這種象徵意義，活動組織者開始在現場規劃正式的公開討論。藝術家和評論家們討論起世界各地不同的紀念碑，並將它們與布達佩斯正在建造的紀念碑進行比較。詩歌朗誦在紀念碑旁的露天場地進行。大屠殺倖存者與他們的親屬受邀前來分享他們的記憶，這裡同時也舉辦了羅姆人種族滅絕遇害者追悼會。

等到政府承包商造好官方紀念碑的時候，這個非官方的「反紀念碑」早已聲名大噪。它由數百件展示品組成，散布在三十多公尺長的馬路邊。當時已有數百、甚至數千名當地人前來參觀過。

二〇一四年七月二十日晚上，青民盟這座宏偉雕塑的最後部分組裝完畢，不過政府這時似乎已經對此專案失去興趣。他們所建的這座紀念碑從未正式舉行過落成典禮，政府也從來沒在這裡辦過任何官方活動。反倒是對它的批評多得無以復加，不僅在匈牙利，而且來自世界各地，以致沒人敢再挺身為它辯護。要求拆除這座紀念碑的呼聲一直到今日仍層出不窮。二〇一八年，匈牙利社會黨領袖多特（Bertalan Tóth）承諾，一旦他當選，就要把紀念碑拆掉，而其他政黨也有一、兩名候選人表達同樣政見。

相較之下，另外那座「活紀念碑」似乎聲勢越來越浩大。時至今日，它仍在繼續變化，各種團體和活動人士仍定期在這裡舉辦活動。紀念碑旁椅子上辯論的話題範圍也擴大許多；現在，這裡不僅討論匈牙利歷史，也探討當代社會、政治和藝術問題。然而，這座活紀念碑的核心，仍是由那些散列在大天使加百列對面人行道上、略顯雜亂的私人遺物與照片組成；大天使加百列與古典柱廊，則成了當地的旅遊景點。

—

二戰歷史在匈牙利留下的深刻印痕仍是痛苦而富有爭議的話題。一九四四年至一九四五年德國占領期間，對匈牙利而言是一個特別黑暗的時期：在這段期間，一個充滿嚴重缺陷的政府不得不在無能為力的情況下，做出一系列令人跌破眼鏡的政治與道德選擇。對此，匈牙利人沒有什麼值得驕傲的事可說。

一位任職於匈牙利民族記憶委員會的朋友艾隆．馬泰（Áron Máthé）有次曾對我說：「一個國家不可能建立在罪惡感的基礎上。」當青民盟發包興建德國占領遇難者紀念碑，它正試圖掩蓋匈牙利動盪歷史的複雜性並尋求共識。這一切作為似乎有點自私自利，但我毫不懷疑在這背後也有不少良善用意。

話說回來，假如一個國家不能建立在罪惡感的基礎上，那麼它也不能建立在偽造歷史的基礎上。光靠宣稱自己是烈士，就彷彿空口說白話——人們必須拿得出紮實的具體事證。把別人的受害者身分歸結為自身經驗也很不恰當，真正的受害者永遠不情願支持這種說法。匈牙利的這座德國占領遇難者紀念碑的原始初衷，是要成為民族殉難的象徵——而今，由於受到立場相左的「活紀念碑」的一定影響，它可說是已經成了一座象徵民族偽善的紀念碑。

二〇一四年發生在布達佩斯的事件，證明了關於紀念碑的兩個基本事實。首先，如果人們是以傳達某種特殊訊息為目的來建造一座紀念碑，那是毫無意義的；因為我們不可能預測紀念碑建成之後，公眾將如何看待與解讀它。

第二，如果人們為了篡改歷史而建造紀念碑，也注定要失敗。無論如何，歷史到頭來一定會找你算總帳。

德國占領遇難者紀念碑（Monument for the Victims of German Occupation）

◆**所在位置**—匈牙利布達佩斯，自由廣場

◆**建立宗旨**—紀念於德軍入侵與控制匈牙利期間遭殺害的匈牙利人

◆**設計者**—皮特．巴卡里．冉比（Péter Párkányi Raab）

◆**尺寸**—約七公尺高

◆**落成日**—二〇一四年七月二十日深夜，最後的雕塑部分安裝完成，但官方從未舉行落成典禮

◆**現況**—二〇一四年二月，抗議官方紀念碑傳達錯誤歷史真相、甚至竄改史實的民眾，自發打造另一座紀念碑，就位於此紀念碑前。

第12章

奧斯威辛集中營紀念館

——在極惡與死亡當前，我們學到了什麼？

波蘭
奧斯威辛

奧斯威辛一號營入口

猶太人遭槍決的「死亡之牆」（Death Wall）

在二次大戰眾多的受害者中，恐怕沒有哪個族群受過的苦難比猶太人更多。一九三九年至一九四五年間，歐洲約三分之二的猶太人被消滅，在整個歐洲大陸有近六百萬猶太人喪生，尤其是在東歐的波蘭、立陶宛、白俄羅斯和烏克蘭的「血色之地」（Bloodlands）。

如今，有數百座紀念碑標誌出猶太人當年被處決的地點，但其中最著名的莫過於波蘭奧斯威辛（*Oświęcim*）的博物館與紀念碑。在一九三九年之前，除波蘭人以外，很少有人聽說過這個小鎮；但在德國占領期間，小鎮被改名為德語發音的 *Auschwitz*，並且成為歷史上最大的集中營之一的所在地。於是，德語字 *Auschwitz* 從此成為恐怖與痛苦的代名詞；今天，它或許是世界上最出名的象徵受難者的詞。

奧斯威辛集中營並非單一的一座集中營，而是許多集中營的複合體。在其鼎盛時期，集中營分布在四十幾個不同地點，主要圍繞著工廠與農場，許多不同國籍與信仰的囚犯被迫在極為惡劣的條件下從事奴工苦勞。然而，從一九四二年起，奧斯威辛開始有了第二個功能——成為大量屠殺歐洲猶太人的中心。

今天，大部分人想到奧斯威辛集中營時，腦海裡會浮現它的兩個主要集中營：奧斯威辛一號營（Auschwitz I）與比克瑙二號營（Birkenau II，又稱奧斯威辛二號營〔Auschwitz II〕）。最早期的奧斯威辛一號營是在一九四〇年設立在舊兵營的遺址上。剛開始，它被用來拘押波蘭政治犯，但隨時間發展，它也成為監禁俄國戰俘、猶太人、吉普賽人，以及其他十幾個族群與國籍囚犯的集中營。這裡還設有一個簡易法庭、行政區，以及讓囚犯勞動的工坊與倉庫。

這座集中營在一九四一年歲末之際首次變身為集體屠殺中心。直到當年夏天為止，納粹集體行刑的方式通常都是槍決——地點多半選在森林、原野、礦場，以及東歐各地的偏僻場所，發生在集中營裡的並不多見。然而，射殺大量人口是件耗時、低效的差事，何況還會讓行刑隊員心力交瘁。所以，納粹開始想其他辦法來殺人。

這時看守奧斯威辛集中營的納粹黨衛軍發現，若是讓囚犯成群結隊走進一個小房間，然後灌進原本用來燻蒸消毒囚犯衣物的「齊克隆 B」（Zyklon B，以氰化物為基底的強力殺蟲劑）把他們毒死，這樣殺起人來大有效率。他們首先拿俄國及波蘭俘虜來做試驗，地點位於第十一獄區的地下室。不過，由於這地方通風不良，而且距離焚化爐太遠，所以另一個獄區就被改造來專門執行這項任務。從此，奧斯威辛集中營有了第一間毒氣室。

隨著戰事持續進行，集中營的規模也快速擴張。為了收納絡繹不絕的新囚徒，奧斯威辛附近一個名叫比瑟辛卡（Brzezinka）的小村莊蓋起了第二座集中營，也就是德國人所謂的比克瑙二號營。本來，這座集中營是準備用來拘禁蘇聯戰俘，但是當納粹從一九四二年開始把大量猶太人遣送到這裡時，赫然發現用這地方來處死自己的種族主義敵人更省事。於是，他們把兩棟偏僻農舍改造成毒氣室，並建造了一系列專門設計的焚化爐，緊連著毒氣室。任何體力不堪負荷奴工苦活的猶太人都被帶到這裡殺害。

假以時日，納粹已把整個行刑過程洗練成一套充滿效率的模式。猶太人被押運他們火車送抵並卸載後，便在月台上被編組、直接送進集中營。那些被認為適合工作的猶太人，會被塞進人滿為患的舊兵營；在接下來幾個月裡，他們會像奴隸一樣地勞動，直到身體虛弱到無法繼續工作為止。那些被認為毫無經濟價值的——孩童、孕婦、老人、體弱多病者，則會被強迫交出私人物品，然後被脫光衣服、刮除體毛、燻毒氣，最後送進焚化爐。這簡直就像是工廠裡的生產線。從一九四二年到一九四四年，超過一百萬人在這裡遇害。暴行在一九四四年夏天達到高峰，當時奧斯威辛－比克瑙集中營每天可以處理數千具屍體。

奧斯威辛集中營一直運作到一九四四年底，那時蘇聯紅軍已長驅直入，代表集中營也該解散了。當納粹終於在一九四五年一月離開時，曾試圖銷毀種種惡形惡狀的證據。還活著的囚徒被逼迫行進到鄰近德國的其他集中營。相關檔案被移除或銷毀，倉庫被焚毀，毒氣室和焚化爐則被拆掉或炸毀。然而，在匆忙撤退的過程中，集中營警衛留下了大量物證，特別是在奧斯威辛一號營，留下的證物基本上完好無損。他們也沒能殺光所有證人。奧斯威辛集中營跟其他某些大量屠殺猶太人的集中營不同，打從一開始就不是專事殺人的死亡集中營，它同時也是一個壓榨奴工的勞動營。因此，戰後有數千名奴工倖存了下來，並見證他們在那看過的可怕景象。

在此後的幾十年裡，無數人拿出了在這惡貫滿盈的地方所發生過的暴行的證據。一九四七年，戰後的波蘭當局決定為後代子孫保留現場作為遺址。奧斯威辛一號營被改建為博物館，由戰爭期間曾被囚禁於此的人負責策展。至於附近的比克瑙二號營在當時基本上已被拆除，所以政府就把剩下的部分留存，作為一處紀念場址。

今天，這兩座遺址合起來就代表著整個大屠殺。它們於一九七九年成為聯合國教科文組織世界遺產，也被公認是現今世上數一數二重要、象徵殉難的遺址。

如今，前來奧斯威辛參訪的遊客可以親眼見識過往暴行在這裡留下的痕跡。跟著參觀人群走著，人們彷彿可以感受到些許當時的恐怖氛圍。他們會從奧斯威辛一號營惡名昭著的鍛鐵大門下方經過，門上鑲嵌著一句著名謊言──「勞動帶來自由」（*Arbeit macht frei*）。走進博物館，他們會看到赴死之人被強行脫下的鞋子堆積成山。一個個房間裡塞滿了從受害者身上奪下的私人物品，例如破舊的行李箱、眼鏡、孩童玩具及衣服、刮鬍刀、餐具。這裡還有更嚇人的展覽品──一間裝滿人類毛髮的儲藏室、成堆的義肢、成堆的齊克隆B毒氣空瓶。遊客可以參觀懲戒區，那裡曾是囚犯遭到毆打與折磨的地方，另外還有第一次進行大規模毒殺試驗的現場。遊客可以背對著囚犯被槍斃的牆邊站著冥思。然而，最令人驚悚的是，遊客可以走進一間重新復原的毒氣室，站在數千人曾經喪命的所在地。

在附近的比克瑙二號營，遊客將繼續參訪行程，參觀納粹開始系統性謀殺猶太人的地方。人們可沿著那條聲名狼藉的鐵軌行走，這條鐵軌曾把一百多萬猶太人帶到生命終站。人們也可站到當年囚徒被分組的斜坡上，透過帶刺鐵絲網凝視著一排又一排的煙囪，它們就像控訴的手指般，直挺挺地伸出地面，那是數百棟曾擠滿好幾萬人的小營舍僅存的遺跡。這地方的規模實在太大了，猶如一座小城市──八十多公頃的土地被專門用來否定他人的生命與帶來死亡。

當人們走進這地方時，不可能感受不到無法承受的歷史之重。人類在這裡曾犯下的道德罪惡不僅涉及猶太人、斯拉夫人、吉普賽人或其他任何在這被謀殺的群體，它使全人類都成為受害者。它是對人類存在的全盤否定；事實上，正因世上出了如此地方，戰後才頒訂了一個新的法律名詞「反人類罪」。

奧斯威辛的過去種種在此展現得相當完整，因而吸引越來越多遊客前來。但這項成功本身也帶來些許困擾。近年來，奧斯威辛已經開始因接待的遊客數量爆增而應接不暇。在二〇〇七年之前，每年來到奧斯威辛的訪客人數還不到一百萬人，而今天，這個數字已經翻了一倍以上。每天，尤其在夏季，一輛接一輛的遊覽車送來遊客，成千上萬的人分批穿過大門、進入博物館。如今，博物館已無法容許遊客們慢慢站在原地，靜靜感受這地方當年的恐怖。導遊們三不五時地催促自己帶的團體動作快一點，因為他們必須與後頭緊挨上來的其他旅行團保持適當間距。這般光景諷刺意味十足，如此非凡的成功反而可能破壞了這間博物館本應表達的一切。

不可諱言，並不是每個人都帶著應有的嚴肅省思心態來到此地。成百上千的學校團體前來，只因這是他們課程的一部分；這些學生大多來自波蘭，也有來自以色列、德國、英國和其他國家的學生，但並非所有人都以適當的莊嚴態度看待這個地方。畢竟，青少年就是青少年：他們更感興趣的是如何好好活著，而不是花時間在死亡之前徘徊。

這裡幾乎沒有地方在賣食物，所以遊客有時會帶著野餐去停車場吃，或在周圍找棵白樺樹，然後坐在樹蔭下用餐。這一點合情合理。從克拉科夫（Krakow）到奧斯威辛的路途至少需要一個半小時，人們到底還是得吃飯。話雖如此，我還是忍不住想，在這麼多人曾經餓死的地方享用豐盛的一餐，是否意味著任何不敬。上回我到這裡的時候，看到有群男人在奧斯威辛一號營入口處輕鬆地曬太陽，喝著一罐罐啤酒。

依我看來，前述這些事說明此地發生的重大變化的一點端倪。如今，奧斯威辛集中營被人們排進了度假行程表，與宮殿、美術館、水上公園和啤酒節並列。每年造訪此地的人數，與佛羅倫斯烏菲茲美術館（The Uffizi Gallery）的遊客數目不相上下。現在，就連紀念館館方也誇口，說奧斯威辛集中營紀念館現在是波蘭最受歡迎的博物館。如果說奧斯威辛集中營是歷史的囚徒，那麼它也是旅遊業的囚徒。

——

奧斯威辛集中營紀念館大受歡迎的現象背後，存在著其他問題。在過去多年中，這個博物館還是專屬於學者、大屠殺歷史學家，以及當人們想多加了解自己家人往生之地的去處。如此境況下，人們對於曾在此遭受苦難者的種種故事要更容易接受。而且，所有的故事永遠獨一無二——人類的生命經驗是浩瀚無際的。

而今天，遊客們能在集中營內幽微的明暗交界領略生命的時間已被大大壓縮，以至於分不清不同組別囚徒之間的差異，因而無法體會被分派在集中營的管弦樂隊、合唱團、醫院或醫學實驗單位的囚徒，以及被迫清理毒氣室及焚化爐屍體的「猶太工作隊」（Sonderkommando），無法體會這些營友彼此的生命際遇曾經有多麼不同。匆匆走過的遊客，只會曉得這裡曾經發生過什麼的基本事實，於是腦海中無可避免地浮現一個典型版本的故事：人們抵達、被篩選，然後死亡。把這麼多的人類經驗簡化成如此狹隘的敘事，難道這就沒有違反人道精神嗎？

這故事還可用其他許多方式來敘述，只是人們得在這裡停留久一些才聽得出來。猶太人在大屠殺中絕不僅僅是受害者，他們之中有許多人曾是英雄。在東歐很多地方，猶太人挺身反抗納粹，在奧斯威辛集中營也不例外。在奧斯威辛，猶太人透過各種方式反抗納粹，包括從單純的人道主義行動到暴力對抗集中營警衛；例如，奧斯威辛的猶太工作隊在一九四四年就發動了一場大規模反叛。在一九五〇年代，這些是許多猶太人聊以自慰的故事。他們不希望僅被描述為一個反人道體系中被動的受害者兼共犯，這種想法太過沉痛。

在英雄當中，有些人並不真像今天大家所知的故事版本中暗示的那般純潔無辜。某些猶太領袖曾與納粹合作，將自己的同胞驅逐到奧斯威辛。有些則是先把別人送進虎口，好替自己和家人爭取時間。在奧斯威辛，曾有許多囚徒和獄警妥協，出賣自己的猶太同胞，只為了謀取一點點麵包屑。我們必須提到這些人，但別以任何方式責難他們，而應強調人性的脆弱。不管納粹再怎麼說，猶太人從來沒有什麼特別之處。本就沒有所謂的典型的猶太人，未來也不會有。猶太人和我們所有人一樣是人。

當我們深度探究個人在大屠殺期間的經歷時，會發現最令人驚訝的故事。與我們熟知的標準版本相比，這些故事更加令人心酸。例如，歷史學家奧圖．德夫．庫爾卡（Otto Dov Kulka）在他的大屠殺回憶錄中，回想起他在奧斯威辛集中營的那些午後時光：每當他仰望蔚藍天空，眼前美景總會撼動他的心靈。這些快樂的回憶，不會因他在這經受的一切而忘卻，可是他仍不由地問自己，對這地方擁有快樂回憶是否在道德上說得過去。

然而，這些屬於個人的寧靜在我們被驅趕著匆促瀏覽奧斯威辛的展品時，就已消失殆盡。今天，紀念館館方為了追求效率，不得不為他們的機構衝出越來越大的人流數字業績。可以想見，這樣的景況又讓人不安地想起了過去的種種。

奧斯威辛集中營已經成為一個全球公認的標誌，以一種任何紀念場所都無法比擬的方式，銘刻在所有人的記憶中。在一個受害者的世界，這裡是無可爭議的首都。這也帶來了問題，因為很不幸地，它樹大招風。

總有不少人在見識到諸如奧斯威辛集中營這類地方所反映的道德力量後，想藉機分一杯羹。戰後第一批試圖聲索奧斯威辛所有權的，是波蘭共產黨。當第一塊紀念牌匾在比克瑙二號營豎起時，上面沒有提到猶太人；這塊牌匾泛指「四百萬人民」，說他們「在此受到折磨，死於納粹謀殺者之手」。那時，博物館導遊在提到營中囚徒時，也只稱之為「受害者」和「人民」，而不會說明他們的種族或宗教源起。在共產主義對於戰爭的敘述中，猶太人的個別命運無足輕重。因此，集中營被描述為一個剝削普通波蘭百姓及其來自其他國家的手足的地方，而來到此地之後，他們體內一切經濟剩餘價值最後都會被榨乾。簡言之，奧斯威辛集中營是資本主義剝削人類的終極象徵。

在一九七〇年代，波蘭天主教會也曾試圖將此地占為己用。誠然，曾有數萬名天主教徒死在這座集中營內。其中有位方濟會修士馬希連・高比（Maximilian Kolbe）神父，因為自願代替一名陌生人接受死刑，甚至被追封為聖徒。一九七二年，樞機主教嘉祿・沃伊蒂瓦（Karol Wojtyla），即後來的天主教教宗聖若望保祿二世（Pope John Paul II），在這舉行了一次大型天主教儀式，以紀念高比神父。七年後，沃伊蒂瓦當選教宗，再次來此舉行一場規模更大的儀式。一座十字架被豎立在當年猶太人被判生判死的斜坡上，教宗宣布奧斯威辛集中營是「我們這時代的加爾瓦略山」（the Golgotha of our time）[1]。一九八四年，一群加爾默羅（Carmelite，俗稱聖衣會）修女又更進一步在奧斯威辛一號營圍欄周邊，蓋了一座女修道院。許多猶太人對此感到義憤填膺，因為事實已擺明，他們非得和天主教爭奪說故事的話語權，還有究竟誰的宗教符號（不管那是什麼）才能被允許在此展現。在這裡，在猶太人被消滅的地方，他們所砥礪的猶太精神正在被人剝奪。直到一九九〇年代中期，天主教會才終於讓步。遺址周圍豎立的大多數十字架都被移除，女修道院則遷到別處。

今天，舉世公認奧斯威辛集中營主要是猶太人受難之地，而這本來就是如此。所以，歷史的真相再次獲得平反。

但這並不意味相關爭議就此告一段落。近年來，人們開始質疑奧斯威辛集中營為什麼在眾多二次大戰紀念碑中脫穎而出。為什麼這地方比南京大屠殺紀念館更重要？憑什麼猶太人的痛苦就要比韓國慰安婦遭受的折磨更糟糕？

這種爭論遠遠超出了第二次世界大戰的討論範圍。那麼，二十世紀初被土耳其士兵屠殺的上百萬亞美尼亞人又該怎麼說呢？[2]一九三〇年代，大約六百萬烏克蘭人被史達林活活餓死又

1 譯注：Golgotha 一詞源自拉丁文，或譯「髑髏地」，是古羅馬統治以色列時期，耶路撒冷城郊的一座山。

2 譯注：第一次世界大戰期間及戰後，於一九一五年四月二十四日起至一九二三年間，在土耳其的前身鄂圖曼帝國統治下，估計有一百五十萬亞美尼亞人，因系統性驅逐、飢餓和謀殺而喪生。今日的土耳其仍反對種族屠殺一說，強調亞美尼亞誇大族裔死亡人數，且鄂圖曼帝國瓦解時，土耳其裔同樣死傷慘重。

如何呢？[3]還有，那些死在一九七〇年代柬埔寨殺戮戰場上的人呢？[4]或者，在一九九〇年代盧安達[5]和南斯拉夫種族淨化[6]中死去的人呢？當世界上還有那麼多其他受害者，我們怎麼可以繼續認為猶太大屠殺與眾不同？

這許多問題永無休止地在我們的國際社會被挑起，但至今也沒找出令人滿意的答案。把不同受害者的創傷扔在天平的秤盤上作比較根本毫無意義——苦難不能當成穀物來衡量。我在本書第二部的六個章節中描述的紀念碑，只占世上所有受害者紀念碑的很小一部分。然而無論是大或小，它們當中的每一個都值得認同。

但是，不管怎麼說，奧斯威辛集中營還是有它的獨特之處。在我為寫這本書而進行研究的過程中，我參觀過世界各地的萬人塚、人類曾在此殺人如麻的遺跡，以及遇難者紀念館，但奧斯威辛集中營始終給人一種不同的感受。

首先，僅就其規模而言，我們很難想像還有哪個地方曾有這麼多人如此密集地死於非命。奧斯威辛—比克瑙集中營幅員遼闊，總面積將近九十萬平方公尺。而平均每平方公尺土地上至少曾有一名受害者。

其次，這裡展現出暴行的一種獨特的猙獰性質。它不像南京大屠殺那樣演變自一場殺紅了眼的軍事狂熱；也不是僅僅出於政治上的權謀算計，例如蘇聯秘密警察在卡廷森林射殺波蘭軍官。與其他地點相比，這裡的主要殺戮方式並不是特別嗜血——事實上剛好相反，奧斯威辛集中營的顯著特點並非凶殘，而是冷酷。正是這種毫無人性、機器般冷漠的謀殺，讓人想來如此難以承受。

這或許就是猶太大屠殺受害者成為我們這個時代的象徵的原因之一。他們不僅是槍管下的獵物，而且還成為龐大政治及工業體系中的芻狗，這套體系把他們簡化成僅需加工和銷毀的物件。如此看來，他們不僅是戰爭的受害者，更是現代性的受害者。如果我們不厭其煩地循著這條線索的邏輯，那麼我們還會推導出其他時代與地點的受害者，舉凡從十八世紀的奴隸貿易到二十一世紀的性交易，比比皆是。大屠殺的受害者是一種規模更龐大的現象的代表，這種現象從未消失。

二〇〇五年，聯合國認可猶太大屠殺在象徵意義上的普世本質，因而將每年的一月二十七日，也就是奧斯威辛集中營解放的週年日，訂定為國際大屠殺紀念日（International Holocaust

3 譯注：一九三二至三三年間，烏克蘭發生造成數百萬人死亡的大饑荒，此事件後來多被認為是史達林在「大整肅」時期主導的種族清洗。

4 譯注：一九七五年，柬埔寨共產黨（即「紅色高棉」）在長達八年的柬埔寨內戰勝出之後，以肅清異己為由，展開大規模的屠殺；在一九七五至七九年紅色高棉統治期間，共計近三百萬人死亡。

5 譯注：一九九四年，中非國家盧安達國內的胡圖族（Hutu）因同族總統遭暗殺，而對圖西族（Tutsis）發動種族大屠殺，在短短一百天之內奪走近百萬條性命。

6 譯注：一九九五年七月，因前南斯拉夫共和國解體而爆發的內戰即將結束之際，波士尼亞東部小鎮發生「斯雷布尼查大屠殺」（Srebrenica massacre），短短一週內有八千名穆斯林男子遭塞爾維亞軍隊殺害，是二戰後發生在歐洲土地上最大規模的種族滅絕事件。

Remembrance Day）。按照聯合國的思維，猶太大屠殺不僅事涉猶太受害者，他們更是受害者典型。他們的經驗提供全人類前車之鑑。

我相信這也是奧斯威辛本身之所以成為這種全球象徵的部分原因。想到每年有兩百多萬人來此，僅是為了向一種普世受害典型表達敬意，並為確保這些受害者所遭受的苦難永遠不再發生，這的確令人振奮。但我心裡十分清楚，這並非全然真切。因為瀰漫在現場氣氛中的，除了悲傷與哀悼，還有一種恐懼。這是讓奧斯威辛獨一無二的另一特點。人們在該地周圍四處走走時，不可能感受不到一股空前強大的邪惡力量，讓人在當下感到既憎惡又迷惑。

許多人來到此地，是因為他們想體驗這種身歷其境的感受，同時提醒自己「活著」是什麼樣的感覺。這就是為什麼每年春天有那麼多猶太人從奧斯威辛一號營步行到比克瑙二號營，參加一場名為「生者之行」的健行的原由之一。他們探訪如此標誌性的死亡之地並站在它的中心，感覺到自己充滿精力且頑強地活著，沒別的事情比這更能表達對於生命的認同。

但我懷疑，也有些人懷著不良動機前來體驗某種邪惡的存在。我們當中有誰不會被死亡的魔力、尤其是如此浩大的死亡力量所震懾？難道我們當中就沒有一個人曾暗中渴望為自己竊取一點點那種力量？

每年都有人被逮到在奧斯威辛集中營紀念館偷取鈕扣或衣服碎片，他們打算把這些東西帶回家當紀念品。二〇〇九年，一名瑞典新法西斯主義分子甚至偷走了奧斯威辛集中營大門上方著名的緞鐵標語牌，打算把它賣給一個蒐集病態紀念物的收藏家。他的罪行登上了全球媒體的頭條新聞，而我不禁想知道，這件事情背後的含義是否與每一名來訪的遊客所做的一切截然不同。我們都會拍照。我自己就收藏了幾百張奧斯威辛集中營的照片。我到底想從這種紀念品中得到些什麼？

假如說奧斯威辛集中營使我們所有人都成為受害者，那麼，它同樣使我們所有人都成為禽獸。來到這裡，我們必然會把自己代入這令人作嘔的故事的對反兩極。換言之，奧斯威辛不僅是大屠殺受害者的紀念碑，也是對加害者的紀念碑。而這正是我接下來要探討的，一種更令人不寒而慄的想法。

奧斯威辛集中營紀念館（Auschwitz-Birkenau Memorial and Museum）

◆**所在位置**—波蘭奧斯威辛

◆**建立宗旨**—原址保留，以紀念在二戰與納粹大屠殺期間喪生的猶太人

◆**占地面積**—一點九平方公里

◆**落成日**—一九四七年七月二日

◆**現況**—一九七九年被聯合國教科文組織列為世界遺產。二〇〇九年十二月，集中營大門上的標語牌「勞動帶來自由」遭竊並被鋸成三塊；標語牌尋回後，現仍保存在館內進行修復，而大門上的為複製品。據最新估計，二〇一九年約有兩百三十萬名遊客造訪紀念館。

第三部
怪物
Monsters

怪物是怎麼產生的？眾所周知，魔鬼在有需要時會變得十分迷人。諸如希特勒和史達林之輩，他們不是光憑武力贏得權力，而是具有不同凡響的魅力、口若懸河，還能透過有力的花言巧語魅惑數百萬人民。他們當然不會認為自己是作惡之徒，而是說到做到的實踐家。按照他們自己扭曲的邏輯，他們純粹只想從邪惡的全球勢力，如資本家、帝國主義者、猶太人等人手中奪回控制權，他們認為這些勢力讓自己的同胞變成受害者。然而，他們所做的，實際上是妖魔化這些團體，煽動種族滅絕的仇恨。

這一點相當令人憂心，因為怪物的許多特質都可從我們的英雄和烈士身上找到，像是力量、狡黠、決心，以及他們對自身志業堅定不移的

奉獻。但在真正的英雄或烈士身上，這些特質是能夠與同情心、憐憫心，以及捍衛法治與普遍道德規範的意願等其他美德並駕齊驅。怪物則對這類美德不屑一顧。在一九三〇年代和一九四〇年代，強大的狂熱分子一心只為追求自己的目標，完全無視於數百萬人的權利、尊嚴與生命。他們殺人時毫無猶豫或良知。他們把人看成用完即丟的物品；事實上，他們通常根本不把人視為人類，而是當作必須消滅的害蟲。在這種人身上，對於志業的執著奉獻並不是值得讚賞的特質，反而變成一種病態，他們將自身的所作所為全都籠罩在陰森的暗影裡，就跟在奧斯威辛——比克瑙集中營土地上明顯感受到的氛圍同樣讓人如墜五里霧中。

沒人會特意為怪物建造紀念碑。我在接下來這部分介紹的紀念碑，都是在其紀念對象仍被視為英雄的時代建造的，而它們直到這些「英雄」的罪行廣為人知以後，才開始讓人看了感到困惑。這些紀念碑有些可說是陰錯陽差地成了紀念碑，而這完全因為參觀者的態度使然；有些則根本稱不上紀念碑，其中包括神社、墳墓及其他與戰爭陰暗面有關的紀憶場所。我將它們納入書中，是希望加深大家的印象，從根本上理解什麼才叫做紀念碑。

參觀這些地方到底對或不對？它們是否應該被迴避、甚至被抹去——就像它們召喚的對象曾試圖抹去自己的敵人那樣？我們能從這些地方代表的象徵意義中逃脫嗎？還是注定永遠成為銘記這些場所的囚徒？

在本書敘述的所有紀念碑當中，就屬接下來要講到的這些紀念碑的問題最大。它們拋出了無法解決的道德難題。但我希望，透過面對這些難題，我們至少可以學到寶貴教訓，那就是，當我們崇拜有加的英雄和烈士的人格特質走向極端時，會發生什麼事。

第13章

所有戰爭遇難者紀念碑

©Keith Lowe

——宛如犯罪現場的潔白床單。

斯洛維尼亞
盧比安納

國會廣場（2013 年）

在斯洛維尼亞首都盧比安納（Ljubljana）市中心有一座紀念碑，是我所見過最耐人尋味、也最啟人疑竇的其中一座。這座紀念碑跟本書截至目前已討論過的所有紀念碑不同，它並未試圖以具象形式，來刻意呈現國家的過去。這裡沒有雕像，也沒有靜定在永恆中的人物畫像。實際上，它是一座完全抽象的紀念碑，但這並沒有讓它免受爭議。

「所有戰爭遇難者紀念碑」（Monument to the Victims of All Wars）是由兩片巨大石板組成，設置在一座開放的庭院裡。兩片石板靠得很近，但不相連；它們被平行擺放，但並不完全與彼此平行。其中一片巨型石板幾近正方形，高度及寬度均在十二公尺左右；另一片比較窄，呈長方形，但它的組成石塊則厚上許多。不過，兩片石板的相似之處使其差異顯得微不足道：它們是用完全相同的石頭建造，豎立於同一塊地下基座之上；儘管形狀不同，它們的高度、重量和體積卻是一模一樣，就像一對天生仇視彼此的兄弟，永遠互不往來、總是相互對立，卻又有著千絲萬縷的關聯。

與其他紀念碑不同的是，這座紀念碑在設計上並不打算吸引人們注意。上一次我來參觀是在二〇一八年十一月，我站在那兒看了幾個小時，而在這段時間，沒有任何行人停下來抬頭看它一眼。沒有任何人在紀念碑南邊的楔形台階處等著與朋友會面。也沒有人待在巨大石板的陰影下吃三明治。紀念碑盤據市中心國會廣場（Congress Square）的一側，但它似乎深藏一種特質，讓人們完全不會留意到它。

這並非偶然。從政治層面來考量，隱身是這座紀念碑最大的優點之一。只要我們想到這裡可能還留存著什麼沉重事物，以及在整個斯洛維尼亞民族情懷中仍揮之不去的灰暗歷史，便不難理解為什麼斯洛維尼亞政府當初會選擇這種特殊設計。

我有幸目睹了這座紀念碑的誕生。二〇一五年五月，我受邀到斯洛維尼亞議會，見證該設計的揭幕。我和一些受邀請前來的記者與政治家坐在一個大廳裡，看著博魯特・巴荷（Borut Pahor）總統發表演講。大廳中央放了一個紀念碑的等比例模型。會後，我們都被邀請上前仔細欣賞，眾人舉杯同歡，並和設計師握手。

當時，我天真地以為這場接待會是一場相當愉快的活動，但事實並非如此。作為局外人，我無法完全理解現場氛圍為何有些令人不安。我在招待會上與一些國會議員交談之後發現，他們對紀念碑的設計似乎都不滿意。他們說，這太乏味了。以一個「紀念碑」來講，它讓人一點都不滿意。它沒提到關於英雄、壞蛋或戰爭受害者的任何事蹟。他們沒人能完全說清自己不喜歡這設計的理由，也沒提出他們想見到的元素。儘管如此，他們當中大多數人似乎看法一致。

就在這時，在場一位斯洛維尼亞的歷史學家把我拉到一旁。他是盧比安納大學的教授米特亞・費倫茨（Mitja Ferenc），也是邀請我參加這次活動的人。他和我聊了一會兒之後，順帶說著：「讓我告訴你為什麼沒人喜歡這個設計。我帶你去一個地方，在那裡你就會曉得為什麼我們在這只能蓋乏味、抽象的紀念碑。」

於是我們離開了議會。我們坐上費倫茨的車，上面載著我、一位記者朋友和我的出版商，車子開出了這座城市。我們向東行駛，穿過斯洛維尼亞美麗的鄉郊。我們左邊是連綿起伏的山巒，白雪皚皚的阿爾卑斯山就在遠處閃耀，而薩瓦河（River Sava）則在我們的右邊流淌著。

一、兩個小時後，我們開下主要道路，進入一條森林中的小徑。最後我們來到一個叫胡達鐘乳岩洞（Huda Jama）的地方，它伶仃坐落於山脊邊。從這裡，可看見山崖上有一個巨大的混凝土洞口，外面是一扇鐵門。車停好後，大家都下了車。

費倫茨解釋，這地方以前是一座煤礦，但從一九四五年起就封閉了。在二次大戰的最後幾天，德軍開始逃離南斯拉夫的時候，狄托將軍（Josip Broz Tito）[1]領導的游擊隊抓了數萬名法西斯同路人，並加以屠殺。這座礦井是斯洛維尼亞境內數十座亂葬坑之一；大約曾有兩千五百人被帶到這地方，在這被迫脫掉衣服，然後遭到槍殺，屍體則被丟進礦坑。費倫茨對這個特殊地點瞭若指掌，因為幾年前他曾負責帶領一支政府團隊來此探勘過。

費倫茨叫來管理員幫我們打開大門。我們先沿著一條長長的坑道徒步而行，走進山腰深處，在伸手不見五指的黑暗中行走了約四百公尺。途中費倫茨曾停下腳步，指著坑道壁上一個洞口說：「我們就是在這裡發現了第一具屍骸。」看樣子，有人曾躲過了大屠殺，並試著挖出一條路逃生。那人從運煤鐵軌上撬下一截金屬，並用它來挖掘。只可惜，狄托的手下做事滴水不漏，他們不但用大量泥土與碎石堵住坑道，還砌了好幾道磚牆和泥牆把坑道封死。這名孤單的倖存者遇上了第一道水泥牆後，不得不放棄求生。當時，我們就站在他隻身一人在黑暗中死

1　譯注：約瑟普．布羅茲．狄托（1892—1980），南斯拉夫革命家，曾於前南斯拉夫社會主義聯邦共和國執政三十五年。

去的地方。

我們繼續往前走。不久，我們來到一座礦井。費倫茨讓我沿著梯子爬到礦坑底部，站在屍體被扔下的地方。「這個豎井在當時被他們扔下的屍體塞得滿滿的，」他從上頭對我喊道，「我們挖出了三百四十六具屍體，可能還有另外一千五百人就在你腳下。」

站在那個坑底，讓我有一種極難言喻的焦慮。我腦海中突然冒出一個景象——萬一費倫茨和其他人就此把我拋棄，關掉燈、鎖上門，那麼根本沒人會曉得。我趕忙爬上梯子。

接著，費倫茨帶我進入坑道更深處；當年他們在那又發現了四百三十二具屍體。他再度說明這裡發生的事。那些人先是被命令脫去衣服（費倫茨與他的團隊在坑道中曾發現堆積如山的衣服和鞋子）；接著，他們被迫趴在坑道地面上，然後他們的後腦勺就中了槍。接下來是下一組人被命令趴在前一組的屍體上，同樣腦背朝上挨了子彈。然後是下一組、再下一組，直到這裡足足堆積了八層屍體。

我還沒來得及消化所見所聞，費倫茨就把我帶往坑道的另一處，那裡有另一扇金屬門。他打開門，帶我進去。「他們在這兒。」他說。

在我眼前的是成百上千的塑膠籃，沿著坑道堆放在貨架上。一些骨頭、骷髏和一絲絲人類頭髮從籃子裡露了出來。

費倫茨對我說道：「我們本來打算好好埋葬這些人，但政客們沒人願意。」這些人都死在共產黨手裡；但由於他們曾是法西斯分子，所以沒人願意為他們建靈堂。就連想記住這些死者都變得相當棘手。所以，政府最後乾脆把門鎖上，試著忘掉他們。根據費倫茨的說法，在過去七年裡，只有少數人願意親自來這看看——包括幾位記者、美國大使，現在則是我。於是，這裡的負罪記憶依舊塵封——每個人都知道這個地方的存在，但沒人願意承認。[2]

那天晚上，我在旅館房間裡輾轉難眠。讓我無法入睡的，並不是那一箱箱堆滿死屍的畫面。我曾花了數年時間研究戰爭暴行，對於前南斯拉夫這類地方發生的事情老早見怪不怪。真正讓我充滿恐懼的，是不斷縈繞在我腦海中、那個在大屠殺中倖存下來並試圖挖出一條活路逃生的孤獨之人。我無法停止想像他當時的模樣：在黑暗中從坑裡爬出，找到一塊金屬，絕望地想從泥土和碎石中刨出一條生路。這感覺起來像英雄所為，但最終，這人不是英雄，只是另一個受害者。而且，他或許完全不是單純的受害者；畢竟，他可能是個法西斯通敵者，也可能是名士兵，曾親自對他人施以暴行。到底該如何看待這人，我毫無頭緒。

這正是米特亞．費倫茨帶我去胡達鐘乳岩洞的原因。我意識到，此刻我所感受的不適，和我在那間擠滿政客的大廳裡所感受到的不適，並沒太大區別：一個人心中若留下這種回憶，又怎麼可能會感到舒服呢？我也開始理解某些政客對戰爭紀念碑設計方案表達的反感。對我剛剛所目睹的恐怖境地，這個乏味而抽象的紀念碑究竟都說了什麼？當隱藏在斯洛維尼亞山巒黑暗坑底的現實竟是如此齷齪不堪，人們怎麼還能接受用潔淨白石頭建造的紀念碑呢？

---

2 作者注：自從我參觀了胡達鐘乳岩洞，斯洛維尼亞政府已埋葬了那些屍骨。他們於二〇一七年十月安葬於馬里博爾（Maribor）附近的杜博拉瓦（Dobrava）紀念公園。

對於任何了解南斯拉夫戰爭的人來說，這種道德迷思十分常見。英美歷史學家經常把第二次世界大戰描述成同盟國與軸心國之間相對簡單的衝突，但在南斯拉夫，事情從來就不是那麼簡單。這個國家是從一九一八年第一次世界大戰的廢墟中建立起來的。它置身於十九世紀三大強國——俄羅斯、奧匈帝國和鄂圖曼帝國——領土交接處的爭議邊境。因此，它也是三大宗教，即東正教、天主教、伊斯蘭教（如果還包括被戰爭徹底抹去的一小群猶太人的話，應該算有四大宗教）三教的的交匯點。六、七個不同民族及少數族群大量聚居於此，他們彼此間世世代代滋生著恩怨情仇。一九四一年，德國人和義大利人入侵時，族群之間積壓已久的所有矛盾頓時一發不可收拾。

整個國家很快就陷入一片亂局。克羅埃西亞人開始以天主教之名屠殺塞爾維亞人；塞爾維亞人開始燒掠波士尼亞的穆斯林聚落及弗伊弗迪納（Vojvodina）的匈牙利村莊；切特尼克（Chetniks）保皇黨人則對共產黨游擊隊展開殊死決戰。許多民兵組織為了掩蓋自己的戰爭罪行，有時會故意穿上敵對武裝的制服，這使得歷史學者常常很難斷定究竟是誰屠殺了誰。與此同時，德國、義大利和其他占領者則默默主導這亂成一鍋粥的暴力爭端；他們不僅自己犯下戰爭罪行，而且還在劍拔弩張的不同群體間煽風點火。

經過多年爭戰，這裡的許多族群漸漸歸併成兩大陣營。其中一方，是德國軍隊及其合作者，分別來自南斯拉夫的不同族群，例如克羅埃西亞烏斯塔沙建國組織（Ustasha）及民兵、斯洛維尼亞國土保衛軍、塞爾維亞志願軍等。這些超極端民族主義團體從不信任彼此，但是他們又個個都與德國人合作；只要德國人還能控制局面，他們基本上都站在同一陣線。

至於另一方則是反抗軍陣營。在一九四五年，狄托的共黨游擊隊已經打敗其他主要抗德組織，並且收編了其中大部分成員。這時，狄托的人馬已不再是一九四一年那個業餘武裝團體，而是一支堂堂八十萬人的強大軍隊。這支軍隊同時受到倫敦和莫斯科的支持，裝備十分精良。狄托跟斯洛維尼亞或克羅埃西亞的法西斯黨羽不同，他沒打算在戰後容許各個族裔獨立。狄托的口號，就是「手足之情與團結」，他在戰後所有演講中都會強調這點。他要重新恢復一個統一的國家，名叫南斯拉夫，並在共產黨統治之下團結所有的民族。

考慮到先前發生的一切，兩大陣營的最後決戰無非是場至死方休的浩劫。在戰爭走向尾聲時，眼看游擊隊勝券在握，德國軍隊及各路法西斯合作者向北方逃竄。他們的目標是撤退到奧地利，英國人正等在那裡。他們推斷，如果能向英軍投降的話，或許會得到些許憐憫寬待。他們曉得落到狄托手裡，就只有死路一條。

一九四五年五月十四日，大約就在德軍及其輔助部隊投降了將近一週後，第一批斯洛維尼亞部隊突圍進入奧地利。他們向位於奧地利邊境的克拉根福市（Klagenfurt）的英軍投降。過了一天左右，第一批克羅埃西亞部隊也突圍抵達奧地利邊境，靠近布萊堡鎮（Bleiburg）。

令人遺憾的是，英國人並不打算接受這些部隊的投降並給予庇護。英軍欠缺足夠人手來看管這麼多戰俘，再加上他們更想與狄托維持良好關係；當時，狄托的大軍已逼近英軍地界、虎視眈眈。於是，英軍要麼就在邊界把這些想投降的人攆回去，要麼就將他們繳械後送交給游擊隊。

後續的事情毋寧說是一場血淋淋的大屠殺。接下來幾週，大多數暴行都發生在南斯拉夫斯洛維尼亞共和國與奧地利接壤的邊境地帶。在馬里博爾（Maribor）附近，大約一萬五千名克羅埃西亞法西斯黨羽被迫沿著一條反戰車壕溝列隊，然後被槍殺。在科切維山谷（Kočevje Rog），以及更往西一點、接近義大利邊界的地方，數千名斯洛維尼亞人和克羅埃西亞人被活活扔下懸崖，然後深谷兩側被炸毀，讓土石得以掩蓋屍體。在我於二〇一五年造訪的胡達鐘乳岩洞，也曾有好幾千人被謀殺後藏到坑道與礦井中。

人們不免會把這些大屠殺定調為對德國人及法西斯賣國賊以牙還牙的復仇行動，為的是要報復他們對南斯拉夫施加的暴行。然而，證據表明，這不僅僅是為了報復。在胡達鐘乳岩洞的礦井中死去的人，就是很好的例子：他們不是在激戰中喪生，而是在戰俘營被關了三個星期後才被帶去處決。在這段時間，軍官與普通士兵被分開，長期服役的斯洛維尼亞國土保衛軍成員，也與戰爭末期才被徵召的士兵有所區隔。這不僅意味這些屠殺帶有選擇成分，更具有高度的組織性——很顯然是在上級命令下進行的，而且命令極可能來自最高層。

事實上，這些屠殺事件是出於一種「寧可錯殺、不可錯放」的政治動機。把這些人通通殺光，就能解決很多問題，至少在短期內是如此。狄托想在戰後建立一個統一的共產主義南斯拉夫。因此，如果能夠摒除成千上萬克羅埃西亞及斯洛維尼亞的超極端民族主義者破壞他的「手足之情與團結」理念，做起事來更能得心應手。

幾年後，狄托的得力副手米洛萬・吉拉斯（Milovan Djilas）回顧一九四五年五月的那段日子，直言不諱地談到那些屠殺純粹是出於現實原因。「南斯拉夫當時正處於混亂與毀滅狀態，」一九七九年，他在接受英國媒體採訪時說道，「幾乎不存在任何民政部門，也沒有像樣的法院機構，因此不可能對涉及兩、三萬人的案件展開可信的調查。所以，最簡單的辦法就是把他們全部槍斃，然後問題便解決了。」

——

狄托的新南斯拉夫便是建立在如此血腥的基礎上。在接下來約四十五年的歲月裡，全國上下維持著一種恐怖的和平狀態。狄托在世時，沒人膽敢質疑他對兄弟之情與團結的憧憬；但事實上，更黑暗的民族主義情緒陰霾始終籠罩在人民頭上。一九八〇年，在狄托死後，不同的共和政體與民族之間又展開一場了無新意的鬥爭。衝突最終在一九九〇年代初期爆發，從此南斯拉夫再次陷入血腥內戰。

一九九一年，斯洛維尼亞成為第一個正式脫離南斯拉夫聯邦的共和國，因而躲過了席捲塞爾維亞、克羅埃西亞、波士尼亞和科索沃等國最嚴重的暴力衝突；然而，在斯洛維尼亞，前共產黨人、新民主黨人和強硬派民族主義者之間的緊張關係依舊居高不下。與此同時，巴爾幹半島上其他地區發生的駭人事件，也再度喚起人們對於過去的痛苦回憶。

二〇〇九年，斯洛維尼亞議會首次提出了為戰爭事件蓋紀念碑的想法。剛開始，它被設想為促成不同政治信仰團體之間達成和解的方法，這些團體因過去的記憶糾纏不清而痛苦地相互折磨。

在二〇一三年舉辦的一場評比中，政府總共收到了三十九份提案。最後是以洛克・辛尼達契（Rok Žnidaršič）為首的一組建築師的設計案勝出，也就是我在二〇一五年參加揭幕儀式時看到的模型。兩年後，紀念碑終於建成，並於二〇一七年六月十三日舉行落成典禮。

紀念碑的平淡無奇可能是它的最大優點。它在設計取向上刻意保持敏感，換句話說，就是不去冒犯任何人，以避免戰爭的毀滅激情死灰復燃。它沒提到英雄、烈士或罪犯，這是一個深思熟慮的選擇。就連紀念碑的名字在取名方面也故意含糊其辭；儘管大家都知道這是一座二戰紀念碑，但它是獻給「所有」戰爭的受害者。

大多數紀念碑都是為了激發並導引民族記憶而設計；相形之下，在斯洛維尼亞的這一座似乎是設計來驅散這股激情。我第一次看到它時，讓我深感訝異的是，這座紀念碑無論在視覺或心靈上，都無法捕捉到任何東西。沒有人物，沒有雕刻，沒有任何細節——只有幾面光滑的空牆壁。它的空無一物，就像是一張覆蓋在犯罪現場的床單：它掩藏了某種大多數人不忍卒睹的苦痛。

但萬一人們忍不住要看得更深入，於是剝去紀念碑的層層迷魅，就會遭遇到一些艱難的提問，而其中最重要、也最根本的問題就是：這座紀念碑到底「揭露」了什麼？

紀念碑的建築師及支持建造紀念碑的總統都提倡這樣一條官方思路，那就是它象徵斯洛維尼亞人民支撐自己活下去的信念——他們或許彼此對立，但他們都是以相同的血肉打造，構建於同一基礎之上。如此看來，這座紀念碑應該被理解為一種和解的象徵。但如果我們沿著這條思路邏輯推導出結論，那麼我們也將被引向一個危險境地。如果這兩塊巨大石板各自代表相互對抗的一群人，那麼到底是「哪兩群人」在相互對抗呢？國家對抗人民？軍隊對抗平民？左派對抗右派？

由於這是一座戰爭紀念碑，而且主要聚焦在第二次世界大戰，照理說只有一種解釋才有意義。一九四五年，在這互相對抗的兩大陣營，一邊是法西斯主義者（以及斯洛文維亞國土保衛軍這種本地通敵者），另一邊則是共產黨游擊隊。換句話說，這兩片石板根本不代表絕大多數斯洛維尼亞人，而是極端分子。

若要忠實呈現戰爭期間的斯洛維尼亞人民，顯然在兩面石板之間還少了什麼東西——那就是受害者，也就是受到兩種巨大、無情的意識形態擠壓的角色。當然，參觀紀念碑的人如果願意，可以把自己放在這個位置上。今天，當人們站在兩塊巨石之間，能感受到來自兩邊的沉重壓力，這是一種十足的幽閉恐懼。但如果退後幾步，遠遠地觀看那些石板，你或許會覺得這當中根本就沒提到受害者。人們所能看到的，只有巨石本身——代表法西斯主義和共產主義。一座理應是專門為受害者設置的物件，卻不經意地成了加害者的紀念碑。

毫無疑問，這想必是某些盧比安納居民得出的結論。在我第一次參觀後的那個夏天，搗亂者對即將興建紀念碑的地點進行破壞。七月中旬，它被噴上了納粹十字標記。過了一星期，它又被貼上共產黨的紅五星。兩個月後，大批屠宰的豬隻散落在工地上，還有印著「法西斯去死」和「人民自由」的告示。有段塗鴉文字似乎說明了一切：*Nehajte že še igrat partizane in domobrane*——意思是別再瞎搞游擊隊和國土保衛軍了。

對於此類抗議行為，政客們或市政當局大都不予理會。若干人對破壞行為表示憤慨，也有人表示擔憂，而博魯特・巴荷總統則一貫地試圖對亂局火上加油。換句話說，沒人願意解決隱藏在這些破壞行為之下的根本難題，也沒人願意提及那些仍未解決的問題。這個國家需要記住些什麼、應當積極忘掉什麼？承認受害者中有戰犯，這可以接受嗎？建立紀念碑的目的是什麼？是為了使創傷癒合，還是僅僅為了承認創傷的存在？最重要的是，斯洛維尼亞如何才能從歷史最黑暗的一幕中解脫？這些問題都被情緒及否認、算計及妥協的迷霧所遮蔽，而這也構成了斯洛維尼亞的政治。

如今，這座紀念碑似乎已被一個隱形的泡泡給吞噬了。它已經成為城市景觀中為人熟悉的一部分——每個人都知道它就在那裡，但很少有人會去想它。自二〇一七年七月落成以來，這座所有戰爭遇難者紀念碑在很大程度上被人們孤立——不僅政運人士如此待它，老百姓亦然。每天早晨與黃昏的上下班時段，數百人從這裡經過，但沒人抬頭看它一眼。他們何必要看呢？這座紀念碑代表他們歷史上痛苦的一面。誰願意讓共產主義、法西斯主義或受害者的擾人陰影浮現腦中，打斷他們的一天？於是他們快步走過。至多，他們可能斜眼瞄一下，若有似無地留意到它的存在，然後感到似曾相識，接著瞬間將它拋諸腦後。

所有戰爭遇難者紀念碑（Monument to the Victims of All Wars）

◆所在位置─斯洛維尼亞盧比安納市，國會廣場

◆建立宗旨─紀念所有因戰爭而喪生或影響的斯洛維尼亞人

◆設計者─洛克・辛尼達契（Rok Žnidaršič）

◆占地面積及尺寸─約十二公尺高、占地近一點二平方公尺

◆落成日─二〇一七年六月十三日

◆現況─二〇一五年，紀念碑的模型三度遭人塗鴉；二〇一八年七月，又再度遭人漆上紅字。

第14章

靖國神社

——二戰的亡魂，在何處安息？

日本
東京

©Wiiii/Wikimedia Commons CC0 1.0

英雄、烈士與怪物之間的界線，不是只有在斯洛維尼亞才變得模糊。包括我的國家英國在內，許多國家都不想認真審視自己過去的某些行為。這是人類天性。每當我們覺得難以清楚區分自身有罪與否，或恐怕因此感到難堪尷尬時，就會躲進是非對錯之間的灰色地帶。

那些灰色地帶的出現並非偶然。它提供社會一個極有用的功能，容許我們將錯就錯地一意孤行，全然感受不到必須認罪的壓力。事實上，它幫我們找了個臺階下，讓我們不致一下子跌落神壇。

就以英國殖民主義歷史為例來說好了。英國人內心深處知道，征服與剝削其他民族在道義上站不住腳；但他們認為，大英帝國也為殖民地帶來了若干好處，比如鐵路、板球和西式教育，這讓他們的良心得到慰藉。「或許我們做得有欠公允，」他們會這樣對自己說，「但我們並非『怪物』。」

但有些國家就無法如此輕鬆地自圓其說。一九四五年，日本和德國徹底戰敗，以至於他們根本沒機會為自己在戰爭中犯下的罪行另編一套說辭。在紐倫堡[1]和東京審判庭[2]上，他們的罪行被公諸於世、指證歷歷。其中包括一些極其嚴重的反人類行為：大規模奴役、大規模強姦、

1 譯注：二戰結束後，戰勝的同盟國成立歐洲國際軍事法庭，於一九四五年十一月二十日至一九日六年十月一日，在德國紐倫堡對前納粹領導人進行審判。由於紐倫堡同時也是納粹召開黨員大會，以及黨衛軍的指揮中心，選擇此處進行大審別具意義。

2 譯注：二戰結束後，一九四六年五月三日至一九四八年十一月十二日，在日本東京進行了歷時兩年又六個月的軍事法庭審判。來自同盟國十一國的法官組成遠東國際軍事法庭，對日本甲級戰犯進行清算戰爭罪行的審判。

大規模謀殺、種族滅絕。兩個政權都曾日復一日地把囚犯活活虐死。兩者都曾在活人身上進行醫學實驗。犯下這種罪行的人確實表現得如同怪物，這是無法掩蓋的事實。

這對一個國家會造成什麼影響？你該如何接受自己的國家作惡多端的現實？國家有了這種前科，個人還可能為本國死者哀悼嗎？在無法原諒軍事犯罪的前提下，你又怎能尊敬軍事犧牲呢？

這些全是一九四五年後日本面臨的問題，而且從此一直困擾著日本。如何追憶戰爭已成為日本社會最棘手的問題之一。有些團體已經坦然面對事實；他們完全承認日本的罪責，並試圖彌補、道歉。然而，有一個機構卻選擇了一條不同的道路：否認。東京的靖國神社從來就不接受其他國家都認可的歷史版本。它拒絕接受戰爭法庭的有罪判定；事實上，它似乎完全拒絕區分無辜者與負罪者。它一再試圖在這話題上混淆視聽，執意重建某些國家曾被容許享有的道德灰色地帶。

不過事與願違，靖國神社的企圖難以得逞。它終究無法逃出歷史的牢籠。主持靖國神社的神職人員試圖規避國家對過去的責任，結果反而激怒了日本的所有鄰邦，這些國家現在開始把靖國神社視為怪物的庇護所，而不是用來哀悼且值得尊敬的地方。

外界、尤其是西方人，對於靖國神社有著太多誤解，因此我們有必要先在此做些澄清。首

先，靖國神社並不像一些人想的那樣，只供奉在第二次世界大戰中戰死的士兵靈位，而是獻給自一八六八年明治維新以來在戰場上陣亡的所有日本軍人。早在一九三七年以前，這裡便已供奉了數萬條亡魂，比方說在一九〇四至一九〇五年日俄戰爭中倒下的士兵，第一次世界大戰的陣亡日軍，以及在入侵中國、台灣或朝鮮的戰爭中死去的日本兵。如果說裡面供奉的大多是二次大戰的亡魂，那也只是因為這場戰爭的規模大大不同。二戰過後，這裡的靈位數目增加了十七倍。今天，靖國神社裡共有超過兩百四十六萬六千個人名被當作神祇般列在登記簿上，其中百分之九十四為一九三七年至一九四五年的死者。

跟本書描述的其他地方不同，靖國神社不是一座紀念館或紀念碑；嚴格來說，它是一座祀堂，有點像教堂或寺廟。一般日本人來這裡祭奠祖輩，就跟美國人到阿靈頓公墓追念父親，或是英國人去法國的蒂耶普瓦勒紀念碑（Thiepval Memorial）[3]告慰自己祖父一樣。然而，死者並非葬於此處。更確切地說，這裡只供奉死者的靈魂：名字與其他細節被抄寫在紙卷上，然後存放在神社主神壇後方一個儲藏室裡。訪客來此表達敬意時，會站在祀堂前，先行深鞠躬禮，拍手兩次以呼喚神祇，然後祈禱。

在路過的遊客眼裡看來，一定很難理解為什麼這地方紛爭不斷。這裡氣氛宜人，絲毫沒有一點作秀或衝突的成分，你只感受得到安寧、優雅與和諧。當遊客從東面進入神社界址，會走

3 譯注：蒂耶普瓦勒紀念碑位於法國北部，是為紀念在第一次世界大戰期間於索姆河戰役（Battle of Somme）喪生的七萬兩千三百三十七名英國與南非士兵而建。

上一條長長的、兩旁長滿成年樹木的石鋪步道。在這裡，會看到精雕細琢的石獅，以及刻有銘文的巨石。一根柱子上站立著日本陸軍創始人大村益次郎的雕像，有點神似倫敦的納爾遜紀念柱。數十棵櫻花樹從正門開始一路列隊至神社前，在每年四月會像著火般盛放。神社另一邊有條陰涼走道，蜿蜒在一系列紀念碑與一座莊嚴的池塘花園間，鏡面般的池面偶爾因一條巨大錦鯉游過而浮現粼粼波光。

表面看來，靖國神社並沒什麼招人厭惡的地方。每個國家都得哀悼自己的戰爭死難者，日本也不例外。日本人民理應能夠進來追憶那些為偉大事業而死去的同胞，哪怕這偉大事業最終被證明是誤入歧途。犧牲者必須得到承認，在這座令人心焦的城市裡，恐怕沒有別的地方比這處平靜的避風港更適合處理這件事。

如果這是靖國神社傳遞的唯一訊息，自然不會造成爭議。然而，遺憾的是，有些訊息隱藏在松樹和櫻花樹間，使人們很難看清。

以散布在神社界址內的許多紀念碑來說好了。很少有人會對戰爭遺孀、動物、巡邏艇官兵，甚至神風特攻隊飛行員的紀念碑有意見。然而，神社後面還藏了一座日本憲兵隊的紀念碑，那是一個令人髮指的殘暴組織——日本憲兵隊不僅暴行遍及曾被日本征服的國家，他們也在日本國內恐嚇平民。大量無可爭辯的文獻列舉了這一令人懼怕的組織曾犯下的種種侵害人權的行徑。日本憲兵隊負責管理監獄及戰俘營，迫使數十萬平民與戰俘勞動至死或活活餓死；它負責經營軍隊妓院，逼迫成千上萬的婦女過著性奴的日子。它也負責鏟除並恐嚇任何表現出反戰情緒的日本百姓。在西方，性質跟它最近似的組織，莫過於納粹黨衛軍或前蘇聯的秘密警察。那麼，日本憲兵隊究竟為何在靖國神社享受如此尊榮的待遇？

更令人側目的，是另一座露天紀念碑，就位於神社旁不遠處——那是一九四六年，東京戰犯審判庭上其中一名法官拉達賓諾德・帕爾博士（Radhabinod Pal）的紀念碑。在東京審判庭上，十一位法官當中只有帕爾一人堅認所有的日本被告應該被判無罪。當時，他對所謂勝利者的正義，提出一些重大且合乎法律的論點；同時，對於同盟國就自身也犯過的罪行，來嚴厲審判日本領導人一事，他也頗有意見。儘管如此，除他以外的所有法官在各種程度上都同意，日本領導人應該對這場戰爭負責。此外，日本政府在一九五一年簽署《舊金山條約》時，也已接受戰犯法庭的判決。因此，日本無視絕大多數判決，堅持為帕爾豎立紀念碑，不僅歪曲了歷史，而且還發出一種強烈的政治訊息：日本沒做錯任何事，不需要為自己的行為承擔責任——這也是靖國神社社方面執意宣稱的觀點。

神社界址內的一座博物館（其入口處距離神社僅三十到四十公尺遠），則更進一步地混淆是非。我本著開放心胸，在這間博物館逗留了幾小時，但我在離開時，卻感到非常噁心。這博物館把日本之所以侵略中國的責任，全部甩到中國人頭上。它怪罪美國人造成了日本偷襲珍珠港。它指稱日本侵犯東南亞，並非打算完全自私自利地殖民這些地方，唯一的原因係出於把亞洲人民從歐洲統治者手中解放出來的無私願望。在我的職業生涯中，我大部分的時間都在嘗試勸說歐洲人正視他們過去所做過的可怕行為，包括某些以殖民主義為名犯下的罪行，但在這間博物館裡，這種無所不用其極的否認程度還真是讓我大大開了眼界。這裡完全見不到日本對這場戰爭或許負有部分責任的任何表態。

比起扭曲歷史，這間博物館更惡劣的行為或許就是避重就輕、刻意疏漏。博物館大廳放了一具當年曾經行駛在惡名昭彰的緬甸鐵路上的火車頭。我個人曾和當年修建這條鐵路的一些戰俘聊過，他們那時差點餓死：在構築這條鐵路的過程中，大概死了十萬人左右。戰後，有超過一百名日本軍官因在進行這項工程時暴虐無道而被起訴，其中三十二人被判處死刑。但關於這些事實，博物館全部都沒提到。對這間博物館而言，火車頭就只是火車頭，象徵現代化，由日本車輛製造株式會社榮譽出品。

這只是眾多遺漏中的一個而已。博物館睜眼說的瞎話還包括南京大屠殺（委婉稱之為「南京事件」），它被描述成單純的軍事行動，只殺了若干穿上平民服裝的中國士兵，並沒殺害百姓。此外，關於慰安婦的事情也隻字未提。日軍未曾對中國平民進行活體實驗，或是對異議分子施以酷刑；也未曾讓印尼人遭受饑荒；更不曾在馬尼拉屠殺婦女與兒童。然而，這些事件在全世界都是眾所周知，而且經過了反覆再三的證明——舉證者除了外國歷史學者，還有日本歷史學者。但是，這些事件在博物館裡完全消失了。

——

所有的這一切，全部都有問題，但它們還不是靖國神社爭議如此之大的主因。沒人出面解釋為什麼二〇一一年一名中國男子試圖縱火焚燒神社大門。沒人出面解釋為什麼二〇一三年一名韓國男子把一瓶油漆稀釋劑扔進大堂，或者為什麼二〇一五年又有人在此引爆炸彈。這些攻擊並不是針對博物館或紀念碑，而是直指更根本的核心：靖國神社本身，以及入祀於此的亡魂。

靖國神社之所以被日本鄰國憎恨，是因為它不是一個單純供奉服從命令、執行任務陣亡的普通日本士兵的機構——自一九五〇年代末以來，靖國神社一直都是一個公開且露骨地供奉被定罪戰犯亡魂的機構。

這個問題要從一九五九年說起。直到當時為止，被定罪的戰犯仍不被允許入祀。話雖如此，某些戰犯家屬卻始終為了入祀資格而四處奔走遊說，最後他們成功爭取到日本厚生省支持。厚生省於一九五六年開始把乙級和丙級戰犯的名字交付給靖國神社；三年後，這批亡魂開始入祀合奉。

從一九五九年四月到一九六七年十月，大約有九百八十四名乙、丙級戰犯入祀。這些戰犯都曾親自參與執行在亞洲各地對囚犯和無辜平民的大規模殺戮、剝削與酷刑。入祀程序悄悄地進行，一方面為了避免引起公眾強烈反對，另一方面也為了規避來自宗教和政府相關單位的責難——因為如此行徑已公然違反日本新憲法。而且，看樣子神社方面甚至沒有徵求入祀者家人的許可，因為有些人對他們親屬做過的事情深感羞愧，認為自己的親人不配獲得這般榮耀。

一九六九年，厚生省與靖國神社達成一項協議，打算讓十四名日本甲級戰犯入祀。這些人雖未親自犯下暴行，卻是高層官員，也就是那些策劃並發動侵略戰爭的罪魁禍首。打從一開始，讓這些人入祀就是意識形態驅使下的計畫。厚生省幾名官員及靖國神社的幾位神職人員，他們之前都是軍人，而且從來就不接受東京大審判的判決。靖國神社宮司（即神社的最高負責人）筑波藤麿接到名單後審慎考慮了好幾年；但在他死後，繼任者松平永吉卻快馬加鞭地進行下去。在一九七八年十月十七日的一宗秘密儀式上，他讓這十四名甲級戰犯入祀合奉。

所有的步驟都被省略了。在一九六〇年代和一九七〇年代，日本反對和奉的人遠遠多於支持的人。這絲毫不奇怪，畢竟這些入祀者違背了一切道德準則，給日本帶來了恥辱。靖國神社之所以對這件事諱莫如深，是想避免引發公眾對此事的撻伐。

日本天皇似乎也不贊成這次入祀。一九四五年至一九七五年，日本昭和天皇曾八次參拜靖國神社，但自從甲級戰犯入祀合奉後，他就再也沒去參拜過了。在他死後，他的兒子明仁天皇也一樣，從來沒有參拜過靖國神社。

然而，日本首相們卻表現得不是那麼顧全大體。一九八五年八月，日本首相中曾根康弘前往靖國神社致敬，作為終戰四十週年紀念活動一部分。他的參拜，意味著官方對靖國神社及其所做一切表示一定程度的認可，卻也首次引發中國人的批判風暴。二〇〇一年，競選自民黨主席的小泉純一郎曾在競選政見中承諾，不論引起外界如何批評，他每年都會參拜靖國神社。他聲稱將以私人身分參訪，但他的競選承諾卻擺明事實並非如此。他的參拜再一次點燃中國與韓國的怒火。二〇一三年，日本首相安倍晉三也參拜了靖國神社，儘管他知道這麼做只會對國際關係造成進一步傷害。

如今，人們已很難找出方法來加以補救這種局面。有些人建議將日本戰犯的亡魂「除祀」或轉移到另一個地方，但靖國神社的神職人員堅稱，出於神學理由，這辦不到。然而，他們忘記提及的是，這麼做也將違背靖國神社方面自一九五〇年代以來所奉行的政治信條。對神職人員而言，將負罪者與無辜者混為一談沒什麼不妥，就如同容許秘密警察紀念碑和一個充滿誤導與否認的博物館存在於界址內一樣。他們覺得無所謂。這一切同樣都是為了混淆視聽，以逃避日本需對二次大戰負責一事。

靖國神社的支持者指出，英國和美國的相關機構也經常在道德上模棱兩可，並逃避類似罪責，特別是對於轟炸行動及在東南亞的殖民事蹟。他們也把矛頭指向中國；相較於自身的人權爭議，中國更樂於強烈譴責日本的戰爭罪行。他們的論點似是而非——這些人會想，為什麼要用和其他國家不同的標準看待日本？但他們忽視了一種本質上的差異。西方國家至少一直朝著正確方向前進，其中否認罪責的聲音大致上已日漸式微。經年累月，他們願意放下幾許尊嚴，進而承擔更多責任。靖國神社卻完全背道而馳，非但沒有稍微軟化否認的態度，立場反而越來越強硬。

一路走來，不僅戰爭中慘遭日軍殺害者的家屬痛苦不堪，就算日本人民也備受其擾。要不是靖國神社方面的敗德行為，日本家庭便可安心前來此地，不必去想戰犯的罪行。他們本來可在此向祖先表達敬意，不會遇到極端民族主義者揮舞標語或用大聲公對他們大呼小叫，也不必擔心可能發生縱火事件或炸彈攻擊。

來到這裡的普通日本百姓已不得不扛起歷史的重擔。如今，由於這種醜惡的權力遊戲，人們每一次的參拜行為都成了政治舉措，荼毒了過去，也威脅著未來。

靖國神社

◆**所在位置**—日本東京千代田區

◆**建立宗旨**—供奉自一八六八年明治維新以來在戰場上陣亡的所有日本軍人

◆**設計者**—伊藤平左衛門（本殿建築）、伊東忠太（中門、石鳥居）

◆**占地面積**—約九千三百平方公尺

◆**創建日**—一八六九年七月二十日（本殿於一八七二年完工）

◆**現況**—目前，該神社共供奉兩百四十六萬六千餘名陣亡者，其中包含十四名甲級戰犯，分別為：東條英機、土肥原賢二、木村兵太郎、廣田弘毅、板垣征四郎、武藤章、松岡洋右、永野修身、白鳥敏夫、平沼騏一郎、小磯國昭、梅津美治郎、東鄉茂德、松井石根。此外，日本天皇自一九七八年甲級戰犯入祀之後，就不曾前來參拜。

第15章

墨索里尼之墓

——這裡就是我們的聖地。

義大利
皮雷達皮奧

時間是二〇一八年四月二十八日，一條長長的人龍正從義大利中部的皮雷達皮奧村（Predappio）緩緩走出。隊伍裡有好幾百人，幾乎個個身穿黑衣，好像準備參加葬禮。他們莊嚴而緩慢地沿著自由大道（Viale della Libertà），向聖卡夏諾教堂（San Cassiano）及附屬墓園行進。不少人頭戴奇形怪狀的黑色帽子——有的是土耳其式平頂帽，有的是斜扁帽，還有人甚至戴上飾有黑羽毛的老派軍用頭盔。有些人手上拿著印有老鷹標誌的義大利國旗，有些人則帶著印有軍隊番號和軍樂隊名稱的布幡。隊伍中其中一人舉著一面標語牌，上面寫著 *Gli hanno sparato, ma non sono riusciti a ucciderlo*，即「他們向他開槍，但沒能殺死他」。

任何不了解義大利及其歷史的人，若是認為這些人是來參加一名最近被謀殺者的葬禮的話，是情有可原的；事實上，他們來此是為了紀念一名七十三年前死去的人。義大利在二戰時期的法西斯獨裁者貝尼托．墨索里尼（Benito Mussolini）就出生於這個村莊，也葬在這裡。他的遺體被下葬在位於聖卡夏諾教堂下方的家族墓穴，而這群人則是來緬懷他的過往事蹟。他們每年都要這樣舉行三次——在墨索里尼的出生週年日（七月二十九日）、去世週年日（四月二十八日），以及在他和他的追隨者進軍羅馬、奪取政權的週年日（十月二十八日）。

這場聚會有種說不出的詭異，很少有當地村民參加，村中居民普遍來說並不喜歡遊行。這些人身上的黑襯衫，讓人想起墨索里尼惡名昭著的法西斯民兵團的制服；他們旗幟上的一些標語，例如 *Onore e fedeltà*（榮譽與忠誠）或 *Boia chi molla*（懦夫去死），也給人同樣的聯想。他們攜帶的所有圖符全都來自過往，例如老鷹、匕首、凱爾特十字（Celtic Cross）[1]，而且處處可見到法西斯的象徵——一束棍棒中插著戰斧。這些符號現今仍屬禁忌，而此刻人們卻公然恣意地攜帶身上。

但最讓人毛骨悚然的，是彌漫在人群中的某種宗教氣息。在義大利，全國各地的村莊每年都會舉辦類似這樣的遊行，但通常是為了紀念聖母瑪利亞或當地的聖人。然而，今天的活動卻是為了紀念一個被世上大多數人視為怪物的人。這群人不是去天主教聖人或使徒的墳陵朝聖，而是去朝拜一名法西斯獨裁者的陵墓。

當遊行隊伍抵達墓園，埃達・墨索里尼（Edda Negri Mussolini）站在台階上簡短致詞。「我們來這裡，是為了紀念我的祖父，」她說，「我們在此神聖之地獻上我們的敬意。」這番話讓人摸不著頭腦，不確定她所謂的神聖，是因為一旁便是教堂，還是因為墨索里尼葬在此處。

如果說靖國神社因為混淆了負罪與無辜的界線而罪無可赦，那麼墨索里尼的靈堂則可說是明目張膽、毫不遮掩。這地方所代表的意義再清楚不過，而且毫無歉意。

——

墨索里尼並非從石頭中迸出來的。在一九二〇年代初，他只是信誓旦旦要終結一次大戰後國內的連月動盪及內亂的眾多人士之一。墨索里尼與其大多數對手的差異在於，他不怕使用暴力來達成目的。他的追隨者用暴力驅散罷工與示威遊行，無情追捕共產黨領袖和工會代表。事實證明，這種手段相當有效；墨索里尼很快就贏得企業主、軍方領袖和義大利貴族鼎力支持。

不幸的是，墨索里尼的野心並不僅止於壓制工人罷工。一九二二年十月，他的三萬名追隨者向羅馬進軍，要求總理路易吉．法克塔（Luigi Facta）辭職。義大利國王維克多．伊曼紐三世（Victor Emmanuel III）害怕發生進一步暴力事件，索性把權力交給墨索里尼。在接下來的幾年，他和他的追隨者利用到手的權力威嚇政治對手，暗殺那些擋他路的人，剝奪人民選擇其他領導人的權利，從而建立了一個警察國家。墨索里尼可說是為希特勒及佛朗哥等法西斯獨裁者提供了現成榜樣。他的諸多惡行實在罄竹難書，連年的種族淨化、政治暴力，終至為世界大戰埋下禍根。

墨索里尼一再表示，他的目標是要藉由爭戰與征服，讓義大利重返古羅馬帝國榮光。

一九二三年，他攻占希臘科孚島（Corfu）並拒絕撤軍，直到希臘償付一筆贖金。一九三五年，他入侵衣索比亞，並曾以書面命令指揮官使用毒氣攻擊平民，殺光所有俘虜，並「有條不紊地對叛亂分子及同黨展開一場恐怖與滅絕的政治行動」——即便在當時，這些也全是戰爭罪。

一九三七年，他派遣數千名士兵到西班牙為佛朗哥（Francisco Franco）[2]撐腰，在瓦倫西亞與巴塞隆納進行恐怖攻擊。一九三九年，他出兵阿爾巴尼亞；一九四〇年則試圖入侵希臘和埃及。以上全都是與希特勒毫無瓜葛的獨立軍事行動。他為支持納粹德國所進行更窮凶惡極的殺戮行為，只不過為他的事蹟錦上添花罷了。

1 譯注：凱爾特十字是北歐古民族的崇拜符號，咸認後來與天主教結合呈現形如一個頂著圓環的十字架。到了近代，該符號曾被新納粹主義採用，後遭德國政府全面禁止出現在公共場所。

2 譯注：法蘭西斯科．佛朗哥（1892－1975），西班牙獨裁者，在一九三九年贏得內戰勝利、統一西班牙全國後，便成立法西斯主義政權，實施獨裁統治直至去世。

直到今天，有關墨索里尼的許多神話仍在流傳。其中一說，是說他不是種族主義者，理由是他的政權並未像納粹那樣追捕猶太人。不過，任何一位研究過一九二〇及一九三〇年代利比亞種族淨化的人可能對此無法苟同。當時，墨索里尼親自指示利比亞總督彼得羅·巴多格里奧（Pietro Badoglio）將義大利人與利比亞人的通婚定為犯罪，因為他擔心義大利民族可能會被外國血液汙染。儘管他一再聲稱自己對猶太人和穆斯林沒有惡意，但他的所作所為更勝於雄辯。一九三八年，他在處於權力頂峰時，將種族法引入義大利，這與希特勒的反猶太的《紐倫堡法案》並無多大區別。

另外還有一說，就是不管墨索里尼是對是錯，至少他讓火車準時到站——這就好像說，制度性的暴力和個人自由的喪失，是人們為了能準時上班而付出的代價。這跟其他很多關於墨索里尼的傳說一樣，都是他自己宣傳出來的效果。我們只需翻閱一下一九三〇年代新聞記者的旅行日記就能看出，在這位獨裁者統治期間，義大利的火車仍是一塌糊塗。根據一九三〇年在義大利當快遞員的美國記者伯根·埃文斯（Bergen Evans）的記載，這不單是幾班火車的問題。他寫道：「義大利大部分的火車都無法準時，或者接近準點到達。」若是談到公共基礎建設專案，墨索里尼並沒做得比其他歐洲領導人好，就連那些不覺得有必要剝奪民眾權利的國家領導人，他也比不上。

第二次世界大戰終究導致了墨索里尼垮台。他在戰爭中兵敗如山倒，原有的擁護者開始疏離他。到了一九四三年，連他自己成立的政府都已無法再忍受他。該年七月，大議會投票決定廢除墨索里尼的獨裁權力。他被逮捕並軟禁在義大利南部的阿布魯佐（Abruzzo）的豪華度假山莊，而他的繼任者彼得羅．巴多格里奧主動向同盟國求和。

那年秋天，墨索里尼被營救出來。那次行動很有名，但執行者並不是自己人，而是德軍特種部隊。接著，在德國人安排下，他成為義大利北方的傀儡政權領袖。義大利極右派民族主義人士選擇忘記這件史實；真要說起來，從一九四三年到一九四五年，墨索里尼並非為義大利而戰，而是為德國而戰。

到頭來，此時的墨索里尼將他對衣索比亞人和利比亞人施加的暴行，轉向了自己的人民。在德國人幫助下，他安排處決了一批曾經起事對抗他的政府成員，其中還包括他自己的女婿齊亞諾伯爵（Count Ciano）。在德國人的協助下，他的追隨者殘暴鎮壓了義大利人民的所有反抗活動。在波隆那海神廣場陳列的肖像（見第六章）中，許多人曾遭受折磨並被處決，但對他們下手的不是德國人，而是他們的義大利同胞。

德軍所犯下的某些罪大惡極的暴行，是在義大利人的積極配合下完成。例如，在聖安娜斯塔斯塔馬（Sant'Anna di Stazzema），大約有五百六十名村民遭到屠殺，以報復該地區的抵抗活動。受害者包括老人、孕婦和大約一百名孩童。主謀者是納粹黨衛軍，但他們得到了義大利第三十六黑衫旅（XXXVI Black Brigade）的幫助。值得注意的是，每一支黑衫旅都是以一個著名法西斯領導人物命名，而第三十六旅則被特別取名為「貝尼托．墨索里尼」。

這是一個每年三次在皮雷達皮奧遊行中備受表彰的人。在戰爭最後兩年中，他的極端民族主義意識形態所招致的直接後果，讓義大利北部陷入殘酷暴行的水深火熱。他頌揚絕對暴力、完全漠視法治——每當他的現代門徒向他的墳墓獻上花圈，都是在讚賞他的這些特質。

墨索里尼最終自食惡果。一九四五年春天，在盟軍進逼下，德軍對義大利北部的控制徹底崩潰，義大利全民爆發了反法西斯統治的起義。墨索里尼在嘗試逃亡時被游擊隊逮獲。他和情婦克拉拉·貝塔奇（Clara Petacci）隨即在路邊被處死。後來，他們的屍體被運回米蘭，並被丟棄在洛雷托廣場（Piazzale Loreto）——這是刻意挑選的地點，因為一年前曾有十五名游擊隊員在此地被法西斯分子處決。

墨索里尼的屍體很快就招引來一大群民眾，其中一些人還對著死屍又踢又打，以發洩心中憎惡。有個女人試圖把一隻死老鼠塞進墨索里尼嘴裡；還有人把一塊卑微且寒酸的黑麵包塞到墨索里尼手裡，似乎是在說，墨索里尼終於淪落到跟被他迫害的人一樣貧窮、可鄙的下場。據說，有一名婦女朝著墨索里尼的屍體開了好幾槍，每開一槍都是為了她死去的每個兒子。最後，游擊隊插手介入，以免屍體遭到更多凌辱。為了繼續向人群展示這兩具屍體，以證明法西斯領導人確實死了，他們將屍體頭下腳上、倒掛在加油站屋頂上。克拉拉·貝塔奇的裙子被繫在腿部，以免過於不雅。人們拍下了照片，隨即出現在全國各地的報紙上。

接下來發生的事情既離奇又駭人。墨索里尼被埋在米蘭公墓一座沒有標記的墳墓裡，但在大約一年後，被一個名叫多梅尼柯·萊切西（Domenico Leccisi）的記者和兩名前法西斯黨羽挖了出來。在接下來幾個月中，他的屍體被人移來移去，直到當局最後在帕維亞（Pavia）郊外一座修道院查獲：屍體被兩名方濟會修士藏在那裡。

如果當初將屍體火化，或在海上處理掉，或許事情早就一了百了，但是官方態度猶豫不決。足足有十多年時間，這具屍體一直被藏在一座位於切羅馬焦雷小鎮（Cerro Maggiore）的修道院裡，而後續好幾任政府對於此事的處理態度莫衷一是。最終，在一九五七年，新任命的總理阿多內・佐利（Adone Zoli）同意將遺體歸還墨索里尼家族，並允許將其埋葬在皮雷達皮奧的家族墓穴。佐利領導的少數派天主教民主黨政府地位尷尬，相當倚賴新法西斯分子的選票，這大概不是巧合。

一九五七年九月一日，墨索里尼終於被重新安置在一座飾有法西斯符號的石棺裡。在石棺上方的壁龕中，擺著一尊大於真人尺寸、以白色大理石製成的墨索里尼胸像，兩旁都有石雕壁板。光源從上方照亮整個空間，仿佛上帝的光芒照在墨索里尼身上。

從此以後，皮雷達皮奧小鎮成了全世界新法西斯主義者的朝聖地。墨索里尼出生的房子一直以來都是旅遊景點。鎮中心有紀念品商店，販售的商品從印有法西斯口號的T恤和鑰匙圈，到納粹黨旗和真人大小的「領袖」（*Il Duce*）[3]本人半身像。嚴格來說，這些商店全都違法——從一九五二年開始，凡是美化法西斯主義的「擁護者、教條、事蹟、方法」都屬違法，但小鎮當局對此裝聾作啞。起訴店主兜售極右派懷舊小飾物顯然不被視為當務之急。

然而，對大多數新法西斯遊客來說，這地方的精神核心始終是墨索里尼的墓地。這些年來，

3 譯注：義大利文 *Il Duce* 一詞有元首、領袖之意，因為墨索里尼在戰爭期間使用此稱謂而著稱，就如同德文中的 *Der Führer*（元首）一詞後來多被用來代指希特勒。

這地方已經變成拜物者的一個現成對象。據義大利《新聞報》（*Il Giornale*）報導，每年都有多達二十萬名遊客前來參觀，其中許多人似乎對墨索里尼產生了宗教崇拜般的依戀。二〇一八年，一名遊客對《華盛頓郵報》的記者說道：「這個地方就是我們的伯利恒（Bethlehem）。」[4]他坦言自己每年都會造訪小鎮好幾次，以感謝墨索里尼為世界所做的一切。他並非唯一一個將墨索里尼視為宗教或神話中救星的人。墓前的祭壇上擺放著訪客手冊，裡面有幾段文字是促請這位前獨裁者「再次崛起，拯救義大利」。

走進埋葬墨索里尼的墓穴，回到過往的感受強烈無比，彷彿觸手可及，當下幾乎不可能不感覺背脊發涼。然而，從學術意義上講，這裡根本沒有真正的歷史可言。這裡沒人對墨索里尼做出蓋棺定論。沒有任何文獻用來權衡他的功過是非。對那些證明他是戰犯的壓倒性證據，這裡也隻字不提。這是一個納骨的靈堂，不是博物館；當地居民並未以對這名法西斯獨裁者的回憶提供適當導引，徒然留給他的辯護者們一個可恥的懷舊之地。

我上一次造訪此地是在二〇一八年，當時小鎮的主管當局正計畫在鎮中心建一座合宜的博物館來填補這些空白。他們堅信這是從那些濫用古蹟的人手中，奪回他們的城鎮的唯一途徑。無論他們是否樂意，皮雷達皮奧都是其自身歷史的囚徒；它唯一的明智之舉，就是認同這段歷史並加以主導。小鎮方面希望，有了一座合宜的博物館後，這裡至少能夠吸引那些對義大利過去「真實發生」的事情感興趣的遊客，而不是僅有對墨索里尼抱持個人崇拜的信徒。

然而，這項計畫的批評者擔心，修建墨索里尼博物館可能反而變相強化該鎮的惡名，並使它成為新法西斯主義者更會慕名前來的地方。有若干歷史學者已對此計畫表示反對。當我人在那裡的時候，義大利全國反法西斯政黨聯盟主席卡拉．奈斯波羅（Carla Nespolo）也表達了她的擔憂：不論在皮雷達皮奧建了什麼博物館，都將成為「法西斯崇拜者的朝聖殿堂」。這是個問題，無法輕易回答。

皮雷達皮奧的很多居民都希望當初墨索里尼的屍體沒被發現。他們說，假如屍體仍留在沒有標記的墳墓裡，也許如今就不會有新法西斯遊行帶來的麻煩，這些遊行使他們小鎮的惡名遠播全義大利。但誰也不能保證若墨索里尼屍體不存在，情況就會改善，不論是對皮雷達皮奧還是全義大利來說都一樣。不存在的屍體，它本身就可能形成另一種存在。或者，簡單地說，一具找不到的屍體反而會變得更無所不在。

在下一章，我會帶大家觀察另一個國家，那裡從未發現其法西斯獨裁者屍體的埋葬地點。德國對待自己戰時歷史的作法，在許多方面都樹立了最好的典範。德國嚴格執行對納粹標誌及對頌揚希特勒的禁令。在德國，絕對沒有任何地方像皮雷達皮奧成為墨索里尼聖地那樣，可供希特勒容身；此外，這種有某個地點年年允許紀念希特勒並進行宛如宗教遊行的想法，根本是在作夢。

4 譯注：伯利恆位於耶路撒冷南方，被基督徒視為耶穌的出生地。

然而，這並不代表德國人晚上就能睡得安穩。他們和義大利人一樣難以逃離自身的歷史。而且他們面對的情況或許更加嚴重也說不定——因為在德國某些地區，隨便轉身都會踩進歷史的陰影，特別是在柏林。

墨索里尼之墓

◆**所在位置**—義大利皮雷達皮奧，聖卡夏諾教堂，墨索里尼家族墓穴

◆**設計者**—未公開

◆**胸像尺寸**—真人大小

◆**創建日**—一九五七年九月一日

◆**現況**—二〇一七年，地下墓穴暫時關閉進行整修。二〇二一年五月二十三日，由墨索里尼的兩位曾孫女奧索拉與維多利亞（Orsola and Vittoria Mussolini）主持典禮，重新開放參觀；但根據媒體報導，在典禮前的五月二十日，儘管兩人曾一度宣布地下墓穴將會提早開放，墨索里尼家族的另一名後代瑞秋（Rachele Mussolini）卻於臉書上以「墨索里尼家族」署名發表聲明否認此事，更指出墓穴將會持續關閉。

第16章

希特勒地堡及恐怖地形圖紀念館

©Stiftung Topographie des Terrors/CC BY-SA 3.0

——他沒了形體，卻無所不在。

德國柏林

©Bundesarchiv, Bild 183-V04744/ CC-BY-SA 3.0

©Bundesarchiv, Bild 183-M1204-319/ CC-BY-SA 3.0

©Hnapel/Wikimedia Commons CC BY-SA 4.0

阿道夫．希特勒（Adolf Hirler）沒有墳墓。在二戰的最後幾天，當柏林被團團包圍並不斷遭到轟炸，希特勒躲進了帝國總理府花園下方的地下堡壘。眼看他的統治已經結束了，這個被稱為二十世紀最大怪物的人決定自殺。他的這項決定似乎部分出於不想讓任何人有機會親手殺他來過癮，不過主要還是為了保有對自己身體的自主權。當時，他已聽說墨索里尼的屍體在米蘭出了哪些事，所以不想落得同樣丟人的下場。

於是，一九四五年四月三十日，在墨索里尼死後兩天，希特勒舉槍自盡。他的長期情婦、當時已成為其妻子的伊娃．布勞恩（Eva Braun），也在同時間咬破氰化物膠囊自殺。然後，按照希特勒的書面指示，他們的屍體被抬到地堡外一個彈坑裡，澆上汽油，然後焚毀。等到屍體燒完後，再將彈坑用泥土與碎石覆蓋起來。

幾天後，蘇聯紅軍攻陷柏林，一隊施密爾舒（SMERSH）[1]反情報特工前往尋找希特勒的屍體。結果，他們在那淺淺的彈坑墳裡發現了希特勒和伊娃．布勞恩焚燒剩下的殘餘物，也找到希特勒的宣傳部長約瑟夫．戈培爾（Josef Goebbels）與他的妻子（希特勒自殺後不久，他們便殺了自己孩子然後自殺）的遺骸。這些殘骸被帶走並接受檢驗，沒多久就透過牙醫記錄比對，驗明了希特勒的身分。

但接下來，蘇聯當局面臨了一道難題：該如何處理這些遺骸？起初，他們先是將其埋藏在布蘭登堡（Brandenburg）的一處森林裡，但後來又覺得不夠安全。所以在幾個月後，他們又

1 譯注：施密爾舒為俄語「蘇聯國防人民委員部反間諜總局」的縮寫。

挖出遺骸並轉移到施密爾舒設在馬德堡（Magdeburg）的一處基地。一九七〇年，為了杜絕希特勒墓地成為納粹聖殿的任何可能，他們最終又挖出所有遺骸，並將它們徹底燒盡。粉碎後的骨灰被倒進附近一條河流，隨波沖向大海。

—

沒了屍體，就沒有墳墓，但人們仍然擔心希特勒地堡可能會變成一座神龕。畢竟，這是他自殺的地方，很有可能會像圖騰一般，被賦予某種力量。蘇聯最不希望見到的，就是它成為新納粹藉以重新集結的象徵。

因此，他們繼續朝著全面摧毀整個遺址而努力，就如同摧毀希特勒的屍體一樣。但這件事情做起來並不容易。這座地堡是為了抵擋盟軍所有武器中最大的炸彈而打造的。天花板厚達三點五公尺，使用鋼筋混凝土製成，而且內部牆壁還要更厚。一九四七年，蘇聯紅軍精銳試圖炸毀這地方時，成功摧毀了地堡入口、通風塔及許多內牆，但其主體結構基本上仍完好無損。

一九五九年，他們再次嘗試，並展開進一步爆破行動。炸碎的土石堆積到鋼筋混凝土結構的頂部，地堡入口也被堵死。然而，各式各樣的隧道仍然存在於地堡中；東德秘密警察曾於一九六七年再次打開地堡進行攝影。

一九八〇年代，東柏林當局決定徹底清除地堡延伸至地面的所有痕跡。他們在帝國總理府舊址上蓋了一座公寓大樓；在挖掘地基的同時，他們還拆除了地堡的混凝土屋頂，並用礫石、沙子和其他碎屑填滿了整個地堡。他們將整片地區夷為平地，並計畫在其上方建一座停車場。根據目測，整個地堡已消失得無影無蹤。

直到今天，這裡仍然沒有靈堂。希特勒地堡舊址上沒有博物館，也沒有遊客娛樂設施。這裡甚至沒有一塊牌匾或石塊用來標明地堡曾經的所在位置，只有路邊一個相當破爛的資訊板，上面用極為簡短的德語和英語描述地堡的歷史。

我去過這個地方，但就那麼一次，而且只待了十分鐘。這並不是因為我擔心會讓人誤以為我在向希特勒「致敬」，而是因為這裡實在沒什麼看頭。這正是當局整修這地方的初衷——如果你想體驗脊背發涼的感覺，或是對「元首」及其遺志發夢，那你可來錯了地方。這裡連一張可以坐下的長椅都沒有。

然而，這地方仍然有些令人不安。企圖以這種方式抹去希特勒的一切痕跡，讓人聯想起納粹所採取的一些極權主義作為，例如利迪策（Lidice）滅村[2]或夷平華沙的行動。或許當局對希特勒地堡的處理方式並沒什麼不妥之處。儘管如此，這仍感覺像是一種否認。當年的東柏林可能想假裝這地方只是有一棟普通公寓，前面有座普通停車場，但它並不是，也永遠不可能如此。希特勒地堡會永遠在那裡，就在地表之下。

2 譯注：二戰期間，納粹德國派駐捷克的高官萊茵哈特．海德里希（Reinhard Heydrich）在布拉格附近遇刺，納粹為進行報復，屠殺了被懷疑掩護刺客的利迪策村整村人口。

二戰結束後，德國人強烈渴望自己國家完全擺脫過去，並開始把一九四五年稱為「零年」，彷彿這場戰爭把過去的一切一掃而空，全國上下都有機會從新來過。一系列的大清掃隨即展開。納粹官員被逮捕並撤換。納粹法律被廢止。納粹標誌被禁用；希特勒雕像被拆掉，街道也被重新命名。德國人匆匆掩埋了過去的尷尬，舉國上下嘗試把注意力集中於未來。

不過，希特勒地堡並非戰後唯一被摧毀的、具有歷史意義的建築。毗鄰的威廉大街（Wilhelmstrasse）與阿爾布雷希特王子大街（Prinz Albrecht Strasse，後改名為尼德爾克爾新納大街〔Niederkirchnerstrasse〕）還矗立著納粹黨衛軍總部、帝國安全總署，以及其他一干施加國家恐怖的主要機關。這些建物在納粹統治時期一直惡名昭著，尤其是位於阿爾布雷希特王子大街八號的蓋世太保總部，納粹曾在那裡刑求拷打所謂「國家的敵人」。儘管建築在轟炸中局部受損，到了戰後仍在可以修復的程度。然而，一九五〇年代初，這些建築被拆除了一部分，其餘部分則在一九五六年被炸毀。沒人打算紀念曾經矗立於此的事物。

如果不是冷戰的關係，這地方很可能會和希特勒地堡一樣，在戰後變成一處毫無特色的公寓。一九六一年，柏林圍牆沿著這個街區建起，整塊地從此一直空著。

到了一九八〇年代，西柏林的氣氛發生了巨大變化。人們渴望重新面對過去，承認難以忽視的往昔陰影並加以紀念。政府在蓋世太保總部舊址上修築一條新街道的計畫曝光時，一批西方建築師和民權組織提出抗議。於是，政府最終只挖掘了一部分遺址，並在地面豎起一系列資訊看板，說明這地方曾經存在何等事物。一九八七年，這塊地作為柏林建城七百五十週年慶典的一部分向民眾開放，並被命名為「恐怖地形圖」（Topography of Terror）。

一九九〇年德國統一後，柏林議會決定將這裡定為永久紀念地。剛開始，這項企圖似乎一籌莫展，但到了二十一世紀初，他們在蓋世太保總部舊址上蓋了一個研究中心。自二〇一〇年以來，一個記錄納粹國家罪行的常設展一直在此展出。它現在是柏林人氣最高的紀念場所之一，每年吸引約一百三十萬遊客造訪。

話說回來，在此計畫的核心仍然存在一絲缺憾。雖然恐怖地形圖的修建要比希特勒地堡正面許多，但缺憾畢竟是缺憾。「看看德國曾經的模樣，」它儼然這麼說著，「我們今天並不是這個樣子。」為了充分強調這一點，遺址的其餘部分都被刻意而誇張地騰空了。曾經矗立著專門恐嚇人民的辦公室的所在，現在成了一片廢墟。這裡不允許任何東西生長。這裡沒有一草一木，它是一片不毛之地。這便是納粹主義的遺緒：死亡、空泛、虛無。

希特勒地堡與恐怖地形圖，這兩個地點是當今德國納粹主義遺緒的絕佳隱喻。

希特勒地堡是德國將自身從歷史中解放所做的嘗試。東柏林的蘇聯當局認為，他們可以埋葬過去，就像掩埋希特勒地堡一樣。其實西方也別無二致；他們強烈相信，只要德國人把精力集中在建設一個更光明的新未來，就能將不久前的恥辱拋諸腦後。然而，無論他們自認掩飾得有多麼好，一層遮羞布終究無法抹煞歷史。

從那以後，德國的報紙每隔幾年就會爆出新醜聞，讓陳年往事戳穿薄薄的遮羞布。時不時地，便有某位德國警察局長、企業老闆或諾貝爾獎得主被揭發具有納粹背景。有時候，歷史學者還會像一九八〇年代時那般，故態復萌暢言利弊，說納粹沒那麼壞，說他們的罪行源自其他地方，或是說只有少數人真正有罪。或者，就像今天發生的那樣，新的政治團體成立了，擁護那些人人都以為早已消亡的種族主義或民族主義觀點。每次這種事情一發生，總是舉國震驚，因為大家都曾被告知，過去的怪物已被消滅。似乎每一代人都必須從慘痛教訓中認知，歷史不僅是在另一個時代發生在另一個民族身上的事，而是我們此時此刻依舊無法抗拒的力量。

相較之下，恐怖地形圖則從完全相反的方向來描述歷史。它嘗試透過正面對抗來戰勝過去。在這裡，納粹主義的罪行被攤在聚光燈下，接受法醫般的仔細檢驗。幾乎沒有否認的餘地。德國的過去就像一隻嚇壞的動物躺在紀念碑無邊無際的廢墟上，曝露於曠野之中，無處藏身。

像是恐怖地形圖的地方，在柏林不只一處。在短短的步行距離內，就有幾十個類似地點：大屠殺紀念館（詳見本書第十九章）、猶太博物館、辛提人和羅姆人屠殺紀念碑（Memorial to the Sinti and Roma Victims of National Socialism）、同性戀受害者紀念碑、新崗哨（The Neue Wache，全名為德意志聯邦共和國戰爭與暴政犧牲者紀念館）、倍倍爾廣場（Bebelplatz）上的焚書紀念碑「空蕩的圖書館」（*The Empty Library*）[3]、德國抵抗運動紀念中心、那些被帶走的猶太人屋外的「絆腳石」——諸如此類的紀念碑不勝枚舉。威廉大街上幾乎每棟建築外頭都有一面資訊板，說明該建築的歷史，以及它在二次大戰期間的功能。有時，整個柏林市中心看來就像一座露天博物館，彷彿展示著此地混亂的戰時光陰與冷戰的過往。

當你一頭栽進如此豐富的資訊泥沼，以及隨之而來的集體負罪感中，即便身為局外人，也會感到窒息難耐。我第一次帶著孩子們參觀柏林時，看著他們對這座城市的歷史最初抱持的熱情逐漸被令人沮喪的細節澆息：他們感到不得不轉過身去，把精力集中到柏林更具當代感的樂趣上。如果這就是英國青少年體驗德國歷史的方式，那麼每天被迫與那段歷史共處的德國青少年又該作何感想？

然而，人們又有什麼別的選擇呢？我們要麼接受自己的歷史，要麼不承認它。但我們絕對無法改變它。

德國人和我們每個人一樣，隨著自身環境演變和所處時代的政治氛圍，在接受或否認這兩種立場間變換。他們覺得勇敢時，會直接面對自己的歷史。他們會嚴肅地承認，大多數機構、大多數公司、大多數建築和大多數家庭，都有某種納粹的過去。他們將做好準備，為防止過去在今日重演而進行長期抗戰。他們會說，在我們所做的每一件事當中，都有一點希特勒的陰影，一旦我們忘記了這一點，就會自食惡果。

但有時，過去那種毫不妥協的陰鬱會讓他們難以承受，於是他們會轉身想逃。他們會開始

3 譯注：一九三三年五月，納粹在倍倍爾廣場燒毀了兩萬本書，其中大多是猶太作家、共產主義等思想著作。《空蕩的博物館》由猶太藝術家米哈．厄爾曼（Micha Ullman）所創作；這個紀念碑以平面玻璃窗為頂，下方放置了空的書架，彷彿地底下有一座圖書館。紀念碑附近還有一塊牌匾，上面有一行海涅（Heinrich Heine）的詩句：「這只是一場序幕，開始焚書之處，最終也將焚燒人民。」

尋找能讓他們擺脫歷史重擔的藉口。在這種情況下，無所不在的希特勒成了慰藉。如果國家社會主義（National Socialism，即德國納粹的基本教義）的所有罪惡能夠收攏在一起、堆到希特勒門前，如果能讓這怪物一肩扛起過去的一切罪責，那麼所有人便可再次自由呼吸。如此一來，希特勒就成了某種黑暗的彌賽亞，他的邪惡存在赦免了社會上其他人對過去惡行的罪惡感。

也許正因如此，儘管希特勒的形象在一九四五年從德國社會中被清除，但在今天的德國仍然如此盛行。他出現在歷史學家如約阿希姆・費斯特（Joachim Fest）和沃爾克・烏爾里希（Volker Ullrich）的暢銷書中，也出現在吉多・諾普（Guido Knopp）和烏爾里希・卡斯騰（Ullrich Kasten）的歷史紀錄片中。他出現在奧利弗・希施比格爾（Oliver Hirschbiegel）的《帝國毀滅》（*Downfall*）等獲獎電影中，這部電影比任何旅遊景點都更生動地重現希特勒地堡中的場景。他也出現在記者和政客之間的辯論中。根據高德溫法則（Godwin's Law）[4]，在所有的網路討論中，參與對話的任何一方遲早都會提起有關希特勒的回憶。

我有時會想，一九四五年戰勝的同盟國會如何看待這一切。當他們拆掉希特勒的雕像和半身像，並更改以他命名的街道和廣場的名稱時，他們一定以為自己永遠擺脫了這個可怕的戰爭販子。當他們看到人們匆匆撕毀掛在牆上的希特勒肖像，燒掉曾經人手一本的《我的奮鬥》（*Mein Kampf*，希特勒的自傳）時，想必他們當時希望德國人會因為羞愧而再也不會想起希特勒。徹底銷毀他的屍體理應是這一切的象徵，標誌著塵埃落定。

然而，在二十一世紀的今天，人們對希特勒的記憶似乎比以往任何時候都更為鮮明。只要向上伸出手臂，或是畫一條斜斜唇線加上黑色牙刷式短鬍，彷彿就能讓他復活。二〇一二年，德國作家帖木兒・魏穆斯（Timur Vermes）那本空前成功的小說《他又回來了》（*Er ist wieder da*）[5]出版時，已沒必要解釋書名中這個「他」是誰了。這本書的中心思想是，他的存在依舊活躍且在德國蓬勃發展，這個見解好像引起了幾乎所有人的共鳴。

這是在希特勒地堡或恐怖地形圖上看不見的東西。兩個地點所傳遞出的「缺憾感」，充其量只不過半真半假。

希特勒沒有墳墓，但他也不需要。即便少了屍體或紀念他的靈堂，但不管你高不高興，關於他的記憶會繼續在你身旁徘徊。

4 譯注：麥克・高德溫（Mike Godwin）於一九九〇年提出的看法：「當線上討論不斷變長，參與者把他人或其言行與納粹主義或希特勒類比的機率會趨於百分之百。」

5 譯注：該書的繁體中文版譯名為「希特勒回來了！」。

希特勒地堡

◆**正式名稱**—元首地堡（*Führerbunker*）

◆**所在位置**—德國柏林

◆**設計者**—建築師亞伯特・斯佩爾（Albert Speer）與卡爾・皮彭堡（Karl Piepenburg）設計，並由營造商豪赫蒂夫公司（Hochtief AG）建造

◆**結構與占地**—位於帝國總理府花園地下九公尺處、天花板約三點五公尺厚；共有約三十個房間，其牆壁厚達四公尺；占地約兩百五十平方公尺

◆**落成日**—一九四四年九月一日

◆**拆除日**—一九四七年十二月五日

◆**現況**—一九八〇年代，東柏林政府徹底清除了從地堡延伸至地面的所有痕跡。二〇〇六年六月二十日，在世界杯足球賽時間，一座簡述地堡歷史的看板被設置在地堡舊址的地面上。

恐怖地形圖紀念館（Topography of Terror）

◆**所在位置**—德國柏林，建於蓋世太保和黨衛軍總部舊址上

◆**建立宗旨**—說明納粹掌政時期的歷史

◆**設計者**—烏蘇拉・溫姆斯（Ursula Wilms）、海因茲・哈曼（Heinz W. Hallmann）

◆**占地面積**—約八百平方公尺

◆**落成日**—一九八七年曾舉行首次展覽；二〇〇四年開始建造紀念館，但過程中曾因經費問題而停建，直到二〇一〇年新的建物才完工，並於該年五月六日正式開幕。

◆**現況**—開幕至今，每年吸引約一百三十萬遊客造訪。

第17章

格魯塔斯公園與史達林像

©Keith Lowe

——一段苦難的歷史，一座主題樂園。

立陶宛
德魯斯基寧凱

無論我們再怎麼大費周章，也擺脫不了過去的怪物。我們可以試著加以忽略、掩蓋，但它們遲早會爬出萬丈深淵。我們或許可以嘗試與其交好或予以寬恕，但這麼做只會讓我們變成它們罪行的共犯。或者，我們可以設法消滅它們，只是怪物消失後反而變得無所不在。正如本書前幾章提到的紀念碑所呈現的那樣，不管我們喜不喜歡，怪物會一直存在。

我們眼前還有最後一個選擇，那就是嘲諷。如果我們不能逃避自己的歷史，也許我們可以對它嗤之以鼻。

最近，我參加了一場有關公眾紀念的會議，其中有場討論是針對倫敦一座獻給法蘭西斯．高爾頓（Francis Galton）的演講廳的命名問題。一些與會代表堅持認為，由於高爾頓是優生學的始作俑者，所以演講廳應該立即改名。另一些人則堅持不該以今日道德標準來評判高爾頓，所以應該保留原名。其他人則尋求折衷——目前的命名可以繼續保留，但應當加上某種牌匾或陳列物，以昭示高爾頓學術思想中不當的一面。人們在會場上辯論得相當激烈，各方都表現出一副當仁不讓的樣子。

後來，有位代表私下告訴我，她曾看到高爾頓的雕像下方有塊塗鴉，而且寫的很直白：「豬頭！」她半開玩笑地建議，不妨就把這座大廳改名為法蘭西斯．高爾頓「豬頭」演講廳。

我們並非在此辯論法蘭西斯．高爾頓是否應被汙名化。我的想法是，我們擁有各式各樣的手段來抗議我們眼中的怪物，根本不必拆毀紀念它們的紀念碑。或許，嘲諷就是我們手中最厲害的武器。

在我繼續談二次大戰留下的某些極具末日意象的遺址之前，我要先介紹全歐洲我最喜歡的紀念地點之一。立陶宛的格魯塔斯公園（Grūtas Park）裡擺放著二十世紀一群超級大怪物的紀念碑，其中包括一座約瑟夫·史達林（Joseph Stalin）雕像。這地方十分怪誕，幾乎打破了傳統博物館和紀念碑所依循的所有規則。這裡之所以受人歡迎，在於它嘲諷展覽主題的手法，而這或許也是它唯一受歡迎的原因。這座紀念公園匠心獨具地找出一種立意創新的方式，來體現我們歷史上最黑暗的某些死角。

—

立陶宛擁有一段極其紛擾的過去，它跟幾個波羅的海鄰國一樣，二十世紀之初還屬於俄羅斯的一部分，直到在一次大戰結束後的亂局中獨立。二十年後，在二次大戰剛爆發時，蘇聯軍隊便再次入侵立陶宛，接下來則被納粹占領；然而三年過後，蘇聯又回來了。他國每一次的侵略，都帶來新的暴行。

立陶宛於一九四五年被蘇聯併吞，全國上下凡是不服從奉行史達林主義新國家統治者的人，統統被抓起來放逐到西伯利亞，下場要麼是坐牢，要麼就是被處決。從此，立陶宛經歷了一段萬般苦難的歲月。根據維爾紐斯種族滅絕犧牲者博物館（Museum of Genocide Victims in Vilnius，由於位於蘇聯情報局KGB對面，因此又稱KGB博物館）紀錄，一九四〇年代和一九五〇年代被送進蘇聯古拉格集中營的立陶宛人，人數大約在三十萬之譜，其中有三分之一到將近一半的人就此一去不返。

歷史背景如斯，蘇聯政權在立陶宛被普遍視為恐怖象徵也就不足為奇。當立陶宛終於在一九九〇年恢復獨立地位，幾乎所有列寧及其他共產黨人物的紀念碑都被剷除。數不清的雕像被砍掉腦袋；有的被用噴槍切成碎塊或被壓成碎礫，有些甚至遭到炸藥炸毀。立陶宛新政府為了留下一些這類雕塑傳給後人，便運走若干，存放到國有倉庫和廢料場。但由於這些雕塑實在不討人喜歡，放在那裡多年也沒人理會，徒然積累歲月塵埃。

保存紀念碑畢竟所費不貲。一九九八年，立陶宛政府為了省錢，決定對外借出四十幾尊最著名的雕像，於是召開一場標案。各地方博物館紛紛送來提案投標，其中有像是位於首都維爾紐斯（Vilnius）的KGB博物館。然而，大多數提案都堅持仍要國家撥款補助才能展示這些紀念碑，所以政府究竟能不能透過這種方式節省開支仍屬未知。

不過，其中有份提案完全不要求政府提供任何資金。那是由一位名叫維爾盧瑪斯・馬利納烏斯卡斯（Vilumas Malinauskas）的企業家所提出的，他承諾將在該國南部德魯斯基寧凱（Druskininkai）附近的私有土地上，特別打造一座雕塑公園來展示這些紀念碑。他將自掏腰包支付所有運輸及維護費用，甚至還負責承擔復原雕像的開銷。只要能夠取得雕像，別的他都不在乎。於是他正式贏得這項合約。

然而，爭議也就由此引發。馬利納烏斯卡斯不是歷史學家、藝評家或博物館專業人員，也從未擁有任何這類工作背景。值得一提的是，他曾贏得摔跤比賽冠軍，目前種植蘑菇為生：他經營一家營業額高達數百萬美元的公司，把蘑菇外銷到世界各地。他對雕塑公園的一些提議相當怪異。例如，他打算修築一條特製鐵路，把遊客裝進運牛車廂，從維爾紐斯一路運送到雕塑公園，如此一來可順便讓他們體驗一下當年人們被流放到蘇聯古拉格集中營的感覺。他還打算雇用一批演員來假扮士兵，把遊客趕進車廂。此外，為了充分呈現古拉格集中營的日子，格魯塔斯公園四周將被圍上鐵絲網與警衛塔，紀念碑則將被展示得讓人如同身在西伯利亞戰俘營。不出所料，批評者開始叫囂馬利納烏斯卡斯的提案根本就是「史達林主題公園」。

沒過多久，投訴就如潮水般湧來。當地政客反對修建公園。全國政客都反對修築這條鐵路。天主教會高層、國際非政府組織、知名學者、藝術教授乃至世界各地一百多萬人簽署了一份請願書，譴責建造這座雕塑公園的整個構想。「這是一段充滿苦難的歷史，」國會議員尤扎斯・加爾迪卡斯（Juozas Galdikas）在二〇〇〇年說，「它不該變成一場觀光表演秀。」

爭議還不止這些。當時即將展出的其中一尊雕像，是一位名叫奧娜・蘇卡基安（Ona Sukackien）的女教師，據說是當地烈士，被立陶宛「土匪」（蘇聯人一直用這字眼來形容游擊隊和自由戰士）殺害。一九七五年，鄰近德魯斯基寧凱的拉茲傑伊鎮（Lazdijai）為紀念她，豎立了一座雕像。然而，立陶宛獨立後，從最新揭密檔案中發現，這位女教師實際上是在KGB一次階段性襲擊中喪生。她的兩個兒子一直希望銷毀這座紀念碑，當聽說雕像將在格魯塔斯公園當成旅遊景點主題展出時，感到無比震驚。他們在寫給議會的陳情信中如此說道：「修建紀念碑時，沒人徵求我們同意。拆除紀念碑時，沒人徵求我們同意。現在要復原紀念碑，也沒人徵求我們同意。」

但在所有批評中，最嚴厲的聲音或許發自前政權的受害者。超過三十個前游擊隊和政治犯團體聚集起來，抗議這些雕塑的展出。他們指控馬利納烏斯卡斯試圖從別人的苦難中牟利，並形容這些雕像是「恐怖電影中的怪物」。有人甚至絕食抗爭。「想想看，你是一個小村民，」一個名叫里昂納斯．克羅西里斯（Leonas Kerosierius）的前獨立戰士說道，「有人跑來攻擊你的村莊，殺了你的兄弟，強姦了你的女兒。你會允許你的鄰居為這些劊子手和強姦犯建一座公園，或者透過這些罪行發財嗎？」

議員們主張藉由國會投票來收回這些雕像、交由國家保管，而他們也在決議中獲得多數贊成票。但這是場短暫的勝利，因為憲政法庭隨後加以駁回：馬利納烏斯卡斯公平公正地贏得政府合約，國會無權單憑喜好強行奪取。充其量，他們只能設立一座政府監督機構，來監視雕塑公園的興建過程。

這場爭議很快就成了國際新聞，不僅登上波羅的海周邊各國的報紙，也出現在歐洲其他地區。就連美國、亞洲部分地區及澳洲的報紙也在報導。「懷念蘇聯統治嗎？歡迎來到史達林世界」，這一斗大的頭版標題如此刊登在澳洲《雪梨晨鋒報》（*Sydney Morning Herald*）上。

—

格魯塔斯公園於二〇〇一年正式對外開放後立即爆紅，大受來自立陶宛各地及國外遊客熱烈歡迎。甚至在正式開放之前，它便已接待了大約十萬名遊客。此外，它還陸續增加收藏，儼然成為一個熱門旅遊景點。

二〇一八年九月，一個陽光燦爛的下午，我第一次來到這裡。從我剛抵達的那一刻起，便清楚意識到，這地方和我過去造訪過的任何紀念館都不同。馬利納烏斯卡斯最初曾打算為遊客特製一條運牛火車的鐵路，但這構想從未得到批准；不過，他還是在公園入口處擺了一節車廂，就彷彿你剛剛抵達古拉格集中營。車廂後面則有附設警衛塔的帶刺鐵絲網圍籬。警衛塔上有身穿蘇聯軍服的人形俯瞰下方，但馬利納烏斯卡斯倒是沒讓這些士兵看起來會嚇唬到人；遊客一眼就能看出，那是從服飾店裡搬來的假人。那麼，他們到底在看守什麼呢？在下方的圍籬中，有一整列基座，上面排排站著幾尊列寧像和其他共產黨大人物的半身像。這裡傳達的訊息相當明確：今天，被送進古拉格的不再是立陶宛異議分子，而是一手設計出古拉格的罪魁禍首。為了進一步羞辱這些作古之人，圍籬裡還養了六、七隻羊駝。

一走進公園，整個氣氛變得更為古怪。付完門票錢後，遊客首先來到的地方是兒童遊樂區，那裡有色彩鮮豔的鞦韆與滑梯，四周則圍繞著許多引擎、裝甲車、幾門大砲，以及一座蘇聯戰時游擊隊的巨大紀念碑。在我去參訪的那天，孩子們似乎分不太清楚雕塑、大砲和滑梯的區別——他們很高興地在所有東西爬上爬下。一旁擴音器響起慷慨激昂的蘇聯時期國歌，使得氣氛更加歡欣鼓舞。

看來，這地方還拿不定主意究竟要當個博物館還是幼兒遊樂場。人們可以看到一側蓋有幾棟古拉格營房式的小屋，裡面塞滿一堆懷舊的蘇聯海報、旗幟和老掉牙的共產黨《真理報》（*Tiesa*）。另一側則有個動物園，裡面有狒狒、鴯鶓（一種澳洲禽類，類似鴕鳥）和一頭面容憔悴、神情沮喪的棕熊。當人們信步走過，大鳥籠裡有幾十種不同鳥類向人啁啾吟誦。

然而，真正精采的還在後頭，在一個小樹林中。遊客會踩上一條鋪木步道，周遊於松樹與樺樹之間，接著走進社會現實主義的藝術陣列。這裡有各種象徵祖國母親（Mother Russia）的雕塑，以及描繪著士兵、工人和農民的彩繪玻璃窗。這裡有列寧塑像、費利克斯．捷爾任斯基（Felix Dzerzhinsky）[1]的半身像，以及像是文卡斯．米基耶維烏斯—卡普蘇卡斯（Vincas Mickievičius-Kapsukas）、卡奧里斯．迪齊烏利斯（Karolis Didžiulis）等一干立陶宛共黨領袖的雕像，全部穿插在樹叢之中，猶如園主種的蘑菇在這發了芽。

在我參訪的時候，當時的公園裡有八十六座紀念碑，其中有幾座還都是龐然大物。有一尊四公尺高的馬克思銅像，還有一尊曾經矗立在維爾紐斯中央廣場、高達六公尺的列寧雕像。此外，還有一尊象徵「立陶宛之母」的雕像，高八公尺、重約十二公噸——它以前佇立在高速公路旁，直到有人在立陶宛獨立後不久便試圖炸毀它。當遊客看著這些雕塑若有所思，身旁不遠處便是有著迪士尼風格的警衛塔、森嚴的帶刺鐵絲網，還有那高音量放送蘇聯宣傳的擴音器。

人們有時仍把這地方稱為「史達林世界」，儘管實際上整個格魯塔斯公園只有一座史達林全身像；我在動物園後方找到它，而它就像童話中的巨靈般，躲在樹叢之間向外窺視。（拿

1 譯注：費利克斯．捷爾任斯基，蘇聯KGB前身、秘密警察組織「全俄肅清反革命及消除怠工特別委員會」（簡稱「契卡」〔Cheka〕）的創始人。

童話來作比喻十分恰當：在兒童遊樂場一旁的林間空地，擺了一組白雪公主與七個小矮人的雕像。這地方似乎隨興地將民間傳說與現實世界混淆一氣。）

這座史達林像從前矗立在維爾紐斯的一個車站外頭，直到一九六〇年才被拆除。它是數以百計的史達林雕像之一，其中有些真的十分巨大，一度妝點著東歐及中歐許多街道與廣場。然而，一九五三年史達林死後，甚至連蘇聯都開始認為他是怪物。接下來的年月裡，所有人不約而同譴責與詆毀他，而他在世界各地的雕像也紛紛被拆掉或銷毀。所以，在格魯塔斯公園裡的這尊史達林像，算是為數不多的倖存物之一。

我們不難理解，為什麼初次宣布建造這座公園時，這項計畫惹惱了那麼多人。許多前異議分子為了對抗蘇聯體制，熬過了很長一段苦日子。一九九一年，他們興高采烈地拆除這些蘇聯權力象徵；如今，卻見到這些象徵物竟被修復地如此可愛，儘管場景荒誕，畢竟又站回原來的基座上，這肯定讓他們極難忍受。

史達林雕像重見天日一事或許最讓他們感到痛苦。這個人要為整個東歐數千萬人的死亡負責，要為數十萬立陶宛人遭受奴役負責。他的雕像已經幾十年沒有被公開展示。然而，他此刻卻站在這裡，站在一片陽光明媚的林間空地上，等著遊客前來與他合照。批評人士指出，當今俄羅斯出現的一種史達林記憶復甦趨勢著實令人擔憂：西北部古城普斯科夫（Pskov）、位於莫斯科南方的利佩茨克（Lipetsk）及位於南部的新西伯利亞（Novosibirsk）等多個地方，都建立了緬懷史達林的全新紀念碑。如果這種趨勢蔓延到立陶宛和其他地區該怎麼辦？如果格魯塔斯公園也成為這個可怕獨裁者在二十一世紀的聖地該怎麼辦？

如果當初是另一個競標者取得這座史達林像及其他雕塑，也許爭議會少一些。位於維爾紐斯的歐洲公園露天博物館（Europos Parkas）曾打算將這些雕像純粹當作藝術品，與來自世界各地的藝術家的一系列前衛作品共同展示。這樣的話，或許便能將史達林塑像的美學特質，從它的政治意涵中獨立出來。

維爾紐斯的KGB博物館當時也曾競逐這份合約。如果當初得標的話，史達林雕像及其他紀念碑將會與史達林所犯下的大量罪行展示物，一起在博物館大廳及後院中展出。許多抗議格魯塔斯公園的人希望KGB博物館贏得標案，原因正是在於這座博物館會把看似慈祥的史達林這類雕像，放在一個極為嚴峻冷漠的背景脈絡中展示。

不過，格魯塔斯公園展示雕像的方式，在某些方面確實令人耳目一新。看到史達林腦袋上站著一隻松鼠，頓時驅散了他潛出墳墓、繼續對我們帶來噩夢的壓力。當鳥兒在列寧的手指間築巢，當孩子們爬上曾經瞄準立陶宛游擊隊的大砲時，這些國家權力象徵便不再像以往那般令人畏懼。

看來，這正是維爾盧瑪斯．馬利納烏斯卡斯想要達到的目的。這位園主在二〇〇〇年接受《衛報》的專訪中，談到以標新立異的手法處理紛擾的立陶宛歷史時，表示自己無須道歉。「大家會來這裡戲弄這些雕像，」他如此說道，「這代表立陶宛已經不再害怕共產黨。」

格魯塔斯公園是集遊樂場、動物園和暴行博物館於一身的奇特之地。它用以蔑視過去的方法十分粗糙，尤其是那迪士尼樂園風格的警衛塔和鐵絲網。營房式小屋裡的某些展示品似乎更像是懷舊，而非批判過去的政權。況且，它以立陶宛痛苦歲月為題，牟取商業利益，至少在作法上值得商榷——我離開時，也在禮品店給自己買了一只史達林馬克杯和一個史達林鑰匙圈。事實上，格魯塔斯公園從許多方面來看都是不登大雅，我也不知該如何批評。但不管怎樣，比起歐洲其他地方精心打造的、所有更嚴肅且更具思想性的紀念碑，格魯塔斯公園藉由它全然的平庸，反而更容易讓我們從歷史中解脫。

其中的神奇成分就是嘲諷。我不確定這在公園老闆和創辦人的最初想法中占了多大比重，還是說，他在某種程度上只是為了搞笑而設計這場鬧劇。然而，這公園就在那兒，它是對困擾這國家多年的恐懼氣氛的一劑強效解毒劑。

約瑟夫．史達林，是吧？豬頭。

格魯塔斯公園（Grūtas Park）

◆**所在位置**─立陶宛西南方的德魯斯基寧凱

◆**建立宗旨**─保存蘇聯時代的人物雕像（約八十六座，包含列寧、史達林，以及立陶宛共產黨領袖等人的雕像）

◆**設立者**─維爾盧瑪斯．馬利納烏斯卡斯（Viliumas Malinauskas）

◆**占地面積**─二十萬平方公尺

◆**落成日**─二〇〇一年十二月一日

◆**現況**─自落成以來，每年吸引約六萬人參訪。

小結　怪物的價值

對於第二次世界大戰的罪人，我們沒什麼好緬懷的。假如把他們描述成魔鬼，似乎還抬高了他們的身價。假如嘲諷他們，那得小心可能有許許多多人無法承受這段歷史被攤在鎂光燈下。假如我們打算鑽牛角尖，假如把毋庸置疑的歷史現實刻意詮釋為「這些戰犯僅僅是人，而且可能還與我們沒多大差別」，這麼一來，我們便喪失了一切道德力量。任何紀念碑一旦認定這些戰犯具有人性，便形同敞開大門來歡迎那些辯護者，而這群人巴不得為罪人洗刷清白，否認後者曾犯下罪行，更聲稱這些戰犯絕非怪物，而是被我們誤解了的英雄。

一般來說，我們的對策就是根本別去紀念這些罪人；不管用什麼方式紀念，都是在榮耀罪人，何況這種罪人不配在我們的公共空間擁有一席之地。然而，這麼做也有隱憂。社會上對希特勒及史達林之流的記憶莫衷一是——即便他們已經煙消雲散，卻依然繼續操弄我們的想像。這嚴重影響到我們的記憶全貌。我們對二次大戰罪人的記憶遠比我們所以為的更為深沉。

正因為我們仍然記得這些罪人，記得這群「怪物」，才成就了我們獻給英雄與烈士的紀念碑。當我們向邱吉爾或道格拉斯．麥克阿瑟等人物致敬時，同時間也會想起他們當時所對抗的惡魔。當我們哀悼受苦受難者時，也不會忘記對他們施加苦難的怪物。在這群怪物對比下，我們的英雄顯得更加可歌可泣，我們的烈士也更顯悲慘壯烈。如果沒有怪物，英雄與烈士幾乎不會受到如此尊崇。

我開始寫這本書時，注意到最近幾年世界上有許多被推倒的紀念碑。我問自己，為什麼我們的二戰紀念碑相對來說免於受到這一波偶像破壞的浪潮侵襲？

某種程度上來說，答案並不在於這些紀念碑代表什麼，而在於它們反對什麼。溫斯頓．邱吉爾之所以仍然被尊為英雄，並不是因為他的勇氣與決心，而是因為他是一個敢於對抗希特勒的人。假如邱吉爾的對手不是那麼地可怕，我們或許更傾向於記住邱吉爾犯下的許許多多過錯——比如說，他自命不凡的豪言壯語，或是他對種族與帝國抱持的那種維多利亞時代的偏頗。所以說，是希特勒造就了邱吉爾。

英雄如斯，烈士如斯，俱往矣。戰爭的受害者會永遠受人哀悼。然而，是什麼使得二次大戰的受害者如此悲慘——是什麼把他們轉化為這般純潔、無辜的象徵？答案是迫害之人的本性。朝鮮婦女在戰時被強姦誠然可議，但遭到制度化性奴役組織剝削至死則非同小可。波蘭軍官在戰鬥中死亡與波蘭軍官投降後遭到大規模屠殺，也是大不相同的兩件事。這些受害者之所以在我們的共同記憶中占據如此重要的地位，不僅在於他們受到的苦痛，更因為他們是在如此恐怖的怪物手中遭受折磨。

這突顯了另一個關於二戰紀念碑的重要事實：我們內心對於英雄、烈士與怪物的記憶，並非各自獨立的記憶，這些記憶甚至會相互強化。我們為這些對象建造的紀念碑，是一個更大的紀念框架的一部分。這不僅是歷史，也是神話。我們不僅為戰爭與苦難編織了故事，更創造出善、惡兩股力量之爭戰的史詩。

我們打造紀念碑正是為此目的——將平凡瑣碎之事轉化為不朽原型，進而從中得知人類生存的重要真相。

在本書接下來的部分，我們將探討另一類二戰紀念碑，它們同樣滿足了我們用神話語言來表述記憶的需求。只是這一次，成為傳奇的並非參戰之人，而是戰爭本身。

第四部
浩劫
Apocalypse

如果說第二次世界大戰是正義與邪惡之間一場磅礴浩蕩的鬥爭，那麼我們十足相信，正義最終贏得了勝利。但是代價為何？

在美國，二次大戰通常被人認為是光榮事蹟，讓美國從此變成世界超級強權，成為全球和平與民主的捍衛者。而英國也常常引用溫斯頓・邱吉爾的話，說這是「我們最光輝的時刻」。但在世界其他地區，人們對二戰的記憶則截然不同。在馬尼拉、華沙、東京和柏林等被大規模摧毀的城市，可說是毫無美化餘地。反倒是，二次大戰以其獨特的破壞性為人銘記：它是一場二十世紀的「哈米吉多頓」[1]。

在接下來的章節中，我會談到世上令人靈魂顫抖的幾座紀念碑，它

們所銘記的規模極巨大毀滅事件，不論怪物或英雄同樣難辭其咎。它們每一座都引用同樣箴言，有些時候甚至直接刻在紀念碑上：「絕不讓歷史重演」。

1 譯注：哈米吉多頓（**Armageddon**）一詞出自《新約聖經》的〈啟示錄〉，指的是在世界末日的善惡最終對決。該詞也因此多被譯為「世界末日」或「末世審判」。

第18章

格拉納河畔奧拉杜小鎮

——所有的一切都停留在那天。

法國
新亞奎丹大區

Public Domain/Wikimedia Commons

奧拉杜小鎮教堂遺跡

在法國中西部，位於利摩日（Limoges）西北方大約二十公里處，有一座感覺完全不像在歐洲的村鎮。遠遠看去，它似乎是個典型的法國小鎮，依偎在樹林與田野間，但當你走近時，會發現所有房子都沒了屋頂。這裡的建築沒有門，原本窗戶的位置只剩下空洞，任風肆意流竄。街道上看不見任何動靜。有一輛孤伶伶的老爺車被遺棄在空蕩蕩的市場旁；從品牌和型號來看，它彷彿是四分之三個世紀前停在這的，之後就再也沒有動過。在小鎮最西邊，距離廢棄的郵局和空無一人的市政廳不遠，是一個路面電車站；但從主街道中央鐵軌生鏽的程度來看，可以確定這幾十年來都沒有電車通行此地。

這裡顯然曾是一個繁忙的地方，人們在此熙來攘往過著鄉村生活。沿著主街的所有房屋和店鋪都有門牌，上面刻著曾住在裡面的人的人名與職業。如果你找個窗洞探頭往裡瞧，仍可看到他們生活的點滴痕跡：一台舊腳踏車的殘骸、牆上掛著的鍋碗瓢盆、擱在窗檯上的生鏽縫紉機。

小鎮的一切景物給人一股居民匆匆落荒而逃的印象，彷彿是遇上了一場天然災害——這裡就猶如一座現代版龐貝古城。從某方面來說，如此形容確實不假，儘管吞沒這地方的災難並非天然。關於這座小鎮的遭遇，我們可在鎮上東南端一座棄置的教堂裡找到線索。祭壇旁倒著一輛燒焦的嬰兒車，而後面的石牆上則布滿彈孔。

一九四四年六月十日下午，格拉納河畔奧拉杜小鎮（Oradour-sur-Glane）居民的生命嘎然而止。那天是星期六，鎮上人們忙著生活裡的大小事。當地一些男人從農場和田地的日常農活抽出時間偷閒——星期六是發放煙草配給的日子。那天也是鎮上學校的返校日；周邊小村莊的家長不辭辛勞，特意要在當天送孩子來學校，因為那天下午鎮上安排了一次體檢。

午後兩點左右，惡名昭彰的納粹黨衛軍第二師（Das Reich，又稱「帝國師」）的一個團突然開進小鎮，打破了小鎮無比尋常的一天的寧靜。納粹士兵這次是帶著報復情緒來的，奧拉杜的鎮民們渾然不知。諾曼第登陸之後，法國各地的反抗活動忽然劇增，尤其是在這個地區——德國人要來展開報復行動。

士兵們迅速包圍了小鎮，然後挨家挨戶召集大家到市集廣場上集合。奧拉杜的大部分居民以為，德軍只是要檢查人們的身分證，於是便照德軍說的去做。有幾個年輕人躲進地下室或閣樓，擔心德國人會抓他們去服勞役。一名八歲的學生羅傑．戈德弗林（Roger Godfrin）從學校後門往河邊跑。他是那天下午奧拉杜小鎮唯一生還的學童。

當所有人都集合後，納粹黨衛軍先從人群中將婦女及兒童區隔出來，並把他們趕進教堂。接著，一名德國軍官上前向剩下的人群喊話。他透過翻譯告訴他們，他曉得鎮上藏有武器，並要求所有擁有槍枝的人站出來。沒人回應。他便對著鎮長，命令他從鎮上男人中指認一些人。鎮長拒絕了，但讓自己及兒子們充當人質。經過短暫停頓並再三討論後，這名軍官似乎改變了帶走一些人質的想法，並宣布他將在鎮上進行搜查。鎮上的男人們被分成六組，分別被帶到市集周圍的穀倉與車庫裡。

接下來發生的一切，永遠改變了奧拉杜小鎮。人群被趕進穀倉時，士兵們已經在外面架起機槍。一聽到軍官指示，他們就開火。短短幾分鐘內，已有兩百多名鎮民被射殺。多名德國士兵隨後走上前去為這項任務收尾：他們踩在屍體間，殺死任何一息尚存的人，然後用稻草覆蓋屍體，淋上燃油，縱火將屍體連同屍體所在的建築通通燒毀。

人數較多的一組鎮民裡，只有六名年輕人逃過了機槍屠殺；他們在第一輪射擊中跌倒，隨即被壓在五十六具屍體下面。當時，穀倉內燃起熊熊烈火、濃煙密布，他們在死去的朋友和鄰居屍體下匍匐摸索，終於從穀倉後頭的一個小門爬出。其中五人設法在小鎮後方的菜園間躲躲藏藏，最後逃出一條生路，但第六人則被德軍發現並遭到射殺。

殺光所有男人之後，黨衛軍將注意力轉向鎮上的婦女及孩童，這群嚇壞的婦孺仍在教堂裡蜷縮成一團。下午五點左右，兩名士兵走進教堂，把一個大箱子放在祭壇上，將其接上一條長長的導火線，接著把它點燃並關上門。大爆炸讓教堂裡瀰漫著滾滾煙霧與噪音，這時士兵們破門而入，對著生還的婦女及兒童開槍；接著，他們在屍體周圍堆起教堂長椅，並放火焚燒。唯一倖存的婦女是四十七歲的瑪格麗特．魯方什（Marguerite Rouffanche）；當士兵們開火時，她躲在聖器室後面。教堂著火後，她找到一張凳子，爬上被炸開的一扇窗戶。當她摔落在窗外地面時，一名試圖跟在她身後的婦女和孩子被機槍擊中。

在接下來的幾小時裡，黨衛軍全面掃蕩，劫掠房舍與店鋪，射殺他們發現的所有人，並有計畫地放火生了整座城市。只要一有人從煙霧中跑出來，就會立刻遭到槍殺。幾具屍體被扔進一口水井。

等到行動結束時，納粹黨衛軍已燒毀了一百二十三間房屋、四所學校、二十二家店鋪、二十六間工作坊、十九座車庫、四十座穀倉、三十五座農作場棚、五十八間機房，以及電車站。這些廢墟兀立在已成一片荒蕪的格拉納河畔奧拉杜小鎮。廢墟當中有六百四十二具屍體，有的隻身橫陳，有的成群堆擠。

格拉納河畔奧拉杜小鎮只是在德國占領結束時遭受此類暴行的眾多法國村莊之一。在奧拉杜小鎮付諸一炬的十一天後，多爾多涅省（Dordogne）的穆萊迪耶（Mouleydier）也遭遇了類似命運，儘管沒有死那麼多人。一個月後，靠近瑞士邊界的多爾唐鎮（Dortan）也發生了同樣情況；又過了一個月，黨衛軍包圍了圖賴訥省（Touraine）的邁萊鎮（Maillé），用機槍與手榴彈屠殺了一百二十四名男女孩童。其中最駭人的大屠殺事件發生在距離奧拉杜大約一百公里的蒂勒鎮（Tulle），那裡的德國駐軍遭到法國反抗軍襲擊。作為報復，納粹黨衛軍從鎮上抓了九十九名男子，沿著整條大街將他們吊死在陽台上、樹上，以及橋樑上。

類似的情節也在其他國家上演。在捷克斯洛伐克，為了報復德國高官萊茵哈特·海德里希（Reinhard Heydrich）在布拉格附近遇刺，納粹幾乎鏟平了整個利迪策小鎮；黨衛軍殺光了鎮上所有的男人，婦女和兒童則被監禁或帶到其他地方再殺掉。在挪威，納粹將沿海村莊特拉沃克（Telavåg）夷為平地，以報復兩名德國蓋世太保軍官在當地被殺。在義大利馬爾扎博托（Marzabotto），有七百七十人遭到屠殺，以報復當地的抵抗活動。一九四四年六月十日，也就是格拉納河畔奧拉杜小鎮被滅的同一天，希臘迪斯托莫（Distomo）也發生令人髮指的屠殺事件，遇害鎮民數目超過兩百人。最慘無人道的大破壞，或許是發生在波蘭首都華沙——一九四四年底，德軍士兵帶著炸藥和火焰噴射器，有計畫地挨家挨戶進行摧毀，彷彿想把整座城市從地球表面抹去。

這許多地方，有的在戰後重建了，當地人民試著忘記過去，努力地繼續活著。然而，格拉納河畔奧拉杜小鎮完全不同，整個小鎮從此便以廢墟形式保留下來，看起來大屠殺不過是昨天發生的事。

將奧拉杜小鎮廢墟變成國家紀念碑的決定很早就已確立。一九四四年十月，就在小鎮被燒毀的四個月後，該地區許多有頭有臉的人已經在制定計畫。他們意識到，奧拉杜小鎮具有一種極其重要的象徵意義，不僅只對當地社會，對全法國都是如此。戴高樂總統於一九四五年三月視察奧拉杜時，對他們的觀點深表贊同。「奧拉杜象徵這個國家所曾經歷的過往，」他在一次簡短致詞中說道，「如此之地將永遠留下讓大家共同見證。歷史絕不能再次重演。類似的事情絕不能在法國的任何角落再次發生。」

接下來過了幾個月，這片廢墟確實成了官方紀念碑——但它究竟在紀念些什麼呢？在一九四五年的勝利氣氛中，人們傾向將其描述成抵抗運動的紀念碑；畢竟，小鎮是德軍為報復該地區的抵抗活動而摧毀的。諸如《今晚》（*Ce Soir*）之類的報紙，經常將奧拉杜的鎮民和一連串反抗軍英雄連結在一起，甚至有些人自吹自擂時，還想與小鎮的「榮耀光環」沾上邊。但這也引出了一些令人尷尬的問題：假如抵抗運動真的在法國這個窮鄉僻壤地區如此活躍的話，難道反抗軍不該為發生在此的報復行動多少承擔一點責任嗎？

另外有些人則想強調那些死去的鎮民，特別是孩子們的單純與無辜。許多倖存者一直否認一九四四年的奧拉杜存在任何真正的反抗活動——人們根本沒必要反抗，因為直到該年六月那悲慘的一天到來前，他們誰都沒在小鎮附近看見過德國士兵。對這些人來說，這個小鎮曾經是、將來也永遠是法國殉難的純真象徵。

還有一些人把奧拉杜小鎮看作是某個邪惡國家讓法國蒙難的紀念碑。皮耶·馬斯弗朗（Pierre Masfrand）是力主小鎮成為紀念碑的重要推手，他認為這座紀念碑的建造目的，是要「呈現喪盡天良的納粹野蠻行徑」。根據一九四五年負責保存廢墟的建築師皮耶·帕凱（Pierre Pacquet）的說法，奧拉杜小鎮是一座「聖地」，不僅獻給受害者，也獻給「野蠻的德意志民族」。

然而，在接下來幾年，這個寬慰人心的故事，這個關於法國殉難與德國暴行的故事，變得不再像眾人原本愛聽的那般清晰明朗。一九五三年進行戰犯審判時，為這事件出庭的不僅只有德國公民。站在被告席上的二十一個人當中，有十四人來自法國邊境省分阿爾薩斯（Alsace）。阿爾薩斯在二戰初期被德國吞併，該省年輕人被德軍徵召入伍，儘管其中多數人並不情願。然而，這些人——這些法國人——當時都在奧拉杜小鎮，並參與了大屠殺。對他們的審判讓人沉痛想起法國的內部分歧，以及戰爭期間法國與納粹合作的沉重往事。

到頭來，格拉納河畔奧拉杜小鎮廢墟，並未成為一個單純紀念英雄、烈士或怪物的地方，因為它會立刻讓人聯想起所有這些人事物。而最關鍵的是，這些人事物象徵著否定。一九四四年六月發生於此的浩劫只不過是現實的冰山一角。古老的法國，一個確信自己力量、純潔與美德，沒有同流合污的國家，實際上已經不復存在。

—

從某種角度來看，我們全都是歷史的囚徒，格拉納河畔奧拉杜小鎮更是深陷其中、難以自拔。到目前為止，我在書中提到的每一個地方都被過去的陰影所籠罩。有的地方持續努力實踐昔日的偉大理想，另一些地方則一直在試圖接受過去的苦難或彌補過去的罪孽；在每種情況下，第二次世界大戰的歷史都可能繼續荼毒現在與未來。但是，奧拉杜既沒有現在也沒有未來，整個小鎮在毀滅的那一刻已被凍結，永遠存在於世界末日的那一天。

與奧拉杜不同，歐洲其他地方拒絕為他們所遭到的破壞屈服。從蘇格蘭大城格拉斯哥（Glasgow）到烏克蘭港口城市奧德薩（Odessa），從俄羅斯的聖彼得堡（即昔日的列寧格勒）到法國馬賽，數百座曾在轟炸中被夷為平地的歐洲城市都已浴火重生。華沙市中心經過了精心重建，現在看來幾乎和戰前的景況一模一樣。德勒斯登市中心同樣也已修復。但是奧拉杜沒有。這個被徹底摧毀的法國小鎮擁抱了一件別的地方不敢接受的事實：第二次世界大戰把整個世界毀滅了，再多的重建都無法真正使它恢復原狀。

沒人能比奧拉杜大屠殺倖存者更了解這一點。戰爭結束後，他們當中許多人定居在一個嶄新的小鎮，這個小鎮就建在舊城隔壁，並取了相同名字。住在這裡不可避免地既是一種安慰，也是一種詛咒。一方面，舊城廢墟近在咫尺，較容易哀悼；另一方面，舊城無時無刻給新城蒙上一層陰影。

多年來，鎮民們嚴守哀悼戒律，特別是在每年六月。例如，一九五二年小鎮上一家新旅館開張時，旅館業主想舉辦慶祝舞會，沒想到鎮上好幾戶人家帶著來福槍前來阻止舞會進行——在一個如此致力於哀悼的小鎮上，這類慶祝活動是不被允許的。歷史學者莎拉・法瑪爾（Sarah Farmer）在她那本談到奧拉杜歷史傳承的傑出著作《殉難之城》（*Martyred Village*）中，描寫在一個只准穿暗色衣服的小鎮長大的青少年，他們的內心何其鬱悶。殉難週年日總是一個特別陰沉的時刻。直到一九八八年，遇難者家屬協會才解除了對於禁止在六月結婚等的一干禁令。

即便到了今天，奧拉杜的居民仍舊對一九四四年六月發生的事情難以釋懷。大屠殺倖存者的情況尤為明顯。在二〇一三年的一次採訪中，羅勃・厄布拉斯（Robert Hébras）說：「我總是不太願意回想這件事。」他是穀倉大屠殺時壓在鄰居屍體下而倖存下來的人之一。「村子重新浮現在我的腦海中，」他說，「我聽著那古老聲響，回想它成為廢墟前的景象。」

然而，他記憶中的村莊已不存在。留下的，只有廢墟。

格拉納河畔奧拉杜小鎮（Oradour-sur-Glane）

◆**所在位置**—法國中西部的新亞奎丹大區

◆**保留宗旨**—紀念遇難的六百四十二名奧拉杜小鎮居民，銘記法國於戰爭期間曾遭受的暴行

◆**占地面積**—約三十八平方公里

◆**滅村日**—一九四四年六月十日

◆**現況**—一九四五年，總統戴高樂宣布廢墟為國家紀念碑。二戰結束後，同名的新鎮建於舊城周邊，目前約有兩千四百名居民。

第19章

歐洲被害猶太人紀念碑

©Michael Coghlan/Wikimedia Commons CC BY-SA 2.0

——我們的傷痛，是否可以任人隨意解讀？

德國
柏林

©Keith Lowe

©Alexander Blum/Wikimedia Commons CC BY-SA 3.0

假如說，浩劫影響的範圍並沒有牽扯到全國所有族群，而只是特別針對其中某一群體，會是什麼情況？如果這是一種極具選擇性的浩劫，又會發生什麼事呢？

如同格拉納河畔奧拉杜小鎮，大部分紀念戰爭浩劫的紀念碑都突顯出戰爭的不可預測與濫殺：暴力無區別地奪走所有人命及一切。但是，猶太人遭遇的種族滅絕截然不同。本質上它不屬於濫殺，而是針對特定人群對象，將他們從社區中挑出，送到遠離家鄉的地方集結起來，以便有效地進行大規模的屠殺。某些地方有城鎮被徹底鏟平。而其他地方或許只有少數人遭殃——人數看來微不足道，使得猶太人以外的族群自認為並沒發生什麼不尋常的事。但別誤會，大屠殺可是完全超乎尋常。整片歐陸上無數零星受害者此起彼落，足堪壓倒所有嚴重的戰爭災難——猶太大屠殺是真正的人類浩劫。

今天，對於這場典型的種族滅絕，世界各地蓋了不少紀念碑，而其中最突出的一座或許是柏林市中心的「歐洲被害猶太人紀念碑」（Memorial to the Murdered Jews of Europe，亦稱為納粹大屠殺紀念碑〔Holocaust Memorial〕），要說這是本書中最大一座特意為專門目的建造的紀念碑，它當之無愧——它的總占地面積達一萬九千平方公尺（約五千八百坪），是華盛頓的海軍陸戰隊戰爭紀念碑的一百倍大，也比倫敦的轟炸機司令部紀念碑大了二十倍。就連美國的國家二戰紀念館也不及它的一半規模。

這座占地龐大的紀念碑並不是坐落在德國鄉下某個不起眼的地方，它就矗立在柏林正中央，距離布蘭登堡門（Brandenburg Gate）[1]步行不到兩分鐘。今日，它坐落的這塊土地的市值已高達數億歐元，但其歷史價值或許更高。在二次大戰期間，這地方四周圍繞著辦公大樓與納粹德國中央各部會，戰爭、特別是大屠殺，都是在此地策劃。納粹宣傳部長戈培爾的地堡就在正下方。冷戰期間，它介於共產東柏林與民主西柏林之間的無人地帶——事實上，它在二十世紀末仍然空置的唯一原因，是柏林圍牆曾直接貫穿其上。有數十年的時間，這裡不僅地處柏林中心，也是國際事件的中心。

犧牲這麼廣大又重要的一塊土地來建紀念碑，顯示德國為過去罪行贖罪的決心何其強烈，理應成為一切恢宏大度的典範——它表現出一種全國性的悔悟。但是，自它二〇〇五年五月首次揭幕以來，我一直認為這紀念碑有些地方不太對勁。就像本書中提到的許多其他紀念碑一樣，它的意圖並非全然真誠。

歐洲被害猶太人紀念碑由美國建築師彼得．艾森曼（Peter Eisenman）在一九九〇年代末設計。現場安放了兩千七百一十一塊長方形水泥塊，以網格形式散布開來。每一塊水泥塊的寬度與長度相等，但高度略為不同：邊緣位置上的不到一公尺高，處於中間的則要高上許多，其中有些的高度將近五公尺。

艾森曼本人並沒有賦予這些水泥塊具體含義，只是說它們代表了一種非人性，這種非人性象徵原有世界受到某種嚴苛體系強硬干預所導致的脫序情況。水泥塊的數目沒有任何意義，而水泥塊本身也不代表任何事物。事實上，這整座紀念碑根本沒有任何象徵意義。

站在紀念碑邊緣看過去，在長滿長方形板塊的遼闊廣場上，光線與影子交互游移的效果十分賞心悅目，看來就像某種巨大完美的幾何圖案。很多人評論說，至少從外表看，這座紀念碑彷彿是一片豎滿長方形墓碑的巨大墓園。艾森曼極力否認這是他的本意。為此，他故意不像墓地那樣在任何一塊水泥塊上刻上名字或符號。不過，這也是我看到這座紀念碑時的第一直覺：看來柏林市中心的這個重要地點，已經變成了一座歐洲猶太人的巨大象徵性墓園。

然而，當你走進紀念碑中，在長方板塊間徘徊時，腦中會浮現另一種不同看法。隨著傾斜的地面一路向下走，長方板塊變得越來越高，你會淹沒在一連串幽閉恐怖的水泥牆峽谷之中，只有遠方的樹木與建築隱約可見。在裡面很容易迷失方向；當你被四面八方、一模一樣的水泥牆包圍，會有種置身於迷宮中的錯覺。你拐過其中一區，再拐過另一區，接著又是另一區，但它們看上去完全一樣，很快你就完全不知道自己身在何處。每當我和其他人來到這裡，我總是一下子就看不到他們了。有時，我們得花上半個小時，最後才在紀念碑的另一邊找到對方。

迷宮裡的回聲讓人害怕。那種枯澀感、幽閉恐懼，以及紀念碑裡的昏暗光線，在在誘發我們共同記憶中的一些黑暗經驗。但由於那段記憶在此地從未被明確描述出來，因此值得我們自我省思片刻：在歐洲戰爭期間，猶太人到底出了什麼事，以及他們遭到種族滅絕一事最終是如何公諸於世。

1 譯注：普魯士國王腓特烈・威廉二世（Frederick William II，1744—1797）於一七八八年下令建造，以紀念在七年戰爭中取得勝利。

猶太大屠殺不是在二次大戰打到一半時才突然發生的。早在德國開始將猶太人的存在視為問題的那一刻起，便已是不言而喻；甚至在戰爭開打之前，納粹就已經在區別猶太人，孤立他們，將他們趕出公眾的視線。入侵波蘭後，當德國發現自己控制了世界上最大的猶太人口時，「猶太問題」變得越發嚴重。為了更有效地隔離猶太人，德國強迫猶太人遷入集中隔離區。當時，很多人討論要把他們從歐洲全部遷移到西伯利亞，或者馬達加斯加。然而，現實上這全都不可能辦到，於是只剩下唯一合乎邏輯、一勞永逸的辦法：應該把猶太人統統殺掉。

第一次大規模屠殺發生在一九四一年進攻蘇聯後不久，納粹在烏克蘭中部一處名叫娘子谷（Babi Yar）的山溝，對來自鄰近的基輔、大約三萬三千名猶太人展開了持續兩天的瘋狂槍殺行動。相較之下，奧拉杜小鎮的情況都顯得微不足道。由於屍體實在太多，這些劊子手不得不炸開溝壑兩側，以便把他們全部掩埋。

隔年，納粹黨衛軍特別行動隊（SS death squads，德語 *Einsatzgruppen*）在整個東歐殺害了超過一百萬名猶太人，大部分是透過大規模槍決來執行。東歐各處峽谷與採石場堆滿了屍體。廣袤的田野和整片森林都成了大型墓地。最後，納粹在波蘭的特雷布林卡（Treblinka）、索比堡（Sobibor）、貝烏熱茨（Belzec）和奧斯威辛等地設立專門的滅絕集中營，進行工業化屠殺。到戰爭結束時，他們已殺害了將近六百萬猶太人，並導致數十萬人流離失所。

雖然盟軍早已收到關於全歐洲正在發生哪些事情的情報，但種族滅絕的驚人程度是直到他們開始從德國人手裡奪回領土時才被揭露。當蘇聯紅軍挺進烏克蘭和波蘭，他們發現了一個又一個空無一人、所有居民都已被徹底消滅的村莊。蘇聯記者瓦西里．格羅斯曼（Vasily Grossman）寫下了他經過這些空蕩蕩的村落時內心的悲傷。他在蘇聯猶太人反法西斯委員會（Jewish Anti-Fascist Committee）的期刊《統一》（*Einikeit*）上寫道：

> 在烏克蘭看不到猶太人……我們所經之處——波爾塔瓦（Poltava）、哈爾科夫（Kharkov）、克雷門丘格（Kremenchug）、伯里斯波爾（Borispol）、雅古丁（Yagutin）——每個城市、數百座城鎮、數千個村莊，你完全看不見小女孩們噙著淚水的黑眼珠、聽不到有哪個老婦人痛苦的呼喊。你不會看到飢餓嬰兒的黝黑小臉。只有一片寂靜。一切都靜止了。一整個民族都被殘忍地謀殺了。

一九四四年七月，當紅軍攻占馬伊達內克集中營（Majdanek），他們發現了一間龐大倉庫，裡頭裝滿數十萬死者的鞋子——這樣的倉庫並非特例，他們之後還會陸續發現許多類似的倉庫。不久，部隊開到特雷布林卡集中營，捕獲了之前看管這裡的警衛，這裡的俘虜稱這地方為「地獄」，焚化爐裡燒掉了九十萬名猶太人，令他們聯想到「巨大的火山」。六個月後，紅軍在奧斯威辛發現了最大的一座滅絕集中營。

在西歐戰場上，英軍及美軍也很快開始在其他集中營發現類似情狀。進入布亨瓦爾德（Buchenwald）、達豪（Dachau）、毛特豪森（Mauthausen）和貝爾根—貝爾森（Bergen-Belsen）

等集中營的戰爭罪行調查人員發現，同樣的暴行一再重演。我在二〇一六年採訪了其中一位調查人員班・費倫茨（Ben Fernaz），他告訴我，這種純粹的複製感真的讓他幾近崩潰。「這些集中營基本上看來都一樣，」他說，「屍體散落在整座營中，成堆的人皮和屍骨，死屍堆砌成柴火那般等著送進焚化爐。一息尚存的囚徒瘦骨嶙峋，患有腹瀉、痢疾、斑疹傷寒、肺結核、肺炎和其他疾病，躺在滿是蝨子的床上乾嘔或躺在地上，只剩下哀悽的眼睛在向你求助。」

攝影鏡頭捕捉了這些場景，製成新聞膠片在世界各地的電影院中播放。尤其在西歐，這些畫面刻劃出我們對一九四五年的集體記憶，如同來自地獄的景象。但對整個歐洲大陸的猶太族群來說，這不僅是地獄，更像是世界末日。他們幾個世紀以來的猶太傳統、學識與工藝通通都在瞬間被扼殺。東歐猶太人特有的語言意第緒語（Yiddish）幾近死絕，而且整個民族的文化可說是就這樣被連根拔除。

二戰結束時的統計數字讀起來讓人眉頭深鎖。荷蘭原有的十四萬名猶太人，只有兩萬人左右在戰爭中倖存下來——實際上這終結了荷蘭大部分地區八百多年的猶太歷史。到了一九四五年，希臘只剩下一萬兩千名猶太人；一種在此淵遠流長達兩千餘年的文化，眼看就在徹底滅絕的邊緣。波蘭與烏克蘭曾經是世上最大的猶太人聚居地，戰後除了一片荒蕪之外什麼都沒剩下。三百萬名波蘭猶太人在大屠殺中喪生。絕大多數倖存下來的，在接下來的幾年裡陸續離開了這個國家，部分原因在於他們不再感到安全，或是覺得已經沒什麼事物值得留戀。二戰前他們所知曉的一切已經蕩然無存。

有個猶太人講的故事意味深長。一九四二年在烏克蘭，十一歲的賽琳娜・利柏曼（Celina

Lieberman）是家裡唯一倖存的成員。她被一位承諾會保護她的基督徒婦女收養。她很快就學著像一名虔誠天主教徒一樣上教堂，但私底下，她不時會向她的猶太神祇祈禱。許多年後，在接受溫哥華的大屠殺教育中心（Holocaust Education Centre in Vancouver）採訪時，她坦承這是她向所有其他死去的猶太人道歉的方式。「戰爭結束時我才十四歲，」她說，「我真的以為我是世上唯一倖存下來的猶太人。」

——

照理說，歐洲被害猶太人紀念碑是用來紀念這場浩劫。在滿布水泥塊的這裡，訪客從水泥塊所感受到的冰冷、鋼硬的秩序感，意在喚起納粹體系冥頑不化的印象。當我們走進這個地方所體驗到的疏離感，應該會讓我們想起如同賽琳娜・利柏曼這樣的猶太人在戰爭結束時感受到的孤獨感。

每回我來到柏林，都會去看這座紀念碑。然而，儘管我很欣賞這令人驚嘆的空間，但總覺得它有些古怪。如果它被認為是在紀念猶太人，那麼它無疑很善於掩藏真相。這裡沒有任何事物能讓人想起娘子谷大殺戮或奧斯威辛集中營的毒氣室。這裡沒有裝著來自大屠殺遺址的灰燼或泥土的骨灰甕。對被摧毀的猶太世界，這裡也沒有向其表達任何感懷或惋惜之意。（根據設計者的說法，這是有意為之：「懷念」是他堅持要避免的一種情感。）這裡沒有猶太教的符號，沒有象徵個別猶太人的事物，也沒標誌出一手造成猶太人種族滅絕的政權。事實上，這裡甚至沒有一個寫上紀念碑名字的標示牌。我第一次帶著女兒來到這時，才十二歲的她根本搞不清楚這是個什麼樣的地方。她的第一個念頭是，這想必是某種超大型遊樂場。正當她打算爬上一塊水泥塊，準備從一塊跳到另一塊時，我向她解釋為什麼不該這麼做，而聽完之後，她也感到很難堪。

那麼，這裡到底是怎麼回事？為什麼這個紀念碑似乎不太樂意讓我們想起任何具體的人事物？如果它被認為是在紀念猶太人，為什麼又對猶太人隻字未提呢？

根據設計師彼得．艾森曼的說法，他的設計背後有一定的脈絡。傳統的紀念碑往往只著眼於單一歷史觀點，並試圖將其永遠地凍結在石頭上——這正是艾森曼想要避免的。「大屠殺的殘暴和恐怖如此深重，任何利用傳統手法來表現大屠殺的意圖都會無可避免地成為敗筆。」他在最初的設計案中如此解釋道，「在這座紀念碑裡，不設目標，沒有終點，也沒有一個方便進出的出入口。」他將紀念碑完全抽象化展現，讓這裡的一切都可被任意解讀。他要留出空間，讓記憶自然而然地浮現在訪客心中。艾森曼不想告訴你什麼應該記住。一切由你自己詮釋。

這是一種形而上的情感訴求，但在現實世界中，它會接二連三遇上問題。首先，真有可能創造出一座讓人們不帶偏見來體驗的紀念碑嗎？任何熟悉大屠殺事件的人，都會帶著已在腦海中的某些畫面來到這裡。任何熟悉紀念語言的人，都會立即看出它與自己曾見過的其他類似地方的相似之處——也許，這就是為什麼許多柏林遊客本能地把這座特殊紀念碑比作巨大的墓地。我自己也不禁注意到這個紀念碑和附近一間猶太博物館的相似之處，那個紀念館被稱為「流放花園」（Garden of Exile），同樣由一片片設置在斜坡上的水泥塊組成。世界上沒有所謂完全抽象的紀念碑，無論有意無意，觀眾總是會把從其他不那麼深奧的地方學到的紀念語言，投射在這座紀念碑上。

對於那些對紀念碑所知不多，甚至不太了解大屠殺的人來說，這就是他們碰上的問題。由於沒有符號，也沒有指標，這一大片林立的水泥塊可以代表任何東西。也許它是對環境問題的批判。也許它呈網格狀排列的樣子是現代都會叢林的象徵，而當我們走進其中所感受到的疏離感，則是象徵社會孤立。或者說，它一點都不疏離，其實裡面充滿歡樂，就像一個玩捉迷藏的地方，或是一個巨大的兒童遊樂場。在設計者沒有明說的情況下，以上任何想法都能成立：有誰能夠說這是一座大屠殺的紀念碑？

最先指出這些問題的是德國政府，他們對艾森曼的抽象概念不是很滿意。他們非常清楚，在這位於首都中心的重要地點應該建造怎樣的紀念碑：它應該告慰逝者，並讓「德國歷史上那些無法想像的事件的記憶」永存於此。當他們投票決定是否批准這座紀念碑時，曾明確表示，他們的主要動機是「告誡所有後代子孫永遠不要再侵犯人權……抵制一切形式的獨裁和基於暴力的政權」。

德國政府所要求的，是關於納粹主義邪惡罪行的確鑿事實，而艾希曼的紀念碑僅含蓄地暗示一種嚴峻刻板的秩序，這並不夠。因此，他們堅持艾森曼的抽象紀念碑旁應該設置一處資訊中心，在那裡永久展示大屠殺事件的相關資料。

一開始，艾森曼極力反對這個主意。如果他再加上一座資訊中心，告訴遊客該記住什麼、該如何加以感受，那麼建造一個鼓吹自由思考的抽象紀念碑的意義何在？然而，最終他不得不讓步。結果是，在紀念碑下方、一處類似地堡的空間裡，確實建了一個資訊中心；裡面有一份種族滅絕的大事紀要年表，展覽廳裡詳細敘述十五個家庭的故事。此外，在一間「人名室」（Room of Names）中，所有已知被謀殺者的姓名一個接一個地被逐一念出，念完所有人名的一次週期長達六年半。不過，對艾森曼來說，仍有一件事讓他感到安慰：德國政府允許他把這個資訊中心的入口設計得毫不起眼。（事實上，真的很不引人注意，乃至在二〇〇五年紀念碑開放後不久進行的一項調查中，許多受訪者聲稱他們根本沒注意到這裡還有一座博物館。）

另一個批評這座紀念碑的群體是德國的猶太人，以及來自其他國家的猶太人。他們抱怨，作為浩劫的象徵，它完全不合時宜。這裡沒有任何東西能讓人想起他們被摧毀的世界，或是他們被迫忍受的痛苦。他們說，這座紀念碑與他們無關——它是德國人的紀念碑，不是猶太人的。德國猶太人中央委員會（Central Council of Jews）秘書長斯特凡．克拉瑪（Stephan Kramer）發言尤為犀利：「我們從沒向人要過它。我們不需要它。」其他批評者稱，這座紀念碑不過是財大氣粗的德式美德炫耀，是德國意圖「擺脫過去」的一種嘗試。

這些批評聽來相當刺耳，但是當我們想到四周環繞著的其他紀念碑（我在第十六章介紹過的紀念碑），就很難否認這些批評也有點道理。柏林大多數二戰紀念碑的用意並非提醒我們猶太人消失了，而是「納粹分子」全部消失了。這一點確實值得慶賀。但這或許不是這座紀念碑所要紀念的事，這裡想必是在紀念一些完全不同的、極為深沉的東西。

從彼得・艾森曼的紀念碑引發的諸多爭議中，我們可以汲取一些心得。首先，不管抽象設計具備哪些優點，歷史中的某些範疇畢竟太過敏感，無法任人自由解讀。社會之所以發展出各種儀式，背後自有一定道理，而攸關死亡的儀式尤為神聖。如果不是以石雕來呈現，紀念碑又怎麼稱得上是紀念碑？

幾十年來，有關大屠殺的某種語言已漸漸發展成型。世上所有主要的大屠殺博物館在敘述歷史的作法上，都傾向於遵循相同的基本模式。同樣地，大屠殺紀念碑在建造上也已形成特定規範。例如，紀念碑上面通常銘刻著被消滅的村莊、城鎮或民族群體的名稱；通常有遭到殺害的猶太人數目；往往附帶著從奧斯威辛集中營或其他主要殺戮場採集到的泥土或灰燼，而且幾乎總是一定鐫刻著如星星或燭臺等猶太印記。此外，許多紀念碑是由方尖碑與巨石組成，會有歪斜的牆壁和地板，以及帶刺鐵絲網、運牛車廂或煙囪的圖像。多年以來，猶太人已經熟悉了這些符號。有時，這些東西看來一成不變、令人窒息，但至少在儀式中帶來某種安慰。所以說，當彼得・艾森曼把這一切全部從他設計的紀念碑上抹去時，會這麼招人厭也就一點都不奇怪。

與此同時，德國人也是這段歷史的囚徒，只是我們所強調的並非他們因罪行而受害，而是他們犯下的罪行。德國孩子會在課外教學時去到昔日的集中營，了解他們祖父與曾祖父輩所造下的罪孽。在柏林，紀念碑隨處可見，從被遣送的猶太人屋外步道上的黃銅鵝卵絆腳石，到專門針對更大型、集體性犯罪所立下的牌匾與雕像，可說是種類繁多。柏林的歐洲被害猶太人紀念碑，只是整幅罪惡全覽圖的其中一景。我將在下一章中說明，在德國，即便那些與大屠殺無關的二戰紀念碑，也因大屠殺而遭到玷汙。不論他們高興與否，德國人與猶太人都無法逃脫這段歷史，也無法逃避彼此。大屠殺使他們在那永無休止的束縛之中緊緊相連。

就算是最抽象的紀念碑，也永遠無法打破這條連結。

歐洲被害猶太人紀念碑（Memorial to the Murdered Jews of Europe）

◆**別名**─納粹大屠殺紀念碑（Holocaust Memorial）

◆**所在位置**─德國柏林

◆**建立宗旨**─紀念於納粹大屠殺喪生的六百萬名猶太人

◆**設計者**─彼得．艾森曼（Peter Eisenman）

◆**占地面積**─一萬九千平方公尺（共放有兩千七百一十一塊水泥塊；每塊高度不一，最低近一公尺、最高則近五公尺）

◆**落成日**─二〇〇五年五月十日

◆**現況**─在落成的第一年，紀念碑就五度遭人塗鴉，致使政府在艾森曼的反對下仍補上防塗鴉的塗料。此外，該地的空間使用也經常引發爭議；二〇一六年，手機遊戲精靈寶可夢（Pokémon Go）爆紅，使此地成為吸引遊戲用戶前來抓寶的地點，引起紀念碑基金會強烈抗議。二〇一七年，猶太藝術家夏比拉（Shahak Shapira）對遊客過度的自拍行為感到不滿，因而蒐集了人們於此地拍攝的自拍照，結合大屠殺的歷史照片，希望藉由對比讓遊客尊重該地紀念的歷史。

第20章

火焰暴風遇難者紀念碑

©Keith Lowe

——他們簡直就像心甘情願受死。

德國
漢堡

ROTHENBUR

在德國漢堡（Hamburg）的奧爾斯多夫公墓（Ohlsdorf），有一座這些年來最令我著迷的其中一座紀念碑。跟書中提到的大多數紀念碑不同，這裡並不存在特別爭議。它散發出一種不太真實、或說超脫時間的美感，這般景象真的令我驚嘆。在我過去二十年裡走訪過的每座紀念碑中，唯有這一座，一而再、再而三地吸引我回訪；每一次，當我再度看見它，都會在它上頭發現一層新的意義。

我第一次來到這地方是在二〇〇五年，當時我正在研究一本關於盟軍轟炸漢堡市的書，而且才剛用一個星期的時間來訪談那次轟炸的倖存者，並把當地各種史料檔案中的目擊者證詞爬梳了一遍。我的德語並不流利，卻要和沒完沒了的德文檔案奮戰，著實讓我疲憊不堪，何況我又從中發現了一些相當令人痛心的故事。在這樣的情況下，我來到這塊墓地，想讓自己放鬆一下。這地方埋葬了漢堡大轟炸中的大部分遇難者，看來是個整理思緒的理想場所。

「火焰暴風遇難者紀念碑」（Monument to the Victims of the Firestorm）佇立在墓園最東邊四塊巨大公墓的正中央。要抵達紀念碑的所在位置，人們必須徒步穿過三萬六千九百一十八具屍體合葬的萬人塚。這裡每隔一段距離，就有一根橡木橫亙於墳塚前，上面刻著全毀於轟炸中的某個城郊的區名——羅騰堡索特（Rothenburgsort）、威德爾（Veddel）、霍恩（Horn）、哈姆（Hamm）、哈默布魯克（Hammerbook）……人們可以在這裡找到漢堡市十八個區的名字。

遠遠望過去，這座紀念碑本身看似一座長方形陵墓，由大塊且堅實的砂岩砌成，十分樸素。不過當你走近，會發現它沒有屋頂；實際上，它只是一座被四堵石牆圍著、有著石鋪地板的庭院。正前方牆面上有一扇鍛鐵門，你可走上前去一窺究竟。透過大門，你會看見嵌鑲在一面內牆上的雕塑，上面是希臘神話中的場景：冥河渡夫卡戎（Charon）正將死者靈魂運往陰間。

這座雕塑是紀念碑上最重要的元素，名為「冥河旅途」（Journey over the Styx，德文名為 *Fahrt über den Styx*）[1]。在那個四月的午後，我漫步走了一段路後，終於站到這座雕塑面前；奇怪的是，它看來絲毫不帶任何情愫。整整一星期間，我不斷翻出令人震驚的暴力恐怖記事，但在這裡卻完全沒有感覺到那種傷懷。儘管雕塑中人物神色悲哀，但雕塑本身並未營造出遇難者死亡之際必經的恐懼印象，也未突顯這群遺落在破碎城市中受死之人所忍受的苦難與傷痛。依我來看，這座紀念碑是為了撫慰人心，而不是喚起悲苦。

除了冥河渡夫卡戎，船上還有其他四組角色。船頭有一位老者，全船只有他一人迎視目的地，顯然已向命運屈服。在他身後的，則是一名面容憂鬱的母親，正在安慰身旁害盼面對眼前事實的孩子。最後則是一對互相攙扶著的年輕夫妻，以及在船尾、坐在卡戎身旁的一名壯年男子。

每個角色都別具一格。顯然，他們並非按照真實人物塑造，而是某種印象的典型。換言之，他們分別代表著死於大轟炸中的男女老幼的其中一類。任何人前來墓地向摯親好友哀悼時，都可從雕塑中找到他或她的形象。

哀悼者或許能夠從中得到慰藉，但換個角度想，我愕然感到無限悲悽。雕塑中的老人不僅只是一個老人，而是意指成千上萬的老人；也因此，那名母親也就同時代表著數以千計的母親。這麼大的一個群體在一九四三年被全數消滅，他們當中有年輕人和老人，有男人和女人，有的已經結婚、有的則單身——他們全部都消失在這世上了。

當時，我站在紀念碑門口，耳中仍縈繞著大轟炸目擊者的敘事；突然間，我明白了眼前雕塑所彰顯的事件規模。被卡戎送往地府的不是一小撮人，而是整個漢堡。這座雕塑不僅僅是死亡與哀悼的寫照，它刻劃出世界末日。

一九四三年七月底發生在漢堡的事情，對當時的世界而言聞所未聞。長期以來，軍事理論家一直暗暗忖度著以大轟炸來摧毀重要城市的可能，而這是第一次如此大規模地實際執行。時至今日，它仍是歐洲歷史上最具毀滅性的一場空中轟炸。

這場稱為「蛾摩拉行動」（Operation Gomorrah）[2]的空襲的確實至名歸，是英美兩國的聯合攻擊行動：英國皇家空軍在夜間轟炸漢堡市，美國陸軍航空隊負責白天空襲漢堡碼頭的特定目標。在短短一個半星期，他們向這座城市投下了九千七百八十五噸炸彈，幾乎等於德軍在整個閃電戰期間投在全英國的所有炸彈的四分之一。

一連串空襲中最慘絕人寰的一次，發生在該年七月二十七日夜間。那天晚上，英國皇家空

---

1 譯注：斯提克斯河（Styx）是希臘神話中的冥界之河，也是進入冥界的必經之路。

2 譯注：蛾摩拉與索多瑪在舊約聖經上並列為兩大罪惡城市，後來被上帝以天火摧毀。

軍七百二十二架轟炸機出現在漢堡上空，向市中心以東工人階級居住的城郊集中投彈，而且大部分都是燃燒彈。幾分鐘內，轟炸行動引發了數萬起火災，火勢一路延燒、連成一氣，很快就讓十平方公里的平民區變成一片火海。

接下來的景象簡直怵目驚心，即便那些對大型火災最有經驗的消防專家都難以置信。由於火勢實在太大，大火於是引發某種連鎖反應。炙熱的空氣迅速竄升至城市上空，在下方形成真空，因而從周圍吸入更多空氣填補。這些空氣帶進更多氧氣，反而使大火燃燒得更加猛烈。隨著大火溫度越來越高，焚風也越來越強，最後整座城市就好像一座大熔爐，烈火如颶風般在爐中來回穿梭。於是，一種叫做「火焰暴風」的現象就此誕生。

根據當晚消防總局總工程師留存的時間與記錄，漢堡的「火焰暴風」甚至在大轟炸還沒結束時就已出現。才不到一個鐘頭，火焰暴風的威力就已無比驚人，從局裡出來的消防員只能用手和膝蓋頂著風力在地面爬行。那些勉強趕到街上的人在強風烈焰之下手足無措，許多人被迫拋下車輛，躲進彈坑裡。

有位消防員曾記述，他看到「街道上沒有濃煙，只有火焰及像暴風雪一樣厚重的飛濺火花」。其他目擊者還說，這場烈焰颶風如同「火花四射的暴雪」，逃跑的人群頭髮上和衣服上都燃燒起來。許多人要麼跳進運河，要麼奮力奔向城市公園的空地，才得以倖存。無數目擊者敘述，人們在奔跑時突然起火；孩子們被焚風捲入火中；馬路上的瀝青在烈焰高溫下熔成一大池沸騰液體，吞噬了許多在上面奔跑的人，讓他們就像「蒼蠅掉進燭檯的熱油裡」一樣死去。那些躲在地下室和避難所的人也好不到哪去。根據漢堡市警察局長的報告，那些不敢冒險求生的人大都被活活烤死，或者死於吸入過多煙霧而窒息和一氧化碳中毒。

這場災難中到底死了多少人已無法確切統計，但根據來自各種警方報告、人口普查資料和戰後大轟炸調查的最縝密估計，僅僅七月二十七日這天晚上就有超過三萬人喪生，另外在一連串空襲行動中的總死亡人數約在三萬七千到四萬五千人之間。在短短十天之內，漢堡市整個東城區和西城區的絕大部分都被徹底摧毀。粗估來看，漢堡總居住面積有百分之六十一被徹底毀掉了——總計超過四萬棟住宅樓房，致使大約一百萬平民無家可歸，而他們隨後也陸續逃離這座城市。無論從哪方面來說，漢堡都完蛋了。

後來幾個月，有人冒險回到城裡，然後向人描述那被破壞殆盡的一切。一名目擊者說：「觸目所及，到處是殘垣斷壁。街道上散落著瓦礫碎片、倒塌的房屋前牆。馬路兩邊堆滿碎石，路樹燒成了木炭，花園全毀……令人不忍卒睹。」轟炸後的廢墟讓德國作家漢斯．埃里希．諾薩克（Hans Erich Nossack）幾乎對這世界感到絕望，他無法相信自己當時身在漢堡。「在我們四周的東西，無法令人將其與我們所失去的事物聯想在一起，」他寫道，「兩者根本無關。現在這些東西是完全不同之物，它本身就是怪異的化身，根本不可能存在才對。」他將自己對這場毀滅事件的回憶錄取名為《末日》（*Der Untergang*），彷彿他所目睹的就是世界末日。

在漢堡發生的這場災難規模之大，讓人們以為它必定會以一種令人印象深刻的方式被紀

念，會有像在柏林、廣島和格拉納河畔奧拉杜小鎮那樣龐大又醒目的紀念館。然而，這裡沒有「和平公園」，也沒有巨大紀念碑盤據市中心好幾個街區。幾十年來，除了位於墓園安靜角落的這座低調小雕塑，什麼都沒有；它藏身在一處封閉式的庭院，彷彿感到羞愧。

值得一提的是，在火焰暴風摧毀這座城市之後足足過了九年，這裡連一座紀念碑都沒建。納粹沒有在一九四三年打造一座紀念碑，因為當時他們已捉襟見肘；更何況，大費周章讓人發覺這場仗已經打到窮途末路，對他們也沒什麼好處。英國人在一九四五年接管這座城市，也沒蓋紀念碑；除了資源調度問題，他們也不情願讓當地人想起過去的創傷（尤其是英國人本身對這些創傷負有最大責任）。一直等到一九四九年，民主權力終於交還給當地人民後，才有人計劃在奧爾斯多夫墓園裡建造紀念碑。但德國人渴望拋下過去，一切向前看，沒人想要一座巨大宏偉的紀念碑。幾乎人人都想忘記過去。

今天，我們很難完全體會戰後席捲德國的恥辱感。二戰這場浩劫不僅重創德國國家，更嚴重打擊了德國人的心靈。德國人因為戰敗而感到羞恥，因為被迫屈從於那些打敗他們的對手而感到羞恥，但他們更因為納粹藉德國人之名所做的一切而感到羞恥。他們很清楚，就其他國家來說，現在自己是別人眼中的賤民。

更不濟的是，他們也把自己視為賤民。戰後，德國人民不得不對社會提出全面質疑。德國的所有機構都被揭露出腐敗與妄為——腐爛到家的除了政府，還有軍隊、司法機關、大型企業，乃至紐倫堡大審時被查出與大屠殺罪行有所牽連的醫療行業。納粹主義似乎讓德國所有的一切都沾上汙名。就連奧爾斯多夫墓園的萬人塚也是靠著強迫當地集中營勞工挖掘、填埋出來的。

放眼望去，似乎再也沒有什麼神聖的東西了，就算埋葬死者也是草草了事。

這座火焰暴風遇難者紀念碑上有不少這種羞恥感的痕跡。我始終很好奇，為什麼這座紀念碑並未表達我在世界各地許多紀念碑上看到的悲憤。這裡不像奧拉杜小鎮或廣島那樣表達殉難的感受，也沒傳達出紐澤西州卡廷紀念碑或首爾慰安婦銅像的那種義憤。雕塑上勾勒的人物完全沒有反抗的意圖：他們簡直就像心甘情願受死。這種觀照豈不令人動容？

或許這是一種無言的認罪，人民在終戰時承受的暴力與破壞，只是德國必須為其罪行付出的代價。甚至還有人說，以暴制暴的手段最終消滅了納粹，那麼德國人遭受暴力懲罰，也是罪有應得。創造這座火焰暴風遇難者紀念碑的藝術家格哈德・瑪克思（Gerhard Marcks）曾是狂熱的反納粹主義者。戰前，他因反對納粹政權而被列入黑名單，他的雕塑被宣判為「墮落的藝術」。也許，他透過這項作品告訴漢堡市民，根據某種神聖正義揭示，他們的受難只是自嘗苦果。

這正是一九五二年八月，紀念碑落成典禮上所傳達的主要訊息。戰後第一任漢堡市市長馬克斯・布勞爾（Max Brauer）向與會群眾發表演說，呼籲哀悼者們好好審視自己。「請鼓起勇氣仔細認清你們的父親、母親、兄弟姐妹們死亡的真正原因！」他說。「他們大可不必犧牲的。只因他們將自身交付於暴力罪犯之手，我們的家庭與和平的城市才會因暴力而沉淪。」

明瞭了這一點，我們不妨再看一眼這座位於奧爾斯多夫墓園的紀念碑。在之後幾年，有人批評它沒有公開譴責納粹及其罪行。後來陸續蓋出的火焰暴風紀念碑確實立場鮮明。漢堡市中心的聖尼古拉教堂（Nikolaikirche）廢墟在一九七〇及八〇年代被改建成紀念遺址，並豎起一座雕塑，以茲紀念附近一座集中營的遇難者。同時，位於東北郊區班貝格（Barmbek）的漢堡大街上，蓋了一座火焰暴風遇難者紀念碑，底座上刻著「法西斯永不回歸」和「戰爭永不再來」的字樣。不過，倘若有人認為奧爾斯多夫墓園的紀念碑沒有表達出這些情感元素，那他得再回去好好看看。

格哈德．瑪克思在前往冥界的人物雕塑中體現了許許多多典型角色，每一個都象徵一種特殊美德：老者所代表的是智慧，母親代表母性與女性內涵，年輕夫妻代表愛情與忠貞。在其他時候，這些美德或可被視為神聖，但在戰爭期間，它們也同樣被扭曲為替納粹政權效力。智慧變成了宣傳。母親們則被徵召為帝國生產士兵。甚至像忠貞這種基本信念也被竊占並盜用。這讓人難受地聯想，這些美德已被過去所玷汙，因而喪失了神聖本質。於是，地府成了它們的最佳歸宿。

從這角度來看，或許給人最大想像空間的角色是坐在船尾卡戎身旁的男子：他正值壯年。在二戰期間，納粹德國所崇尚的所有美德之中，當屬這號人物所代表的堅強、陽剛之氣、力量最為受到珍視。然而，他並不像其他乘客那樣站著，而是雙手抱頭坐著，彷彿徹底感到絕望。這就是戰爭年代軍事榮耀的最終下場。這名男子，就像納粹向德國人民許諾的「千年帝國」一樣，正走向灰飛煙滅。

這場浩劫奪走了漢堡人民的一切。它殺害了他們的家人與朋友，摧毀了他們的家園和企業，剷平了他們的城市。最糟的是，它剝奪了他們對自身的驕傲。如果說奧爾斯多夫墓園的紀念碑看起來毫不起眼，那是因為漢堡人民不想要更大的紀念碑。他們對於過往及隨之而來的煩惱已經厭惡透頂。

就這一點來說，他們跟德勒斯登與柏林的人民、廣島與長崎的人民，或世界各地因戰爭受害的無數其他人民，並沒太大區別。經歷了這麼多年的毀滅和死亡，他們不再有興趣為浩劫建造紀念碑。他們更感興趣的，是建造其他事物以慶賀未來的可能展望。

火焰暴風遇難者紀念碑（Monument to the Victims of the Firestorm）

◆**所在位置**—德國漢堡，奧爾斯多夫公墓

◆**建立宗旨**—紀念於一九四三年七月二十四日至八月三日「蛾摩拉行動」的一連串轟炸中喪生的約三萬六千名漢堡市民

◆**設計者**—格哈德．瑪克思（Gerhard Marcks，「冥河旅途」〔Journey over the Styx〕雕像的創作者）

◆**占地面積**—約一百四十三平方公尺

◆**落成日**—一九五二年八月十六日

◆**現況**—自落成以來，多次遭人批評其設計過於強調命運，模糊了事件與納粹之間的關係。

第21章

原爆圓頂屋與和平祈念像

©BriYYZ/Wikimedia Commons CC BY-SA 2.0

——這場災難讓我們全心擁抱和平。

日本
廣島與長崎

二戰剛剛落幕，世界各地紛紛湧現哀悼的衝動，但也有大半人群致力於遺忘過去。例如，德國漢堡就試圖儘快從戰爭中走出來。另外一些地方，譬如奧拉杜小鎮，卻發覺要想接受過去，必須捱過的苦痛簡直不可想像。然而，也有這麼一兩個地方，像是廣島和長崎，似乎欣然接受了他們經歷的毀滅，並打算加以利用，作為一種改變的契機。

在本書所描述的所有超級戰禍當中，沒有哪一場比一九四五年八月初轟擊日本的那場災難更具浩劫意味、更為全面而徹底。八月六日，廣島遭到了空前強大的空襲，當時全人類還從未見識過這種爆炸。這是僅僅由一枚炸彈造成的結果，它在市中心上空大約六百公尺處引爆。頃刻間，整座城市有百分之九十被夷為平地，好幾萬人瞬間死去。如此徹底的毀滅，來得如此突然，以致目擊者完全喪失判斷眼前景象的理智。「我當時以為，這大概與戰爭無關，」日本作家大田洋子是這場原爆倖存者，她如此寫道，「地球崩潰解體，據說這會在世界末日時發生。」其他倖存者則說，他們「感覺好像太陽從天上掉下來了」，或是覺得他們瞬間被傳送到一個平行世界，一個「往生者的世界」。

三天後，八月九日上午十一點零二分，第二枚原子彈爆炸摧毀了長崎。同樣，目擊者完全無法理解他們遇到了什麼事。在長崎醫科大學醫院，醫生們蜷縮在炸碎的大樓裡，互相問著剛剛是不是太陽爆炸了。他們一位同事橋本護士描述，她走到外面的街道上，看見到處都是赤裸的屍體，周圍傾倒著被連根拔起的大樹。她說，有好一陣子，她真的以為自己是「整個世界唯一活下來的人」。

原子彈爆炸與迄今為止我描述的任何其他事件都不同，它預示著世界末日，影響所及並不僅限於它的直接受害者，而是迅速蔓延至全世界。全球各地人民開始揣測，萬一這種武器被廣泛使用，未來的戰爭會是什麼景況。「人們忘了它對日本造成的影響……」《紐約先驅論壇報》（*New York Herald Tribune*）在廣島原爆後立刻報導道，「因為他們發覺，自己宇宙的根基正在動搖。」據《時代》雜誌報導，戰爭本身突然縮小到「微不足道」；比起原子能所揭示的威力，大街上孩子們的吶喊聲成了戰勝情景的一部份。法國哲學家沙特（Jean-Paul Sartre）說「原子彈是對人類的否定」；阿爾伯特·愛因斯坦認為，當前的新狀況「是人類所面臨的最可怕的危機」。突然之間，所謂滅絕不再僅意味著摧毀單一村莊或單一民族。與其他浩劫事件相比，廣島和長崎的毀滅，對全體人類未來的意義重大深遠。

——

人們究竟該如何紀念這樣的事件？原爆剛發生過後，日本人民甚至沒想嘗試。若干倖存者豎起孤伶伶的墓碑標示親人死去的地點。在長崎，一塊大石頭被放置在瓦礫碎屑之中，用來標記原爆點——也就是原子彈在空中爆炸時的正下方。除此之外，人們幾乎什麼都沒有做。兩座城市仍在原爆過後的餘威之中飄搖，現下只能試著活下去。

在缺少任何正式紀念物的情況下，廢墟本身便開始被賦予特殊意義。在廣島，爆炸幾乎將所有建築全數剷平，僅剩下「廣島縣產業獎勵館」燒焦的殘骸勉強屹立、尚未完全傾倒，於是它便成了這場突然吞噬整個城市的浩劫的象徵。這棟只剩下骨架的圓頂，成了方圓數英里內最高的建物——它的周圍全是灰燼。

廣島和長崎花了許多年時間努力恢復生機。直到一九四九年，日本國會通過了允許重建的具體法律，兩座城市的人民才開始認真思考應該如何紀念他們經歷的一切。

廣島當時有一項新計畫已經擬定，其中包括在曾是該市商業中心的中島區遺址上建立一處重要的紀念空間。那裡將有一座專門展示原爆歷史的博物館；一座「和平公園」，讓人們沉思默想曾在那兒發生的浩劫；另外，還會有為毀滅事件、死者與重生希望而建的紀念碑。廣島市舉辦了一場設計競賽，從一百四十五份設計提案中，選出了現代主義建築師丹下健三的設計案。

從一開始，產業獎勵館的廢墟——即我們熟知的「原爆圓頂屋」——就是丹下健三的設計核心。經過深思熟慮，他在和平紀念公園的一端蓋了博物館，另一端便是原爆圓頂屋，中間有一座拱形衣冠塚。無論站在連接這三點的中軸線上的任何位置，人們都看得到原爆圓頂屋。此外，當人們站在衣冠塚前為死者祈禱（就像該市代表每年八月在年度和平儀式上所做的那樣），會不經意發現自己正透過拱門凝視原爆圓頂屋，眼睛聚焦在整個紀念空間最重要的事物之上。

如同日本設計師和歷史學者經常指出的，這在整體效果上近似於日本神道的神社。從位於南端的主入口走進和平紀念公園，首先要穿過博物館，這是一座由柱子（或稱底層架空柱）撐起的博物館：你從下方通過，就彷彿神社參拜者從「中門」[1]下走過。穿過公園的中央小徑就

1 譯注：中門又稱為「神門」，指的是通往日本神社「本殿」前方的樓門，大多位於「本殿」和「拜殿」之間。

像是一條神社中的「參道」。沿著小徑一路走到衣冠塚前，這裡就好比祭壇或「拜殿」[2]，參拜者在此祈禱。在這後方，矗立著原爆圓頂屋，猶如神社中最神聖的建築「本殿」。藉由這種手法建造公園，丹下健三將原爆圓頂屋的地位從廢墟一下子提升為具有神聖意義的標的，彷彿代表著廣島原子彈爆炸中遇難的十四萬生靈都被供奉於此。

即便人們對神道建築架構一無所知，也會感受到這座建築散發出的某種晦暗且沉重的魅力。雖然廣島中部其他地方都被重新規劃後重建，但這座圓頂本身仍然讓我們想起浩劫之前曾經存在的城市。它能倖存下來似乎是個奇蹟。它距離原爆點只有一百六十公尺，因此當時承受到爆炸的全部衝擊力。就像博物館裡保存的遺物，例如融化的手錶和燒焦的兒童三輪車，這座建物永遠帶著那股消滅其他一切事物的天啟之力的印痕。

戰爭過後二十年，許多市民希望把原爆圓頂屋拆掉。它的存在不斷讓人想起那場恐怖夢魘，而此刻他們想將之拋諸腦後。但是，廣島市紙鶴社團的學生們一再向市議會請願，希望將這片廢墟建成官方紀念館；一九六六年，他們如願以償——市議會投票一致同意永遠保存這片廢墟。捐款開始源源不斷湧進，並被用於支付圓頂屋的鞏固工程，工程於隔年完成。

又過了三十年，一九九六年，聯合國教科文組織宣布將原爆圓頂屋列為世界遺產。它成了全球遊客的朝聖之地，每年的參訪人數超過一百萬人。雖然絕大多數人只在廢墟旁停留片刻，以便拍照和自拍，但這裡依仍浮聚著一種近乎宗教式的莊嚴氣氛。多數人似乎都已領受到這座紀念碑傳達的主要訊息——廢墟前一塊牌匾上的文字說，這是「給人類的教訓」。

在長崎，人們以另一種形式來紀念摧毀該城市的原爆災難。在戰爭剛結束的幾個月，這裡的廢墟就和廣島的廢墟一樣，具有某種象徵意義，或許更有甚之。浦上天主堂（Urakami Cathedral）就如同廣島的原爆圓頂屋，非常靠近原爆點，而且遭到極其嚴重的損毀。對長崎的基督信眾而言，這座教堂廢墟越看越像是這座城市蒙受巨大犧牲的象徵。然而，與原爆圓頂屋不同的是，浦上天主堂在戰後被重建，只留存少許毀損的原始建築碎片。另一方面，長崎市也把情感能量投注於一座特意建造的新紀念碑——和平祈念像。

這座雕像佇立在一處專屬空間，遠離城市大部分地區。與廣島不同，長崎的紀念空間不在市中心，而是在主港以北幾公里處的浦上町郊區，分布於三個不同地點。首先是原子彈博物館與和平紀念館，它們彼此相鄰，透過地下走廊相連。再來，走一小段路，就會來到原子彈的原爆點，現已成為一個小公園，陳列著各種紀念碑與遺跡。再稍微走遠一點，等到此前兩個地方都已看不見了，便是和平公園。和平祈念像就坐落於公園的北端。

它很自然地成為紀念長崎原爆最重要的紀念碑。雕像底部是一座黑色大理石窖，裡面有原爆遇難者的名字。如同廣島市代表在衣冠塚前、面對原爆圓頂屋舉行和平儀式，長崎市每年也會派代表前來站在這座雕像前祈念。和原爆圓頂屋一樣，和平祈念像就像是供奉遇難者的神

2 譯注：在日本神社架構中，拜殿（拜殿〔はいでん〕）位於主祭壇前方，用於儀式和為崇拜神明的空間。

社。

這座和平雕像是由雕刻家北村西望設計，並於一九五五年八月原爆十週年之際，由長崎市主辦落成典禮。雕像呈現一個無比壯碩、宛若神般的人物坐在岩石上，全高十公尺。他的一條巨大、肌肉發達的腿彎曲在身下，象徵他在寧靜冥想；另一條腿則蓄勢待發，狀似隨時準備躍起、幫助求救的人類。他的右手直指天際，對準迎頭而來的核武的威脅。不過，他平伸的左手則象徵安祥與世界和平。他閉上雙眼，「為戰爭受害者莊嚴祈禱」。根據北村西望的說法，這座雕像應當象徵著渴望全球和諧，拒絕戰爭。

相較於較靠近市中心、規模更大的廣島和平公園，前來參觀和平祈念像的遊客遠遠較少，但遊人在此所表現出的朝聖氣氛同樣虔誠且不容置疑。我在某個三月、陰雨綿綿的星期一下午初次來訪，現場仍有幾十名遊客，手中撐著傘，嚴肅地站在雕像前。他們有些人說中文，有些人說韓語，也有一些人說英語。這裡或許未被聯合國教科文組織列為世界遺產，但仍然吸引來自世界各地的遊客。

老實說，這座雕像並沒有特別受到當地居民歡迎。一位當地語言學者稱其為「仿希臘羅馬神祇的拙劣贗品」，甚至是在向「一個故意朝兩座非戰鬥人員居住的城市扔原子彈的文明」致敬。還有一些人則是對雕像的佛教意象大做文章；他們說，這極不恰當，因為在原子彈爆炸中受創最嚴重的，是長崎長久以來遭受迫害的基督徒少數群體。當地歷史學者阿南重幸在接受《日本時報》採訪時指出，這座雕像是在日本政府應當關切其他優先事項的時候建造的。「這座建築耗資四千萬日元建造，而當時甚至沒有任何法律保護『被爆者』」。[3]所有批評者都惋惜長崎市沒有好好保存浦上天主堂廢墟，以作為長崎毀於原爆的主要紀念碑。

至於北村西望本人的說法則是，這類批評都是無的放矢。他說自己是刻意融合東西方文化風格，以激發出「佛陀與西方上帝的特質」。他的意圖一直以來都是超越種族與宗教藩籬，致力在兩種多年來相互爭鬥的文化間建立一種和諧感。他期望自己建造的紀念碑不僅只被用來對逝去之物自憐自艾。「經歷了那場噩夢般的戰爭、血腥屠殺和難以忍受的恐怖之後，難道有人能忍住不去祈求和平嗎？」他如此寫道。

今天，當人們參觀廣島和長崎的各種紀念碑，即可領會這許多紀念中的某些主題，其中最首要的，正是北村西望強調的「祈念和平」——這是主導兩座城市紀念景觀的中心思想。

在廣島，原爆圓頂屋及周遭其他幾十座紀念碑，幾乎全都致力於彰顯和平理念。例如，這裡有兒童和平紀念碑、和平石標、和平之火紀念碑、和平鐘、和平鐘塔、和平之池，甚至還有一尊雕像直接擺出祈禱和平的姿勢。和平公園中央附近有一間和平紀念館，裡面陳列原爆遇難者的名字、照片和故事。和平紀念館另一邊，則是一座名為和平之門的裝置藝術。為了加深人們的印象，從公園通往城市其他地區的主要道路被命名為和平大道。原爆圓頂屋在這整片景觀

3 譯注：日語詞彙，係指日本廣島、長崎原子彈爆炸中受核輻射影響而出現身體健康狀況異常的受害者。

當中尤為醒目，似乎警示任何放棄和平路線的國家將面臨的慘境。

與此同時，長崎的和平祈念像代表的意義也別無二致。它同樣矗立在一座和平公園內，附近有和平噴泉、和平紀念碑、和平少女像、和平千紙鶴，以及許多其他雕塑，全都專注於闡揚和平、愛、友誼，以及生命的理念。

這一切意義十分重大。今天，在日本仍然有全世界最龐大的和平運動，事實上，日本對和平的承諾已經正式載入憲法。戰爭的經歷，以及它對日本、特別是廣島和長崎帶來的巨大災禍，給了日本一個永遠不能忘記的教訓。

兩座城市的命運衍生的另一個主題，便是受害者姿態的展現問題。廣島和長崎毫無疑問讓日本自我界定為戰爭受害者，而非肇事者。如今，日本的政府與報章媒體習慣性地將日本描述為「唯一被原子彈轟炸過的國家」，而且至少從一九七〇年代開始就一直這麼做。原爆圓頂屋尤其在這種受害者意識中扮演重要角色——它是日本原爆受難的最強大象徵。

這種想法激怒了許多日本的宿敵，因為這無可厚非意味著對整個日本罪行的赦免。今天，日本人並不總認為自己該對過去負責，部分原因是覺得毫無必要。他們已把廣島和長崎，視為日本已經付出代價的證據。

其他國家很容易對此感到憤慨。但反過來看，在日本這種受害者心態中，倒有值得讚揚的一面：至少廣島和長崎的紀念館並未對轟炸者作出任何責難。

原爆圓頂屋的廢墟並未像奧拉杜小鎮的廢墟那般被悉心保存，以顯示敵人的野蠻。實際上，廣島的紀念碑幾乎沒有提到任何敵人。原爆圓頂屋前的牌匾上，僅提到將這座城市「化為灰燼」的「一顆炸彈」——全然不提投下炸彈的美國飛行員。附近博物館的作法完全相同，旨在展現「核武器的恐怖與非人道本質」，而非用於誹謗膽敢使用核武器的美國領導人。

同樣，在長崎的和平祈念像，唯一提到的敵人是「原子彈」和抽象的「戰爭」概念。在和平公園中四處走走，你會發現沒有一個地方提到美國、杜魯門總統，或是美國陸軍航空隊。此外，正如南山大學的奧田弘子所指出的那樣，在長崎舉辦的紀念活動上，人們提到「受害者」時所使用的日文並非ひがいしゃ（被害者，意指遭到人為殺害），而是ぎせいしゃ（犧牲者，意味受苦受難身亡）。這就好像說，原爆根本不是敵人刻意製造的，而是類似於地震或海嘯等自然災害的結果。

如此一來，日本不僅逃脫了自身的戰爭罪責，而且也允許他們過去的敵人逃避責任。這與寬恕或和解並不完全相同，但它構成了一種新友誼基礎——自一九四五年以來，這種友誼讓日本與美國之間一直十分圓滿。

最後，在廣島和長崎的紀念碑還談到了一個稍顯微妙的主題，與民族復興的思想相關。

在長崎和平公園，距離巨大的和平祈念像不遠處，有一個「世界和平象徵展示區」。這是一九七八年由長崎市政府發起的計畫，他們邀請世界各地其他國家貢獻紀念碑。這裡有來自幾個歐洲國家的雕塑，也有來自中國、前蘇聯、阿根廷、巴西、美國、澳洲、紐西蘭及其他許多國家的雕塑。如果每個雕塑都各自代表一個國家，那麼這就牽扯出另一個問題：這裡最主要的雕像和平祈念像代表的，是哪個國家？它有沒有可能其實並非雕塑家所說的那般，象徵全球和諧？它可能是日本的化身嗎？

戰爭結束後，日本意識到必須改變自己的行事作風，而且必須迅速採取行動。在日本極富歷史意義地宣布投降後還不到兩周，在美國人還沒來得及接管日本前，日本政府的宣傳部門首腦就大肆宣揚原爆經驗是改變日本世界形象的關鍵。他在日本全國性報紙《朝日新聞》的一篇文章中宣稱，表現「悔改」的最好方式，就是全心全意接受和平的概念。他提出，日本將主導推動未來禁用核武的運動，如此或許就能讓自己從「戰爭輸家」變成「和平贏家」。

當我看著長崎那座巨大的和平祈念像時，不禁想起前述這番話。在我看來，這個肌肉發達的巨人在某方面根本不代表「和平」，而是國家力量。它那顯眼的肢體力量，似乎反映出日本在戰爭前和戰爭期間不斷提倡的武士道精神。在雕像揭幕時，這個國家已經走上了恢復經濟和全民健康的道路。隨著日本在一九五〇及六〇年代國力增強，這樣的雕像無疑是一種讓日本鄰國放心的有效舉措，讓他們別對這個重新崛起的大國產生戒心。也許，它所針對的還不僅只是日本鄰國，更包括日本自己的人民。但其實，只要這個國家最具代表性的戰爭紀念碑真的致力於和平理念，而不是武士道榮耀，那麼日本根本沒有理由害怕自身的實力。

甚至，廣島的原爆圓頂屋也隱約透露出這種思維。廢墟與從灰燼中升起的閃亮建築之間的對比，向來是原爆圓頂屋能召喚情感力量的原因。唯有記住廣島被徹底摧毀的情景，人們才能充分體會到這座城市重生的奇蹟。原爆圓頂屋就像一柄丈量尺，它讓日本人民乃至全世界，看見這個國家自一九四五年以來的發展歷程。

——

廣島和長崎將永遠與一九四五年八月發生的事情糾纏不清。無論對錯與否，許多人都認為這是日本為終戰而必須付出的犧牲；甚至有些日本人還常用這種方式介紹這兩座城市。長崎最著名的一位被爆者永井隆醫師[4]，稱他的城市是「祭壇上的一件燔祭祭牲[5]，是為二戰期間所有國家的罪惡贖罪」。

自那以後，廣島和長崎的遭遇就成了日本其他地區的前車之鑑，驅策它們實現現代化、重塑自我、擁抱昔日敵人。就像本書截止目前所描述的其他地方一樣，它們都已成為歷史的囚徒。但在此進程中，在一定程度上，他們也讓自己國家獲得了解脫。

如今，廣島的原爆圓頂屋與長崎的和平祈念像不僅對日本意義重大，在世界舞台上也引起普遍共鳴。它們代表一九四五年之後，前所未見、威脅全球的新危機，也就是核戰爭的威脅。然而，它們也代表某種更具希望的事物：一個新的時代，以及一個從戰爭灰燼中誕生的世界秩序。這麼說來，或許這兩座紀念碑其實並非世界末日的符號，而是重生的意象——不僅在國家

4　譯注：永井隆（1908—1951），長崎原爆倖存者、作家。

5　譯注：燔祭是指將所獻上的整隻祭牲在祭壇上燒，讓其全部經火燒成灰的一種祭祀儀式。燔祭是猶太教中五祭之一，也是允許非猶太人到聖殿奉獻的一種祭儀。不過，許多宗教或文化都有類似祭儀存在。

層面，在國際層面也是如此。

重生，這就是我在本書最後一部分所要探討的概念。

原爆圓頂屋（原爆ドーム）

◆**所在位置**—日本廣島市，廣島和平紀念公園

◆**保留宗旨**—原為廣島縣產業獎勵館，由於其為一九四五年八月六日的原爆中唯一勉強屹立的建築，而被保留下來以茲紀念。

◆**設計者**—簡．勒澤爾（Jan Letzel，原產業獎勵館的建築師）、丹下健三（以原爆圓頂屋為核心打造廣島和平紀念公園）

◆**占地面積**—約一千平方公尺，高約二十五公尺

◆**落成日**—原產業獎勵館於一九一五年落成，廣島和平紀念公園則於一九五四年完工開放

◆**現況**—一九九六年被聯合國教科文組織列為世界遺產。每年八月六日在廣島和平紀念公園皆會舉辦悼念儀式。

和平祈念像（平和祈念像）

◆**所在位置**—日本長崎市，平和公園

◆**建立宗旨**—紀念於一九四五年八月九日的原爆事件，不僅為遇難者祈求冥福，也象徵對世界和平的期許

◆**設計者**—北村西望

◆**尺寸**—高約十三公尺（含基座）、重達三十公噸

◆**落成日**—一九五五年八月八日

◆**現況**—每年八月九日，雕像前皆會舉辦祈願和平的儀式典禮。

299 原爆圓頂屋與和平祈念像
日本．廣島與長崎

第五部
重生
Rebrith

第二次世界大戰在一九四五年劃下句點，向世界各地帶來一股希望。經過多年的衝突與毀滅，永久的和平似乎終於指日可待。炸彈不再落下。殺戮終將停止。那些獻身於戰鬥的男男女女此刻能夠回家了。

這種普遍對未來懷抱希望的氛圍，隨著人們不再敵對而四處擴散，甚至蔓延至那些受戰爭暴力影響較小或僥倖逃過一劫的地區。曾經激勵世界對抗法西斯主義勢力的言論自由，此時正鼓舞著世界擺脫其他形式的壓迫。例如，從一九四五年到一九四八年，整個南美洲的國家以前所未有的速度推翻當地的獨裁者；看來，一個新的民主時代即將到來。同樣，非洲和亞洲國家領導人也開始倡導一個民族自決的新時代：被殖

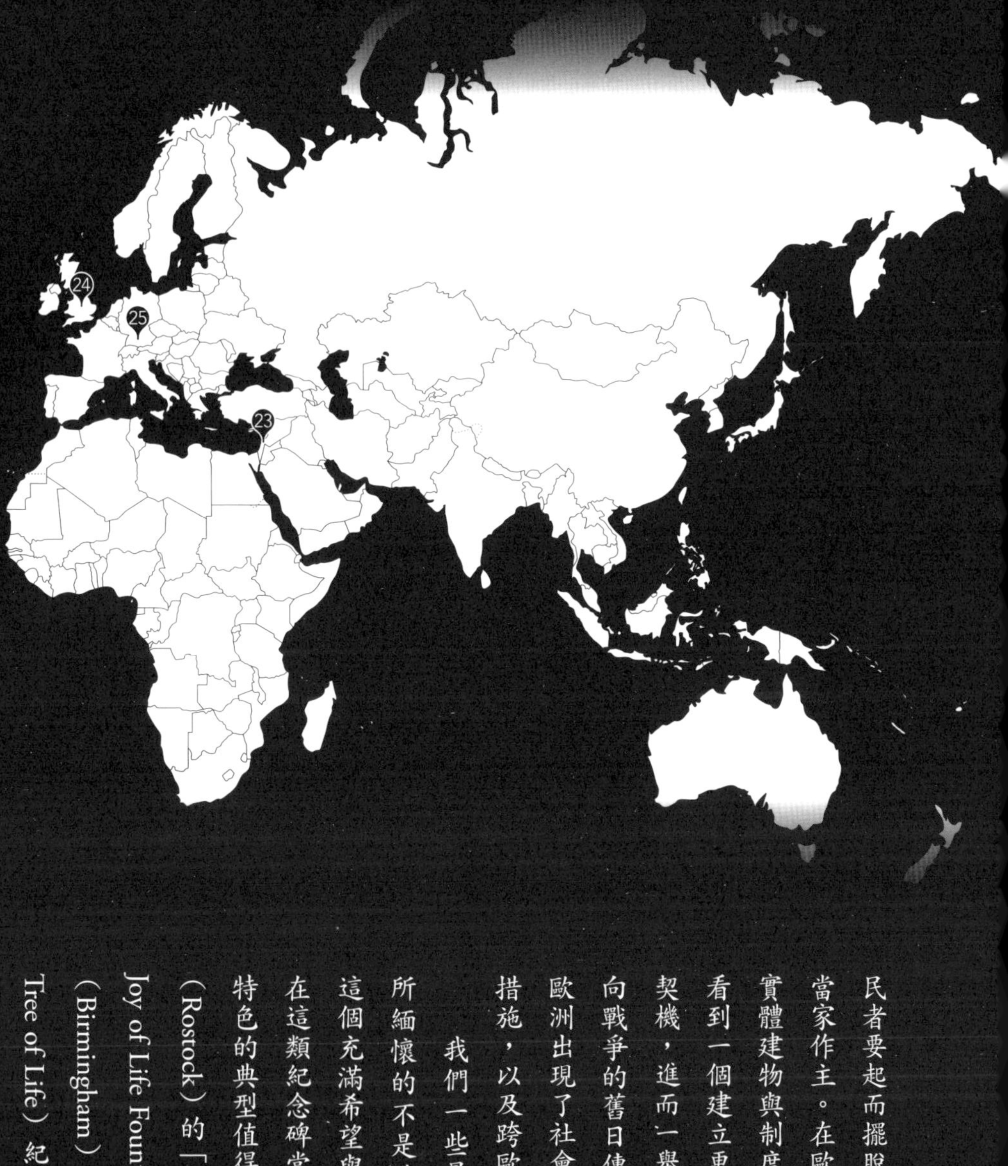

民者要起而擺脫帝國主義枷鎖，自己當家作主。在歐洲，戰爭摧毀了太多實體建物與制度基礎，各地百姓從中看到一個建立更友善、更公平社會的契機，進而一舉廢除當初導致他們走向戰爭的舊日傳統——一九四五年，歐洲出現了社會安全制度、社會住房措施，以及跨歐陸的醫療體系。

我們一些最感人的二戰紀念碑所緬懷的不是戰爭本身，而是當時這個充滿希望與和平的新時代黎明。在這類紀念碑當中，有不少富有傳統特色的典型值得一提。德國羅斯托克（Rostock）的「生之喜悅噴泉」（The Joy of Life Fountain）和英國伯明翰（Birmingham）的「生命之樹」（The Tree of Life）紀念碑，都刻劃出戰爭期間毀於大轟炸的城市浴火重生的景況。此外，世界各地還有許多紀念雕像描繪的，是戰時父母抱著嬰兒的情景——此一象徵充分印證二戰結束後在現實生活中出現的嬰兒潮。就像在廣島的和平紀念公園裡，有一座雕塑是一名母親與她的孩子站在一輪新月上：孩子吹著號角，象徵一個更和平的新時代即將展開序幕。甚至，有些紀念悲劇和毀滅的紀念館，也設有類似意味重生的空間。例如，在南京大屠殺紀念館的花園中，有尊站立在高高柱子上的和平女神像，手中抱著一個微笑的孩子。

這類雕像著實非常感人。但考慮到多樣性，我想再一次拓展我們對於紀念碑構成要素的理解。在本書最後幾章，我會探討一些不那麼傳統的紀念空間，包括一幅壁畫、一座陽台、一座教堂，以及一條徒步小徑。有時，紀念碑會在我們眼前以出人意料的面目出現，因而顯得更加具有渲染力。

第22章

聯合國安理會議事廳壁畫

——我們想去什麼樣的理想世界？

聯合國
紐約市

在美國紐約市，矗立著戰後世界的一個偉大標誌——聯合國總部。這一片建築群是由全球各地的建築師攜手合作設計，使用新時代的材料（混凝土、鋼材與玻璃）打造而成。它就跟一九四五年後建造的許多建築一樣，設計方向乃是為展現人類從戰爭中贏得的一切：自由、希望、現代性、國際合作；而其中最重要的，就是「重生」。

今天，當人們漫步在聯合國總部，會發現許許多多象徵戰爭結束與和平新時代降臨的不朽藝術作品。例如，有一座巨大雕塑刻劃一把劍被重新打煉成了犁頭，以及一座呈現槍管被打了結的手槍雕塑。秘書處大樓前，佇立著聖喬治（Saint George）屠龍的雕塑，標題為「邪不勝正」，而這條龍正是以拆除後的核導彈碎片製成。

然而，或許最能說明聯合國應該代表什麼的，並非其建築本身，也不是散落各處的雕塑，而是這整個組織最重要的廳堂中的一面裝飾。在聯合國建築群後方的會議大樓裡，有一個大會議廳，專門用來舉行聯合國權力最大機構「安全理事會」（UN Security Council，簡稱安理會）的會議。世界主要大國聚集在這裡，討論攸關全球安危的大事。圓形辯論桌上方牆壁上有一幅巨大壁畫，大約九公尺寬、五公尺高，看似完全主宰著整個議事廳。這幅畫是挪威藝術家佩克．羅格（Per Krohg）在二戰結束後創作的，描繪一個經過多年衝突後恢復生機的世界。假如你正在找尋一件藝術作品來總結聯合國及其所代表的一切，那麼選擇這幅畫絕對錯不了。

這幅壁畫概分為上下兩個部分。底部的色調黯淡陰鬱，呈現滿目瘡痍的景象，到處都是彈孔與被遺棄的武器。這個黑暗世界絕大部分都在畫作前景之中；在其中央，有一條龍盤繞在地堡的樑柱上，噙著一把刺穿其身體的長劍。在這垂死巨獸兩旁的，則是一些身陷險境的人類形體：有的蜷縮在洞穴內，有的掙扎著從黑暗深淵中爬出，還有一些仍然穿戴鐐銬、搖搖晃晃，宛若行屍走肉。

相較之下，壁畫上部描繪了畫中所有人物所嚮往的世界，顏色鮮豔明亮。在這個有序而富足的繁榮環境裡，處處都是幸福、健康的人群。其中一些人物正向那些從畫作下部掙扎而上的人施以援手。譬如，在畫作左側，有名男子放下一條繩索，讓一名女子從深淵中爬出；在右側，則有一名亞洲男子與一名西方女子俯身擁抱下方幾名戴著鐐銬的奴隸。

畫中的光明世界訴說著關於自由、幸福與和平的一切美好事物。在畫作左側，一名女子推開窗戶，讓陽光傾瀉而入。在鄰近中央的一對矩形框面中，一群人正在歡度節日慶典：不同種族的孩子們嬉鬧、擊鼓、撒花，他們身後的父母們則排成一列跳著舞；其中一名狂歡者還舉著聯合國的旗幟。貼近壁畫頂端的一排圖像，描繪的是人類的和平活動：最左邊的人物在秤量穀物，最右邊有著透過望遠鏡和顯微鏡凝視萬象的科學家們，而位於兩者之間的則是許許多多的藝術家、建築師和音樂家。

在這幅畫作正中央，可以見到一隻鳳凰從下方衰老垂死的混亂世界中升起。在這象徵重生的經典符號「浴火鳳凰」身後，有一面杏仁形狀的嵌板，上頭描繪著所有民族都努力追求的理想：充滿愛與善的和平時光。在基督教繪畫傳統上，尤其是教堂壁畫中，最神聖的圖像總是安置在一個形狀如此這般的框中，稱為「曼陀拉」（mandorla）。對於深受基督教藝術影響的佩克．羅格來說，這是他在畫中最重要的部分。它呈現了一個理想化的慈愛家庭形象。畫中，一對夫妻跪著對望、緊握彼此的雙手，周圍簇擁著他們的子嗣。一個孩子從樹上下來，將水果遞給妹妹，這象徵著寬厚；最小的孩子依偎在父母腳邊，懷裡抱著一隻和平鴿。

這些意義非凡的核心圖像就懸掛在安全理事會主席座位的正上方。它們描繪安理會所應該努力爭取的一切：重生、慈善、繁榮、各國人民之間的兄弟情誼，尤其是和平。

——

當第二次世界大戰在一九四四年及一九四五年進入最後階段，這些圖像已是全世界正在呼喚實現的願景。成立一個致力於促進世界和平的組織，看來是對多年苦難與暴力最適切的回應。在華盛頓鄧巴頓橡樹園（Dumbarton Oaks in Washington, DC）舉行的一次會議上，來自英國、中國、美國和蘇聯的代表為這樣的一個組織制定了藍圖。中國代表團團長顧維鈞博士的一席發言，或許最精準地總結了此一組織的使命精神。他說：「建立一個有效的國際和平組織，是所有熱愛自由人民的共同希望和願望，他們以生命、鮮血和辛勞做出如此英勇的犧牲。我們對他們以及全人類都負有責任，應該把所有計較都置於實現我們共同目標之後。」

六個月後，一九四五年四月，來自五十個國家的代表聚集在美國舊金山，以期實現這一使命。在接下來的九個星期，他們共同起草了聯合國的創始文件《聯合國憲章》。這項成就讓全世界都為之振奮。放眼全球的媒體，其中《洛桑公報》（*Gazette de Lausanne*）稱頌它是「偉大的歷史創舉」，《印度時報》（*Times of India*）說他是一個「偉大的和平聯盟」，而《海峽時報》（*Straits Times*）甚至讚其為「烏托邦花園」。奈及利亞社運人士埃約．伊塔（Eyo Ita）

在《西非領航報》（*West African Pilot*）中表示：「這是為自由平等人民的世界大家庭提供的大好機會，人類至今還從沒見過比這更崇高偉大的。」

對建立聯合國一事最熱中的某些擁護者，來自一個從前一直試圖將自己置身於全球事務之外的國家，也就是美國。美國兩黨政客似乎都決心要在讚揚聯合國的話語上壓倒對方。來自德州的民主黨參議員湯姆．康納利（Tom Connally）稱《聯合國憲章》是「世界政治作為史上最重要的文件」。共和黨國會議員查爾斯．伊頓（Charles Eaton）聲稱，這份文件將促成「自由、正義、和平與社會福祉的黃金時代」。社會大眾似乎也都同意這一點：在一九四五年七月進行的蓋洛普民意調查中，贊成《聯合國憲章》的人數與反對的人數的比例為二十比一。整個世界似乎對一幕景象滿懷憧憬，而這景象彷彿正好與佩克．羅格不久後畫在聯合國安理會議事廳牆面上的畫作相仿。

人們很容易就會覺得這一切全是空談。但在當時仍被戰爭撕裂的世界，對於未來和平與和諧的願景仍然喚起人們的深切渴望，儘管這種渴望在今日難以確實兌現。有些人對此願景懷抱宗教式的虔誠。當時一名法國士兵講的故事，恰恰說明了人們有多麼渴望聯合國這樣的組織。楊．理查德（Jean Richardot）第一次獲悉聯合國，是在法國北部的戰場上。當時的他正躲在散兵坑裡，有一張沾了泥巴的破報紙從他身邊飄過。他一把抓住報紙以排解自己處於逆境的焦慮。報紙上敘述同盟國正如何嘗試建立一個新的世界組織，目標是「從地球上永遠消除戰爭」。他後來在回憶錄中吐露：「這個消息對我產生了巨大影響，就像上帝傳遞的訊息一般。就在那一刻，我在那裡為和平及這項偉大事業的成功祈禱，我在散兵坑裡鄭重地向自己發誓，倘若我能在戰爭中活下來，我將盡我所能加入這個新的組織。」戰後，理查德信守自己諾言，向聯合國申請一份工作。當時他是兩萬名申請者的其中之一。

———

不幸的是，聯合國從來沒有實現消除戰爭的理想。無論其渴望達成的目標為何，它本身的建立方式讓它根本就沒辦法促進和平與和諧。

首先，該組織直接沿襲其前身，以戰前的國際聯盟（League of Nations，簡稱國聯）為原型。鑒於一九三〇年代國聯在防止戰爭的作為上徹底失敗，不曉得為什麼還有人認為聯合國會表現得比較好。

聯合國權力最大的機構，是將在佩克・羅格壁畫下方召開會議的安全理事會。事實上，它也是聯合國的心臟與大腦。安全理事會是唯一有權做出約束性裁決的機構，所有會員國都有義務執行它做出的決定。可是，這並不是一個平等的理事會。其中五個成員國，即英國、中國、法國、美國和蘇聯，是被賦予特權和責任的常任理事國。與其他安理會成員不同，五大常任理事國不需要每兩年改選一次，無論其他國家高不高興，這五大國都將永遠在談判桌上擁有席位。此外，《聯合國憲章》規定，安理會的所有決定都必須經由五大常任理事國一致通過方能生效；實際卻是，這五個國家因此對其不同意的任何提案擁有永久否決權。

一九四五年，當二次大戰戰況仍然熾烈時，這種安排在一定程度上倒還有理。這五個國家在戰爭中承擔了大部分作戰任務，最有可能在戰爭結束後扮演世界警察的角色。因此，在如何部署其人力與資源的問題上，它們理當比其他國家擁有更大發言權，這看來也是公平的。然而，如此組建安全理事會的後果，也意味著權力掌握在最有能力威脅世界和平的國家手中。正如當時幾個小國指出，任命這五大國為世界警察固然不錯，但要由誰來監管這五大國呢？

佩克．羅格的畫作一九五二年八月揭幕之際，聯合國安理會已然無法發揮它的功能。在過去七年中，安理會曾主持過一連串令人失望的事務，主要因為五巨頭行使否決權致使它無力採取行動。當蘇聯在一九四〇年代奴役了東歐和中歐大部分地區時，安理會袖手旁觀。它任由法國重新對阿爾及利亞和中南半島施行殖民統治，這將在往後幾年給兩國帶來災難性後果。當英國於一九四七年在印度推行徹底失敗的分治政策時，安理會毫不吭聲；當德國裔人民及東歐其他少數民族遭到種族淨化時，安理會也繼續裝聾作啞。它唯一的一次果斷行動，是在一九五〇年介入韓戰。即便如此，它最後也落得一個灰頭土臉的下場：這場戰爭造成了血流成河的大殺戮，於一九五二年夏天已陷入頹勢，看來是以僵局告終。

最糟的是，安理會已被證明無力了結美國與蘇聯之間日益嚴重的分歧。這兩大超級強國幾乎對所有問題的意見都不一致。到佩克．羅格的壁畫揭幕時，蘇聯已經動用過不下四十七次否決權，安理會幾乎陷入癱瘓。一場新的冷戰開始了，其背後肇因於雙方日益劇烈的偏執多疑，加之以核武為後盾。（核武擴散是聯合國未能阻止的又一次危險事態發展。）

這一切都在佩克．羅格的壁畫前面上演。當你在對世態了然於胸時看這幅畫，就會發現它開始呈現出完全不一樣的意義。這時的它看來已不再是對二次大戰之後誕生的光明新世界的禮讚，因為這樣的一個世界顯然並不存在。佩克・羅格本人從未聲稱這是戰後世界的寫照，只說他想描繪出存在於未來某個時空中的理想世界。他寫道：「聯合國和安理會的工作『必須』為一種新的、更有價值的生命型態提供種子。」但願他的偉大壁畫能激勵聯合國朝這個目標努力。

明瞭了前述種種，我們會在錯愕之餘察覺到，安理會主席一般總是背對佩克・羅格的壁畫而坐。這一點意義重大，或許也足以說明一切，因為畫作上半部分所描繪的明亮和諧世界，確實是位於議事廳裡的任何人都無法觸及的。如果會議代表們往身後看，便會發現自己其實坐在畫作底部那些悽苦之人當中。時值一九五二年夏天，世界前景仍然處於一片黑暗混沌。

旁觀者一提起聯合國，很容易就會抱持懷疑態度；面對世人的懷疑，聯合國本身難以擔待。對於一九五〇年代初踏入該組織紐約總部大門的代表們來說，他們懷抱巨大期望。然而，隨之而來的只有更大的失望。這群人勢必是為理想而奮鬥，不然他們哪有精力不斷為永無休止的妥協與共識而努力呢？

想到這一點，也難怪這地方處處都能感覺得到理想主義。即使對於二十一世紀來這參觀的遊客，理想主義的氛圍也都顯而易見。它突顯於聯合國的藝作與建築當中，也確實體現於佩克・羅格的畫作之中。這一點很難向從未親身遊歷過聯合國總部的人解釋，但這裡的確是一個讓人充滿希望的環境，感受一如身處新建成的考文垂大座堂（見第二十四章），那種真摯情感也可說是和身在廣島和平紀念公園同樣強烈。但人們在這裡也能感受到，這裡和其他地方不同，改革真的有機會在此發生，只要各國代表能夠拿出政治誠意。

但是，倘若聯合國要在實現世界和平方面大步前進，那麼它首先必須朝著自我改革向前邁進。我第一次參觀聯合國安理會議事廳時，最令我錯愕的，是它看上去何其滄桑。紅色的老皮革椅和浮誇的採光，讓整個大廳看來就像一個從一九五〇年代遺留下來的時空膠囊。佩克·羅格壁畫占滿了整面東牆，看起來過時得令人絕望。不僅是畫中人物穿戴的服裝、帽子和髮型全都屬於一九五〇年代，還有人物本身塗抹的鮮豔油彩，在今天看來像極了卡通人物。其中一些意象似乎也屬於過往年代；例如，位於畫作右上角笨重的望遠鏡和顯微鏡似乎不再具有未來感。此外，在一個以社群媒體為主導的時代，畫裡描繪的老派社區觀念也讓人感覺不合時宜。如果徹底改造整個議事廳不可能的話，那麼想當然至少可在現有的基礎上增添一些當代元素？這樣一個具有重要象徵意義的地方，應當看來與我們今天的生活息息相關才對。

聯合國本身也已過氣了——在這個特別的議事廳裡開會的機構尤其脫離現實。構成安全理事會核心的五大國已不再像以往那樣強大。英國和法國已經不再是帝國；如今，它們的國力甚至比不上世界十幾個規模相當的國家。蘇聯已不復存在；雖然俄羅斯現在接替了蘇聯在安理會的固有席位，但彷彿只是前蘇聯留下的影子。唯一繼續主導世界事務的兩個國家是美國和中國。與此同時，德國、日本和印度等國家自一九四五年以來國際地位不斷提升，但是在聯合國事務中的發言權並不高於列支敦斯登（Liechtenstein）[1]或密克羅尼西亞（Micronesia）[2]等小國。

儘管曾經多次嘗試改革，安理會的架構自一九四五年成立以來，基本上沒有變動。那些目前掌權的國家並不願放棄權力，不管他們在全球事務中的真實地位究竟如何；對於是否或如何與新興世界國家分享權力，大家莫衷一是。這就像佩克．羅格的畫作一樣，似乎定格在時間的長河之中。

這麼說來，這幅壁畫便以一種怪異的方式繼續呈現出高度的象徵意義——雖然或許不是佩克．羅格心中期許的形式。畫作前景中的黑暗依舊讓人壓抑難耐，深景中的烏托邦似乎比以往任何時候顯得更遙不可及。在這一切之上，籠罩著一種萬事停頓的氛圍，使我們如同畫中人物一般，成為歷史的囚徒。

1 譯注：瑞士與奧地利之間的小國，國土面積一百六十平方公里，人口約十一萬。

2 譯注：西太平洋島國，全國陸地面積七百零二平方公里，人口不到四萬人。

聯合國安理會議事廳壁畫（United Nations Security Council Chamber Mural）
◆**所在位置**—美國紐約市，聯合國總部的聯合國安理會議事廳
◆**建立宗旨**—激勵聯合國實現其建立世界和平的目標願景
◆**設計者**—佩克．羅格（Per Krohg）
◆**尺寸**—約五公尺高、九公尺寬
◆**落成日**—一九五二年八月二十二日
◆**現況**—曾於二〇一〇年四月至二〇一三年四月進行大規模的修復工作。

第23章

猶太大屠殺紀念館陽台

©Keith Lowe

——以紀念之名，我們在此重生。

以色列
耶路撒冷

猶太大屠殺博物館全景

並非所有紀念碑都是雕像或藝術創作。也並不是所有紀念碑都有一塊牌匾說明它代表的意義。有時，我們的記憶會以驚人的形式出現在我們眼前。橋樑、大門、堡壘、一座廢墟或一堵牆──即使是最簡單的建築設計，如果在正確的時空環境下觀察，也能傳達出意義。

這一章描述的正是如此這般的一種設計──耶路撒冷的猶太大屠殺博物館盡頭的陽台（Balcony at Yad Vashem）[1]。與我至今敘述過的其他建築不同，這地方從未發生過任何特定歷史事件；事實上，它是在二〇〇五年才建成。儘管如此，它仍然承載著沉重的歷史意涵。它不僅是一個民族重生的有力象徵，也代表著一個政治意義上的國家的形成；正因如此，它就像本書中任何其他紀念碑一樣備受爭議。

猶太大屠殺紀念館（Yad Vashem）是一個不尋常的組織。一九五三年，以色列議會一致投票決定為大屠殺遇難者建立一座紀念園區。在接下來數十年間，該組織分別以數種不同形式發展。它開辦了一個研究機構、一所圖書館、一間出版社，以及一所專門研究大屠殺的國際學校。在其監督建造之下，紀念園區裡林立著許許多多紀念碑。此外，它還針對一般民眾開放了一座歷史館。今天，以色列的猶太大屠殺紀念館已成為世上首要紀念園地之一；引用諾貝爾和平獎得主艾利．魏瑟爾（Elie Wiesel）的一句話，它是「猶太人記憶的核心與靈魂」。

對每年前來參觀的大約一百萬名遊客來說，園區內的大屠殺歷史館是極其重要的景點。它

1 譯注：希伯來文中，Yad是「紀念」，Vashem是「名號」，因此Yad Vashem在字面上的意思就是「以紀念之名號」；該詞典故出自《舊約聖經．以賽亞書 56—5》：「我必使他們在我殿中，在我牆內，有紀念，有名號，比有兒女的更美。我必賜他們永遠的名，不能剪除。」

於二〇〇五年開放，取代了原來那座建造於一九六〇年代的舊館，而新館的建築構造則被標榜為其最具特色的元素之一。這座歷史館的建築結構呈狹長形，形狀像一個三角柱，從赫茨爾山（Mount Herzl）一側開鑿，貫穿整個山體後從另一側透出。這座建築的大部分都藏身於山腰之中，只有兩端露在外面；其中一端封閉，就像瑞士三稜柱巧克力棒的包裝盒，而另一端則有一座巨大的開放陽台，伸展於茂密森林覆蓋的山谷上方。

當你走進歷史館，第一眼就會看見遠處的陽台。它兀立在一條黑暗、樸實無華的步道（整條步道彷彿支撐起整座博物館）的盡頭：實際上，它就像是一條長長隧道盡頭的亮光。很自然，直覺告訴你應該朝著光明前進，但是你根本辦不到。步道被迂迴穿插在水泥地板上的線網與溝渠，不斷堵住人們的去路。這裡沒有通往陽台的捷徑——你只得在中央走道兩側的一系列暗室中來回曲折繞行，之後才能抵達陽台。

步道兩旁的這些房間裡，展示著猶太人在歐洲被圖謀滅絕的歷史，一間比一間悲慘。展覽首先以大屠殺之前猶太人生活中的辛酸點滴展開序幕，講述猶太人一路歷經迫害、監禁、屠殺、強迫隔離、英勇抵抗、集中營的恐怖，乃至最終的解放。每走出一個房間、重新穿過中央走道，你的目光都會被步道盡頭的陽台的亮光吸引，但你就是無法直接走過去。

隨著你緩步前進，房間變得越來越暗，也越來越幽閉。影像、照片和資訊螢幕都在歷史館粗糙的灰色混凝土牆襯托下呈現。一直到展覽接近尾聲，展間裡展示了戰後猶太人逃出歐洲前往以色列，你才得以脫離這一連串展覽間。

最後一個展覽間名叫「人名廳」（Hall of Names），是一個有著圓形拱頂庫房，裡面存放著數百萬名受害者的生平細節。

唯有你離開這最後的展覽間，才終於能夠走上一條通往步道盡頭的陽台的陡峭水泥斜坡。當你走出大門，沐浴在大片陽光下，整個猶太山區（judean hills）在你面前豁然開朗，這種效果讓人感覺十分舒暢。在經歷令人壓抑的黑暗、混凝土牆、封閉空間，以及可怕駭人的歷史之後，能夠在這上頭站一會兒，欣賞下方陽光普照的蒼綠樹叢，是種無與倫比的享受。

歷史館透過其建築結構，將一種教育經驗轉化為深刻的情感體驗，帶著訪客一路穿越黑暗、進入光明，從歐洲的恐怖到以色列的救贖，從浩劫到重生。從陽台上看見的景色是歷史館的最後一件展品。這是對大屠殺倖存者的恩賞，作為他們經受苦難的慰藉：以色列之土，他們終可在此安身立命。

廣義來說，這座陽台所傳達的訊息，和猶太大屠殺紀念館的組織立意相似。紀念園地本身就是重生與救贖的象徵。以色列政府在一九五三年成立猶太大屠殺紀念館，但初期資金有半數來自「猶太人對德物質索償聯合會」（Conference on Jewish Material Claims against Germany，簡稱索償聯合會）。換言之，先前迫害猶太人的一方支付的賠償金，理所當然用來建立對那些迫害的永久紀念。自那時起，索償聯合會便源源不絕地向猶太大屠殺紀念館提供金援。

紀念館建在赫茨爾山，這座山也具有高度象徵意義。有別於耶路撒冷及周邊眾多其他地點，赫茨爾山與舉凡遠古歷史或舊約聖經上各種典故都扯不上關係。也就是說，這個地點可以不必像耶路撒冷的其他大屠殺博物館如大屠殺遇難室（Chamber of the Holocaust）那樣，事先便已沾染了漫長歷史中數不清的死亡與毀滅——這地方，是一個新的開始。歸根究底，猶太大屠殺紀念館的創辦者等同於聲明，猶太人遭到迫害的歷史到此為止，所有一切終於重新開始。

除此之外，赫茨爾山還別具其他深意。這座山象徵著以色列民族主義。它是以錫安主義（Zionist，又譯為猶太復國主義）創建人之一、有著「猶太國家精神之父」之稱的西奧多・赫茨爾（Theodor Herzl）[2]命名。一九四九年，赫茨爾本人的遺體也從維也納移靈至此。因此，這座山不僅有以色列國家領導人之墓，也安葬著以色列陣亡將士。在猶太大屠殺紀念館於此設立之前，這裡早已是充滿傳統的地方。

今天，猶太大屠殺紀念館所在地緊連著周遭許多屬於以色列國的重要地點，甚至還修築了一條紀念道路互相聯通。為了宣示領土主權，路旁的告示牌進一步將此訊息清楚傳達：上面寫道，這條道路將猶太大屠殺紀念館、國家軍人公墓、國家領導人墓地，以及赫茨爾陵寢連接在一起：「沿此道路而行，是從災難到重生的一次象徵性時光之旅。代表猶太人從散居海外到重返猶太人民家園的旅程，也是從流亡、毀滅到回歸奮鬥建立以色列國並充滿希望地生活下去的旅程。」

這是以色列今日宣講的正式訊息。雖說大屠殺是一場浩劫，但也開啟了重生之路。倘若沒有大屠殺，以色列國可能永遠不會成立。

也許出於在這背後的深刻意涵，前來以色列訪問的貴賓在進行公開活動前，總會先被帶去參觀猶太大屠殺紀念館。外國領導人來訪時，得先造訪大屠殺歷史館，然後在附近的紀念堂敬獻花圈。這全都是強制性的行程；據以色列資深外交官塔利亞・拉多爾—弗雷瑟（Talya Lador-Fresher）稱，凡是不願接受這些行程安排的外國領導人，都會被禮貌地告知，他們或許根本不該來以色列。「猶太大屠殺紀念館是我們歷史的重要一環，」二〇一二年她對《以色列時報》（*Times of Israel*）如此說道，「即使到了今天，如果不了解大屠殺，你也無法了解以色列。」

於是乎，他國的總統和總理們毫無例外地被帶到這座貫穿耶路撒冷城外一座山體中長長的三角柱形建築。來到這裡，他們只好沿著步道穿過一連串黑暗、幽閉的恐怖展間，最後勉為其難地體驗走出陽台後，欣賞猶太山景致時那鬆了一口氣的感覺。他們不得不去看猶太人眼中的歷史。他們被迫要和猶太人有著相同的感受。猶太大屠殺紀念館和它的陽台，是個不折不扣、重要的外交工具。

如同所有國家，以色列也被自身的歷史牽制。而且，以色列致力推崇其歷史上展現正面調

2 譯注：西奧多・赫茨爾（1860—1904），原為奧匈帝國一名猶太裔記者，後被奉為以色列國父。

性的政治話語，同時積極掩蓋那些不怎麼討喜的非議。然而，正是被以色列政府忽視、被猶太大屠殺紀念館排除的事物，才導致官方所傳達的這種救贖與重生的訊息如此備受爭議。

首先，它刻意粉飾了大屠殺倖存者在戰後抵達以色列（直到一九四八年以前，這裡都被稱為巴勒斯坦）時所受到的待遇。許多貧窮、衣衫襤褸的歐洲猶太人從海法港（Haifa）離船登岸，受到巴勒斯坦出生的猶太人（後來被稱為薩布拉人〔Sabras〕，是巴勒斯坦土生土長的猶太人）冷淡歡迎。很少薩布拉人真正理解戰爭期間歐洲猶太人的處境多麼令人絕望。某些薩布拉人認為，歐洲猶太人是軟弱的順民，願意像「羔羊一般任人屠宰」。這導致儘管大屠殺倖存者很高興能在歐洲以外地區獲得新的居地，本地猶太人卻讓他們在這沒有家的感覺。一直等到一九六〇年代，薩布拉人和歐洲猶太人才總算開始較為緊密地融合，並廣泛接納彼此同為以色列國的兄弟姐妹。

其次，把新成立的以色列國說成是猶太人避風港的想法，也是無可救藥的理想主義。在猶太大屠殺紀念館的園區，距離歷史館不遠處有一座名叫「致最後的族人」（Memorial to the Last of Kin）的紀念碑：它是獻給那些作為整個家族的倖存者，僥倖逃過發生在歐陸的大屠殺來到以色列，但為了新成立的國家作戰犧牲的人。這顯示巴勒斯坦在二次大戰之後的頭幾年裡危機四伏。這個國家自一九四七年起，便已陷入與阿拉伯人爭奪土地的爭戰。以色列於一九四八年宣布獨立，隨即遭到幾個阿拉伯鄰國入侵。假如人們在一九四八年的時候站在猶太大屠殺紀念館的陽台上，眼前的景象就全然不是一片和諧寧靜。當時的以色列處於戰火之中；在二十世紀剩餘的時間裡，以色列陷入一場又一場戰爭裡。

最後一點、或許也是最具爭議的一點，在於猶太大屠殺紀念館所展示的歷史，嚴格來說是非常「猶太」的歷史。就像世界各地的國家博物館一樣，它過濾掉了與眼前敘事無關的其他史觀。舉例來說，最顯而易見的就是，它將涉及巴勒斯坦阿拉伯人的歷史完全消音。我並非為此特意批評猶太大屠殺紀念館；任何像它的歷史館一樣的博物館，都有必要維持其展覽主軸，而這個歷史館的目的是描述大屠殺的恐怖，而非考證阿拉伯人與猶太人雙方關係的歷史。話雖如此，但這種將以色列土地描述為一種神賜恩澤以緩解大屠殺倖存者之傷痛的鋪陳方式，讓人感覺有點不太厚道。一九四八年的以色列（巴勒斯坦），並不是一塊等著被殖民的空曠無主之地，也不是專為創傷患者準備的療養之所。這是一片本身就擁有悠久而豐富的歷史的疆土，而其中泰半都與猶太人毫無瓜葛。

沒錯，猶太人是與這片土地有著密切的精神與歷史連結，但是光憑這一點並不足以使它成為猶太人屬地。在過往的一千五百年裡，這塊土地上的絕大多數人口是巴勒斯坦阿拉伯人、貝都因人（Bedouins）[3]和基督徒。在如此漫長的一段歲月中，這塊土地陸續經歷了羅馬人、波斯人、穆斯林哈里發（caliph）[4]、馬穆魯克[5]蘇丹（Mamluk）、鄂圖曼帝國皇帝，以及自一九一八年起的英國人統治。在數個世紀間，猶太人一直與這些族裔共同生活在這裡，而且人

3 譯注：以氏族為基本單位在沙漠中過遊牧生活的阿拉伯部落。
4 譯注：伊斯蘭在宗教及世俗上的最高統治者的稱號。
5 譯注：馬穆魯克是九至十六世紀盛行於中東的奴隸兵，起初為阿拉伯哈里發和阿尤布王朝蘇丹提供軍事服務；但自十三世紀中期開始，這群奴隸兵起而建立了自己的王朝。

數並不多。直到十九世紀末，歐洲移民開始湧入，猶太人口才開始再次增長。一九二〇年代及三〇年代，一波又一波的歐洲猶太人繼續遷移至此，原因往往是為了逃避其他國家的迫害，但即便到了一九四五年，他們的人口也不及總人口數的三分之一。巴勒斯坦始終是阿拉伯人占絕大多數的一塊土地。

在猶太復國主義移民剛來到巴勒斯坦的早期，猶太人和阿拉伯人大致上彼此和平共處、相安無事。但阿拉伯人無可避免開始怨懟如此大量外國人來到自己土地，尤其當他們得知猶太人不僅只打算在此安居樂業，其最終目的更是要建立政權、取得控制。一九二〇年代初，耶路撒冷和雅法（Jaffa）等地爆發騷亂，數十名猶太人遭到殺害。幾年後，一九二九年，又發生另一次暴亂：一群阿拉伯暴徒在希伯倫（Hebron）屠殺了六十七名無武裝的猶太人，其中包括婦女和兒童。這是為日後危機埋下伏筆的首次暴行。

猶太人為了報復，隨即建立自己的民兵組織。這些準軍事部隊大多只專注於保護猶太村莊不受攻擊，但其中某些組織，包括聲名狼藉的伊爾貢（Irgun）[6]，則毅然決然地採取更具攻擊性的戰術。為了報復對猶太人的暴力行為，他們開始恐嚇阿拉伯平民。他們把公共汽車上、咖啡店和市集等公共場所的人群當作攻擊目標。他們曾多次朝著阿拉伯人群投擲手榴彈，以盡可能地製造恐怖。這則是另一起為日後危機奠定基礎的事件。

二戰過後，猶太人和阿拉伯人之間的緊張關係進一步惡化；雙方都指責英國人未能控制住暴力行為。像伊爾貢這種強硬派猶太組織則認為，保護好自己的唯一辦法，就是把英國人趕出巴勒斯坦，然後由他們來控制這個國家。他們對英國人發動了一系列恐怖襲擊，就連英國人在耶路撒冷大衛王酒店（King David Hotel）的總部都遭到炸彈攻擊。終於，英國人對於調解雙邊衝突感到厭煩透頂，便把問題丟給了聯合國。

接下來發生的事情直到今日仍然爭議連連。聯合國投票決議將巴勒斯坦一分為二——一部分給猶太人，另一部分給阿拉伯人。阿拉伯眾領袖拒絕接受這項決定，而全國各地對猶太人的襲擊也大幅增加。為了一勞永逸了結此事，猶太軍隊甘脆占領了他們自認為已是自己領土的那部分土地，把原本住在上面的阿拉伯人統統趕走。他們為保護猶太群體所採取的唯一手段，就是想盡辦法驅逐更多阿拉伯人，而且不分青紅皂白。

根據以色列官方對這段發生在早期歷史的暴力情事的描述，阿拉伯人從未被刻意驅逐，而是自願逃離。不過，就連曾經參與這些行動的猶太士兵也承認，阿拉伯人是被故意趕走的，以色列營造的極端暴力氛圍逼得阿拉伯人不得不離開。好幾百個村莊就這樣被清空了。

暴行也難以挽回地發生。最著名的一起事件，發生在距離耶路撒冷不遠的代爾亞辛村（Deir Yassin）。一九四八年四月，就在以色列正式宣布獨立前的一個月，以色列的準軍事部隊開進這座村莊，士兵開槍並投擲手榴彈，殺害了絕大部分村民。以色列伊爾貢組織在這次行動中再度扮演主要角色。過程中，至少有一百人遭到屠殺，包括婦女及兒童。正如一九二九年的希伯倫大屠殺被當成阿拉伯人對猶太人施暴的象徵，很快地，代爾亞辛大屠殺也成為猶太人對阿拉伯人施暴的象徵。

6 譯注：猶太復國主義恐怖組織，一九三一年至一九四八年間活躍於巴勒斯坦地區。

一個月後，以色列國宣布成立。周遭的阿拉伯鄰國試圖在這個新國家尚未站穩腳步前將之摧毀，以色列隨即和它們進行了一場短暫但具決定性的戰爭，繼而進入一種令人不安的和平。自此以後，那種不安狀態便一直存在。

這些事情沒有一件在猶太大屠殺紀念館的展覽中提及。不過這倒也沒錯；那是另一個機構的主題，並不是一個專門紀念大屠殺的地方該處理的。但是，那些因政治因素被帶到其歷史館的外國領袖應會記得，除了這地方的一面之詞，在他處還有關於以色列過去種種的其他故事。走出展覽後踏上的陽台，以及從陽台俯瞰猶太山的景色，其實並不如看上去那般像是人們已經找到了一個圓滿的結局。

阿拉伯人有自己的組織，會努力確保這些過去不被遺忘。其中，有不少都特別強調，當人們站在猶太大屠殺紀念館的陽台上望向北方，會看見代爾亞辛村曾經矗立的山頭。

值得慶幸的是，有些猶太組織也同樣不遺餘力紀念這段過去。其中，一個名為「緬懷代爾亞辛」（Deir Yassin Remembered）的團體對猶太大屠殺紀念館作出以下評價：

大屠殺歷史館如此動人，而「永別忘記人類對人類施加的不人道」是句至理真言。兒童博物館尤其令人心碎；在一個擺滿蠟燭和鏡子的黑暗房間裡，在大屠殺中死去的猶太孩子的名字和出生地被逐一念出，即使再冷漠的人也不禁落淚。離開歷史館的內部展間後，遊客將會面朝北方，直視代爾亞辛。這時，人們的身旁沒有註記、牌匾、紀念碑，也沒有任何導覽說明。但是，對於那些曉得他們正在看著什麼的人來說，天底下最大的諷刺莫過於此。

以色列人無法逃避這段歷史，正如同他們無法逃避二次大戰期間所發生事件的歷史一樣。猶太人在以色列的重生確實是一則感人而美麗的故事，但它並不像猶太大屠殺紀念館的經典陽台所暗示的那樣簡單。這是一個混亂、暴力的歷史造業，裡面有贏家也有輸家。

如果以色列人真的希望接受自己的過去，他們必須不時提醒自己，猶太大屠殺的恐怖魔力時時在以色列的記憶中作祟，而那場大屠殺並不是他們在國家建立以前所遭遇的唯一痛楚。

猶太大屠殺紀念館（Yad Vashem）

- **所在位置**—以色列耶路撒冷，赫茨爾山
- **建立宗旨**—一九五三年根據以色列國會通過的《猶太大屠殺紀念法》成立，為紀念六百萬餘被納粹屠殺的猶太人。
- **設計者**—原址由穆尼歐．韋浩普（Munio Weinraub）設計、二〇〇五年新闢的新館則由摩西．薩夫迪（Moshe Safdie）設計。
- **占地面積**—舊館約一千平方公尺，新館約四千兩百平方公尺
- **落成日**—二〇〇五年三月十五日
- **現況**—前來以色列訪問的貴賓在進行公開活動之前，總會先被帶去參觀猶太大屠殺紀念館。自落成以來，這裡每年吸引約一百萬名遊客。

第24章

考文垂大座堂與釘子十字架

©Keith Lowe

——當鳳凰浴火重生，意味著結束還是開始？

英國
考文垂市

Photograph permission of Coventry Cathedral

二次大戰期間在英國遭到轟炸的所有城市當中，有一座向來引人注目。位於英格蘭西米德蘭茲郡（West Midlands）的考文垂市（Coventry），是一座在一九四〇年遭到空襲後聞名於世的城市；從象徵意義上來看，它在英國的地位不亞於德國的德勒斯登或日本廣島。

考文垂市中心有一座追思這場慘痛悲劇的紀念碑，那便是考文垂大座堂（Coventry Cathedral）的廢墟；它可能是這座城市最著名的地標，永遠提醒著人們第二次世界大戰留下的創傷。紅色砂岩牆的殘骸如鋸齒般突出於地面。哥德式窗扉已不見蹤影，而古老的窗玻璃早已破碎或被移走。曾經隱身於聖堂內部空間的祭壇、中殿、側堂，如今散落在外，斑駁崩離；曾經鋪在教堂地面的裸露石板之間，則冒出了一叢叢野草。損毀的柱子殘樁形成一條通往教堂中心的走道，靠邊上一點還可以看到殘存的石階，讓人驚覺那便是從前講道的地方；然而，它也和教堂其他部分一樣遭到焚毀。

這處遺址本來最終可能變成恐怖與浩劫的象徵，就如同法國格拉納河畔奧拉杜小鎮的廢墟。但話說回來，這並不是它傳達的中心意旨，反而是宗教情懷在更多方面贏得了人心。考文垂大教堂廢墟比我提過的幾乎所有紀念碑都更具傳奇色彩，也更能給人們帶來希望。

要想理解這一轉變是如何發生的，我們需要更仔細地看看戰爭期間發生在這裡的災難，以及它對考文垂後來的歷史產生的巨大影響。

一九四〇年十一月十四日晚間，發生在考文垂的轟炸，可以說是二戰期間德國對英國所進行過最持久的一次空擊。晚上七點剛過，轟炸就開始了，而且持續了一整夜。當最後一批炸彈於空襲開始大約十小時後落下，已有四百多架德國飛機向這座城市投下了超過五百公噸高爆彈和燃燒彈。雖然比起後來盟軍在漢堡與德勒斯登這些城市的投彈量，五百公噸只算是零頭，但在此次轟炸攻擊的當下來說可是創紀錄的巨大數目。

當時，德軍轟炸機是在一種革命性技術「雷達波」的引導下飛臨目標上空，但是人人都曉得，大多數轟炸機這次根本不用依靠雷達：這座城市一下子就燃燒得如此通紅明亮，從大老遠幾英里外就能看見。「我從沒在空襲中見過如此密集的大火，即使在倫敦也沒有。」當晚出勤的德國飛行員之一君特．昂格爾（Günter Unger）說道，「通常，在我們的目標城市，著火範圍都會分散開來，但這次沒有。你不可能錯過目標。」

德國人轟炸考文垂的理由相當充分：這座城市擁有全英國最大且最重要的工業區。這裡的工廠生產飛機發動機、裝甲車、防空氣球、電力設備、機床、高頻無線電，以及其他許多對英國在戰爭上至關重要的物資。但這還不是德國人轟炸這座城市的唯一原因；根據德國宣傳，這次轟炸是為了報復英國不久前對慕尼黑的空襲。換句話說，這裡只是自轟炸機戰爭開始以來，雙方不斷進行的以牙還牙、以眼還眼行動的最新受害者。

考文垂的幾家工廠遭到德軍炸彈嚴重破壞，其中包括凱旋（Triumph）機車製造商和通用電氣公司（General Electric Company）的電纜廠，這些工廠都被徹底摧毀。除了這些軍事目標以外，數以千計的平民建築也被摧毀。考文垂市圖書館毀於祝融，一家全新開幕的百貨公司、一所學校和一家醫院也被燒毀。許多商店、公共建築、辦公室及兩千五百間民房全毀。此外，還有另外兩萬間房屋嚴重受損，被認為已不能再繼續住人。

在這場轟炸當中，大教堂也難倖免。教堂大主教理查．霍華德（Richard Howard）拼命想救火。他和另外三名志願者強頂著惡夜躲避燃燒彈，然而炸彈落得又多又快，四個人很快就完全無能為力。消防隊是在火勢一發不可收拾後趕到；但是當消防水全部用盡了，他們還是無法挽救這座建築。最後，消防隊員和神職人員只能眼睜睜站在那裡，看著這座大教堂與考文垂市中心其他部分一同毀於大火。

此後不久，英德雙方的宣傳機器都試圖利用在考文垂發生的事件壯大聲勢。納粹很快宣布他們的轟炸行動是力量的象徵。一家廣播電台說，這座城市已經被「徹底摧毀」。另一則廣播宣稱考文垂的工廠遭到極嚴重破壞，再也無法運轉；他們說：「這是對考文垂徹底的、而非局部的破壞。」希特勒的傳聲筒甚至創造了一個新用語 *coventrieren*（考文垂式痛擊），意指運用猛烈轟炸徹底消滅一個城市——暗示這是隨他們高興，可一次又一次重複的行動，並表示英國遲早會投降，因為德國一定會打贏戰爭。

在此同時，英國報紙把考文垂當作撻伐納粹暴行的有力標誌。《泰晤士報》在那年十一月十六日的一篇社論中稱考文垂為「一座殉道之城」——這一描述將在戰爭持續延燒的日子裡界定考文垂的地位。幾乎每家報紙都刊登了大教堂廢墟的照片；部分原因在於，這些照片比任何一張毀損工廠的照片都來得更為感人，同時這些照片也讓德國人的空襲行動喪失正當性，並顯得更加野蠻。

當這些照片跨越了大西洋，便成了說動美國支持英國的有力工具。《紐約先驅論壇報》的一篇報導很有代表性：「在照片中，考文垂的聖米迦勒座堂（St Michael's Cathedral）的枯槁廢墟凝視著我們，」它如此報導道，「它無聲地道出了一種瘋狂、一種深沉的野蠻，而這些東西被施加在西方文明之上。美國應當義無反顧給予英國人一切抵抗敵人的援助。」

這些照片也向那些想要復仇的英國人發出了戰鬥口號。十一月十七日《星期日快報》（*Sunday Express*）的頭版報導措辭激烈。它也展示了一張大教堂廢墟的照片；在版面最上方、占滿整張報紙寬度的橫幅標題寫道：「上帝啊，請祢為那天晚上施加在我們身上之事報仇。」

雙方都打算利用考文垂作為彰顯自己乃正義之師的象徵。不過，除了這些戰爭宣傳，也有其他聲音在呼喚一種截然不同的象徵主義。在考文垂市，一些最具影響力的人士反而從基督教傳統出發，向世人弘揚一系列精神層面的價值觀。

大轟炸過後的隔天早上，理查・霍華德大主教向他的信眾們莊嚴宣告。「大教堂將再次拔地而起，」他說道，「它會如同對過去幾代人那般，成為後世子孫的驕傲。」在外人眼中，這聽來像是簡單明瞭的不屈服聲明：儘管他的大教堂被毀，但他拒絕認輸。然而其中另含深義。霍華德所表達的，是一條基督教的核心教義，也就是「重生」。他把大教堂比喻為基督化身，意指大教堂也會死而復生。

過了六週之後，霍華德大主教又更進一步，在教堂廢墟上透過廣播電台向全國發表聖誕致辭。他闡述了他對未來的展望：「我們想要告訴全世界的是，今天，基督在我們心中重生，我們正在努力，不管多麼困難，都要驅除一切復仇的念頭……在這場紛爭之後的日子裡，我們將努力創造一個更友善、更單純、更接近嬰孩基督的世界。」

考文垂的許多人都受到霍華德感召。大轟炸過後幾個星期裡，教堂的石匠喬克．福布斯（Jock Forbes）從瓦礫堆中蒐集若干較大的石頭，搭建了一座克難的祭壇，以便在這座被毀的教堂裡繼續舉行禮拜儀式。他撿起兩根燒焦的橡木屋頂橫樑，綁成一個十字架形狀。這支木炭十字架後來被保存了下來，至今仍在教堂內展示。

與此同時，當地一位名叫亞瑟．威爾斯（Arthur Wales）的牧師用他從廢墟中撿來的三枚中世紀屋頂大樑上的釘子，做成另一支十字架。起初，他用鐵絲把它們綁在一起，後來又把它們焊接起來並鍍上金屬。這支「釘子十字架」（Cross of Nails）豎立於祭壇上。自那以後，它始終是大教堂及其所代表之一切的有力象徵。

二戰結束後，石造聖堂殘垣上銘刻了一句話：「聖父，請原諒」（Father Forgive）。如今，遺址中還能看到這句燙金字樣。

遺憾的是，時值一九四〇年，世界還沒有準備好接受這種寬恕的話語。戰爭仍然打得你死

我活。在接下來幾個月裡，轟炸行動越演越烈——最後看來，考文垂只是納粹閃電戰中一長串受創嚴重的目標城市之一。作為回敬，英國皇家空軍對呂貝克（Lübeck）、羅斯托克、科隆（Cologne）、漢堡、德勒斯登以及其他上百座德國城鎮，進行了毀滅性的轟炸。第二次世界大戰致使歐洲各地城市滿目瘡痍。

一直等到一九四五年，戰爭終於結束，人們才真正把心思投入到重建工作上。在許多地方，光是清理廢墟就耗費了好幾年。例如，考文垂大教堂的滿地碎石爛瓦直到一九四七年才全數清理乾淨，這時距離它被摧毀的那年已過了將近七個年頭。

在全歐洲，人們都在討論如何進行重建。許多人只希望讓他們的城市回復到戰前的模樣；但也有人把這些破壞視為是一次建造更新、更好、更符合戰後時代所需的契機。其中一人就是考文垂的城市規劃師唐納德．吉布森（Donald Gibson）。吉布森的一句名言，是把大轟炸形容成「因禍得福」。他說，德國人已經「清除了城市的中心地帶，所以我們現在可以重新開始」。

在後來的歲月中，考文垂將被視為英國現代都市規劃的開路先鋒。它會是英國第一座實現市中心完全無車化的城市：駕車者不必開車進城，而是把車停在特別建造的嶄新停車場，然後徒步逛街購物。根據吉布森的新都市規劃，那些遭到戰爭破壞損毀的古老歷史街道都被一掃而光，取而代之的是一個現代化的購物中心，那裡街道寬敞，廣場上沒有噪音與汙染。

接著，考文垂很快就採用了一個新符號作為城市象徵：鳳凰。一九四六年，考文垂市中心舉行隆重的「整平石」（Levelling Stone）安放儀式，以慶祝城市重建動工，石頭上就刻有鳳凰圖像。後來，鳳凰圖像也被添加到考文垂的城市徽章，以及市立蘭切斯特理工學院（今日的考文垂大學）校徽中。一九六〇年代初，當地藝術家喬治・瓦格斯塔夫（George Wagstaff）受託在市場街（Market Way）中心塑造一座鳳凰雕像。今天，這隻神話中的鳥兒已遍布考文垂的大街小巷。

而在這當中，最偉大的鳳凰或許便是這座大教堂。自霍華德大主教在空襲隔日早上發表那場著名的宣言開始，人們便已打算重建這座歷史悠久的建築，但由於戰爭期間及戰後資源短缺，進展十分緩慢。

對於應該如何重建大教堂，人們激烈爭論了很久，但最終決定舉行一場公開競賽。一九五〇年，全英國各地的建築師都受邀提交設計方案。他們被告知，除了大致完整的塔樓與尖頂，他們並不需要特意保留絕大部分的舊教堂廢墟。於是，絕大多數參賽者的構想要麼是將廢墟併入新建築，要麼便是將廢墟全部鏟平。

最後，這場競賽由貝西・斯彭斯（Basil Spence）的作品勝出，是少數幾件將舊建築廢墟原地保留的設計之一。斯彭斯的想法，是在廢墟旁邊蓋一座全新的大教堂，然後用巨大的川堂連接新舊兩個空間。按照他的說法，這個構想是為了創造一種「代表復活的勝利」；換句話說，是賦予基督死而復生的宗教形象一個具體形式。以較世俗的觀點來看，他表達的意象與吉布森在城市中其他地方所做的事情完全一樣——體現考文垂市如同鳳凰自涅槃重生。

就這樣，新教堂的建造工程接續進行，並由英國女王伊莉莎白二世於一九五六年鋪下奠基石。這座建築於六年之後竣工，是一座以紅色砂岩、拋光大理石、鋼筋混凝土和絢麗的彩色玻璃窗建造的現代主義派傑作。在今天，最初那支釘子十字架屹立在高高的祭壇上，永遠提醒著一九四〇年的毀滅和在那之後的重生。

在規劃與重建工作進行的同時，霍華德大主教也在努力履行他於戰時許下的承諾：創建一個更友善、「更接近嬰孩基督的世界」。此刻，戰爭已經結束，他終於可以自由追求對於寬恕與國家之間和解的理想。早在一九四六年，他就主持過一場禮拜儀式，當時德國漢堡主教也通過無線電連線參加了儀式。次年，他與德國北部的基爾市（Kiel）[1]建立深厚的城市連結，並贈與對方一枚釘子十字架作為和解的象徵。在接下來幾個月裡，更多的十字架被送到德勒斯登、柏林，以及其他幾個曾遭受英國轟炸的德國城市。

多年來，霍華德和他的繼任者們在德國各地組成了一群同樣經歷教堂遭到毀壞並重建的受難團體。其中包括柏林的威廉皇帝紀念教堂（Kaiser Wilhelm Memorial Church）；它與考文垂大教堂的情況類似，廢墟被原地保留，旁邊另建了一座現代主義風格的新教堂。此外，也包括漢堡市的聖尼古拉教堂（它的廢墟被保存下來以紀念火焰暴風），以及同樣在漢堡市、但已重建的聖凱薩琳教堂（St. Catherine's Church）。但其中最重要的教堂，或許是德勒斯登的聖母教堂（Frauenkirche）。聖母教堂和考文垂大教堂的神職人員彼此定期互相拜訪，特別是在兩座教堂被炸毀的週年日。

今天，和解的理念是考文垂大教堂所從事一切工作的核心。當人們漫步在古老大教堂的廢墟中，感受最為強烈的並非毀滅，而是重生與和解。在教堂西北角，有一座德勒斯登聖母教堂捐贈的雕塑，它代表著大轟炸的倖存者。在它旁邊則有一尊名為「和解」的雕像，是來自一對雙胞胎雕像的其中一件，另一件放在廣島和平紀念公園。中殿南側的資訊板概略描述一九四〇年的破壞，接著便詳細說明考文垂大教堂在世界各地進行的和解工作。自一九四五年以來，考文垂大教堂已和世界各大洲共一百八十幾個理念相同的組織建立連結，致力於實現人類各民族的和解。由於這項全球合作夥伴關係源起於考文垂，於是也被稱為「釘子十字架團契」（Community of the Cross of Nails）。

考文垂市本身也擔當起相同使命，並正式自任為「和平與和解之城」，與世界許多受難城市締結為姐妹市，其中包括本書曾提到的幾座城市如伏爾加格勒、華沙、德勒斯登和廣島。全市最大的劇院被命名為貝爾格勒（Belgrade）劇院，以紀念一九四一年被德國轟炸摧毀的這座南斯拉夫城市。這裡還有街道以利迪策村命名（那座村莊在一九四二年被納粹夷為平地），也有街道是以一九四五美國空軍炸毀的德國小鎮梅舍德（Meschede）為名。

我很希望能夠繼續寫道，考文垂已成功超脫過去的悲劇，將一切帶上和解之路——但想也知道，世上的事情從來不是這麼簡單。歷史是沒人能夠逃脫的囚籠。

無論考文垂大教堂廢墟上妝點了多少和解與重生的象徵，廢墟本身依舊是難以撼動的鐵證。如果一旁的新教堂象徵重生，那麼廢墟則代表全然毀滅。廢墟的參差輪廓在天空襯映下，

---

1 譯注：德國北部波羅的海沿岸城市，曾是德國主要海軍基地。

讓人永遠忘不了考文垂一九四〇年十一月的殉難。

今天，考文垂在英國被認為是情況最接近德勒斯登或廣島的城市，仍然常被拿來與這些城市相提並論。不過，這倒不是因為這裡的受創程度能和這兩座城市等量齊觀——德勒斯登在大轟炸中的死亡人數是考文垂的四十倍，而廣島的死亡人數更是考文垂的兩百五十倍。只不過，考文垂是有史以來第一座遭到大規模空襲的城市。在英美民眾普遍的想像中，考文垂與其著名的大教堂被摧毀，已成為這整場轟炸機戰爭的縮影。

這座城市所謂的死而復生，也或多或少是個神話。考文垂的重生從來都不像一九五〇及六〇年代的宣傳小冊和風景明信片上描述的那般輝煌。雖然考文垂的市中心在那些年月繁榮起來，但在後續數十年間，又漸漸變得疲態畢露、一片蕭條。這座城市在一九九〇年代部分重整，而當我撰寫此文時，它甚至又開始進行另一輪重建工程。但是，再多的現代都市規畫都無法回復這座中世紀古城風景如畫的景致；它在一九三〇、四〇及五〇年代中，輪番遭到德國轟炸機和英國城市規劃師破壞，如今，大教堂的廢墟正好讓人們醒悟自己究竟失去了什麼。

這座城市不再是二十世紀中葉蓬勃發展時期的繁榮之地。曾經引來德國空軍火力的幾十家工廠早已消失殆盡，如同整個英國今日淪落的光景。近幾十年來，考文垂已成為英國工業衰退的象徵。在一九八〇年代，這裡是英國失業率最高的地區之一；即便今天，當地的失業率也遠高於全英國的平均失業率。不管這座城市的市政和宗教機構如何一成不變地鼓吹重生理念，大家仍依稀籠罩在二次大戰遺害的陰影裡，何況戰後所謂的歐洲共識也讓考文垂的人民失望。這種幻滅的心理反映在二〇一六年英國脫歐公投中，當時考文垂大多數投票者選擇退出歐盟。

當你站在古老教堂的廢墟中，很難不領受到這些事物，以及教會方面如此急切向你指出的重生故事。破壞的歷史必然發生在和解的歷史之前。

就像書中提到的其他地方，考文垂和它的大教堂將永遠被二次大戰的歷史來定義。不過，它比大多數國家都更接近於超脫這段歷史。不過多麼難以捉摸，這座城市繼續夢想重生。儘管面臨永無止盡的挑戰，大教堂仍持續致力在本地及廣大世界追求和解。

考文垂的百姓們繼續著手於他們的志業，就像他們八十多年來那般一如既往，依托著仍然佇立於市中心的紀念碑所凝聚的情感力量——這座大教堂廢墟至今依然是世界上最令人感到複雜卻十足迷人的紀念碑之一。

考文垂大座堂（Coventry Cathedral）

◆**所在位置**—英國西密德蘭郡，考文垂市中心

◆**建立宗旨**—為紀念在二戰德軍空襲中遭到摧毀的考文垂大座堂，舊座堂原址保留，以穿堂連接新座堂。

◆**設計者**—貝西・斯彭斯（Basil Spenc）

◆**占地面積**—三千零六十五平方公尺

◆**落成日**—一九六二年五月二十五日

◆**現況**—大座堂神職人員與擁有類似經歷的他國教堂締結合作關係，建立「釘子十字架團契」，至今仍致力於實現人類各民族的和解。

第25章

歐洲解放之路

©Studio Libeskind

——當我們一起走過這漫漫長路。

歐洲多國

Public Domain/Wikimedia Commons

盟軍第一空降軍團於荷蘭（1944 年 9 月）

紀念碑有各種形狀和大小。在這本書裡，我們探索了各式各樣紀念碑背後的含義與動機，不僅有傳統雕像，還有抽象雕塑、壁畫、建築特徵、博物館與紀念公園、建築及村莊的廢墟、集中營、墓園、陵寢，以及神龕。所有這些都已收攏在我們對第二次世界大戰記憶的寶庫，由後世子孫們代代相傳。因此，哪怕有朝一日，生者之中不再有二戰老兵，我們仍將繼續紀住他們在上個世紀最悲慘、最曲折的事件中所目睹的一切。

在本書的最後一章，我所要描述的最後一座紀念碑，又一次地跟之前的完全不同。這是一條綿延兩千公里、跨越多個國家的健行步道，它也是西方盟國一九四四年至四五年解放歐洲時採取的路線。倘若以一座跨國紀念碑來加以形容，那麼它就是本書截至目前為止談到的最大的一座紀念碑，同時也是最新的一座——老實說，直到本文截稿，它甚至還不存在。揭幕日期定在二〇二〇年五月，也就是德國投降以及歐洲戰爭結束七十五週年的同一個月份。

歐洲解放之路（Liberation Route Europe）標榜為一條健行步道，其實它是一條連接西方盟軍向歐洲解放過程中所經主要地區的追憶之路。這條路起始於邱吉爾位於倫敦的戰情室，盟軍在那裡首次討論了反攻歐洲的想法；而它的終點則在柏林，納粹主義最終慘敗之地。人們沿途會經過諾曼第、巴黎、布魯塞爾、安恆（Arnhem）[1]和突出部之役[2]（Battle of the Bulge）遺址，然後才進入德國。嚴格來說，步道不只一條，而是好幾條，其中有不少分支延伸到其他

1 譯注：位於荷蘭，盟軍「市場花園作戰行動」（Operation Market Garden）的戰場。
2 譯注：一九四四年十二月至一九四五年一月發生在比利時亞爾丁森林（Ardennes Forest）的戰役，即一九六五年電影《坦克大決戰》（*Battle of the Bulge*）的故事背景。

發生重大戰役的古戰場。

人們走在這條步道上，等同於踏上了一九四四年至四五年在歐洲大陸浴血奮戰的大軍的步伐。可以說，這趟旅程是向數十年前另一段更加艱困的旅程表達敬意。一路上，會經過數百個觀景點，供人憑弔過往。健行者可順道參訪沿途四周的主要紀念碑、墓園和博物館；他們會走上成千上萬人付出生命代價的各大戰場，並在心中深刻記下每個地方所曾發生過的事件，以及許許多多可歌可泣的動人故事。

這條步道的最大可取之處，是一路上始終伴隨徒步者的網路訊號與手機APP，也就是說，縱使到了這條路線上最偏僻的路段，健行者仍然能夠下載描述發生在他們所處位置的敘事與典故。換句話說，歐洲解放之路是既能讓人身歷其境，又同時讓人掌握數位與虛擬世界的紀念碑。

創立這條健行步道的歐洲解放之路基金會的負責人雷米．帕勞得（Remi Praud）表示，這個專案的數位化特色十分關鍵。「這是一種新的行事風格，」他告訴我，「目前你還找不到任何跟這一樣的跨國紀念碑，能夠串聯不同地點，以及諸多其他……我們要讓它更現代化，對年輕一代和各類群體更具吸引力，比方說健行登山客、遊客、家庭，而不僅僅是每年來此參加紀念儀式的那群人。」

對於那些沒時間走完全程的人，可以使用網站提供的虛擬旅程服務。然而，你得親臨戰爭歷史事件的真實事發地點，才能感受到這條步道真正的情感力量。

為了強調這條步道匯集了所有這些歷史故事與事件，訊息一致且目標單一，每一位開路者所標示的路標都體現出共同設計風格。這些路標是由建築師丹尼爾・利伯斯金（Daniel Libeskind）特別設計，每一座都是螺旋形的金屬與混凝土製成的複合結構，中間安置一個稱為「指向」（vector）的鰭狀尖銳三角形。它們有的會放在地上，有的則被嵌在牆上；在沿途的主要地點，還會出現更大型版本，而它們本身便是一種紀念碑。

這些「指向」傳達的訊息很清楚。其中較小的是用鋒利的尖銳金屬物組成。那些較大、較像紀念碑的，則儼然是從地面升起的刀刃，無論多大多小，它們都將「指向」柏林。這些鋒利的金屬器物帶有一種潛在的威懾感，但也展現出一個單一目的：它們都指向同一個方向。一九四四年至四五年間，沿此路線行進的軍隊展開的並非一場神清氣爽的旅途：當時，他們挺著槍桿一路穿越歐洲大陸，直奔令歐洲人民驚恐多年的那頭巨獸的心臟。

我在二〇一九年六月曾經採訪丹尼爾・利伯斯金，當時我問了他關於這些「指向」背後的含義，還有它們究竟代表些什麼。他跟我說，這些刀刃般的外觀是這設計非常重要的一面：「是的，它鋒芒畢露，當然如此，這是它的一部分。它披荊斬棘，穿過歷史上一切的惡，走向美好的事物。」但更重要的一點在於，所有路標都指向同一方向。「它們的大小各不相同，各自有不同使命……然而，它們齊心協力，共同揭示解放的方向。」利伯斯金如此說道。

從某些方面來看，穿越德國的路程是整條路線中最耐人尋味的一段。假如這是一座國族主義的紀念碑，誠如我之前描述過的其他許多紀念碑，那麼德國可能會被詮釋為怪物，而德意志民族則會被指稱為敵人。但這是一個跨國界的紀念碑，其中一段橫越德國六百多公里，把德國也納入了解放的敘述之中。也就是說，德國和所有捲入戰爭的國家一樣，都必須從納粹主義手中解放出來。

這座紀念碑的目的，是把歐洲解放描繪成二十世紀的關鍵時刻。這是一件最終結束了恐怖與暴力的事蹟，標誌著整個西歐、包括德國在內的一場重生，讓人們進入一個和平與繁榮的新時代。

就像這本書所談到的所有紀念碑一樣，「歐洲解放之路」既反映出我們今天生活的世界，也反映了歷史。在承載著歷史背景的步道之後，一種政治訊息（或者說政治觀點）於焉興起。

二〇一四年，我初次接觸到歐洲解放之路組織，當時他們邀請我到布魯塞爾歐洲議會一場由他們籌辦的活動上發表演說。他們正在發起一個橫跨全歐洲的新展覽，其目的是不從任何個別國家的角度、而是以多個國家的共同視野來描述歐洲解放。在發布會上發表演說的其他人當中，還包括時任歐洲議會主席的馬丁・舒爾茲（Martin Schultz）。一直以來，舒爾茲都是歐洲解放之路最積極的支持者之一。

自二〇一四年以來，該組織持續發展壯大。它與歐洲大陸各地許多博物館、紀念館和旅遊景點密切聯繫，從而讓自身形成傘狀組織，協助許多博物館和紀念館進行交流與互動。這條健行步道便是其付諸努力所得到的絕佳成果：它是一條實體道路，將各個機構和記憶場所相互連接起來。從倫敦到柏林的步道只是專案的第一階段，整個專案可能還需要好幾年來完成，有朝一日還將納入許多從歐洲北部、東部和中部延伸而來的步道，終極目的地也都同樣會是柏林。

歐洲議會無庸置疑必定全力支持這樣一個組織，而該議會前主席絕對是其中最大推手一事，也自然不在話下。二〇一九年四月，歐盟理事會將歐洲解放之路正式列入既定事務，宣告其為官方認可的歐洲文化路線。這條步道體現了許多機構視為神聖的基本價值。它是歐洲不同國家之間的實體連結，闡揚自由、民主的勝利，尤其是團結的重要性。這其實是歐盟的縮影。

歐盟向來把二次大戰神話化為鍛造出該組織的爐火。歐盟的締造者們親身經歷了戰爭帶來的苦難與混亂，於是將邱吉爾所說、創建「一個類似歐洲合眾國」的說法，視為一勞永逸的唯一解決方案。這也是貫穿整條解放之路的精神。廣義來說，解放之路所紀念的是國際合作的歷史。它提到西方盟軍登上諾曼第海灘時，不只是為了解放某個國家，而是解放整個歐洲。它提醒我們，解放不是仰賴單一國家一己之力完成，而是由美國人、英國人、加拿大人、波蘭人、捷克人、自由法國軍，以及其他十幾個民族組成的聯盟共同實現。這開啟了國際合作的典範。

根據建築師丹尼爾·利伯斯金的說法，這是解放之路背後傳達的真諦。「歐洲解放的餘波創造了一種新的歐洲意識，一種歐洲究竟意味著『什麼』的新思潮……人類對於和平、過去，但願也是對於未來展望的看法終歸趨於一致，這帶出了解讀自由意義的新觀念。這正是這條路線的核心主旨。我們不僅要回顧過去發生了什麼，還要審視歐洲從這場衝突中得到的回饋。」

任何紀念碑都有眾多目的，但不在於簡單地紀念過去的事件，而是把它們變成神話。在我與雷米·帕勞得和丹尼爾·利伯斯金的談話中，他們都把這條路線稱為「朝聖之旅」；利伯斯金甚至把他的「指向」，比作奧德修斯（Odysseus）[3]在遠古旅程中可能遇到的某種指引。解放之路試圖在歷史和記憶之間創造神話般的空間，讓行走於此的人感受到某些比周圍環境更偉大的事物。人們不需要走完整條步道，就能感受到與最終解放歐洲的偉大成就之間的情感連結。

解放之路所傳遞的訊息，是令人難以抗拒的希望和救贖：正是戰爭的圓滿結局，才讓所有的苦難和英雄主義變得值得。這類神話唯一的問題是，它必須與其他由國家或地方族群創造的神話競爭：那些人更感興趣的，是紀念那種讓他們獨一無二的東西，而不是和別人分享共同之處。一個曾在當地戰勝納粹的群體，可能不希望與遠方的同盟國分享這項榮耀。一個遭受苦難的群體可能不願為了某種更偉大的救贖與重生理念，進而把自己的殉難拋諸腦後。

二〇二〇年解放之路開通時，恰好遇上兩種對於過去敘事觀點的競爭，達到空前激烈的局面。這條具有紀念意義的健行步道能否成功，和歐盟本身的狀況相似，取決於能否在國際主義價值觀和國族主義敘事之間的風暴中穩定航行。國際主義價值觀自一九四五年以來一直維繫著歐洲大陸主體，但戰爭當中還有民族主義敘事成分，這同樣也是形塑我們今日傳承的重要部分。

我之所以對解放之路的前景寄予厚望，是因為它巨大的規模使它有機會同時向這兩種不同的史觀致敬。事實上，它真的夠大，足以收納我在本書探討過的所有想法。這條步道穿越英雄主義的遺址，也行經烈士和發生不可饒恕暴行的遺址。它將地方勝利與國家榮耀的故事，全都納入歐陸解放的總體敘事中。在這本書中，它比任何紀念碑都更具纖細底蘊與多元化的潛力。

但最重要的是，它將自己與歷史事實的堅實根基緊緊連在一起。它在長達一年的衝突和兩千公里的領土上進行了漫長征途——儘管像是神話，它仍在沿途通往每一處發生歷史事件的地點一一下錨。

解放之路的創立者們已經意識到，若要永續長存，他們只能這樣創造，別無選擇。那些用金屬與石頭雕刻的古老紀念碑，常因為它們與後人失去關聯而被拆毀。歷史變化無窮，如果紀念碑跟不上步伐，有時就不得不被推倒。

或許，要逃過未來破壞偶像浪潮的最好方法，是全心全意接受史實的纖細底蘊，並盡可能地貼近歷史真相。因為紀念碑就和人類一樣，永遠都是歷史的囚徒。

3 譯注：荷馬史詩《奧德賽》（*Odyssey*）中的希臘英雄，曾參與特洛伊戰爭，其後花了十年、歷經艱苦挑戰才成功返回家鄉。

歐洲解放之路（Liberation Route Europe）

◆**所在位置**—橫跨英、法、德、荷、比、盧、義、捷、波等九個國家

◆**建立宗旨**—連結九國境內數百座文化遺址與紀念碑，透過跨國與多重視角的方式重新反思盟軍於一九四三至一九四五年解放歐洲的經過。

◆**設計者**—雷米·帕勞得（Remi Praud）為歐洲解放之路基金會負責人；沿路路標由丹尼爾·里伯斯金（Daniel Libeskind）設計。

◆**總長度**—近一萬公里

◆**落成日**—二〇一四年六月六日（部分路線於二〇〇八年即已開放）

◆**現況**—二〇一九年四月，歐洲解放之路成為歐洲理事會（Council of Europe）認證的文化路徑（Cultural Route）。

後話
Conclusion

我們活在這麼一個時代，人們越來越頻繁地質疑過去的符號。那些代表著我們不再感興趣或就現代認知來說顯得太過時或古怪的思想的紀念碑，常常被拆掉。近年來，我在美國、南非和東歐，看到這類紀念碑被拆除的景象。我必須承認，雖然我理解這些紀念碑有時會激起某種強烈情緒，時而也會喚起我自身的情感，但當它們被吞噬淹滅，我忍不住因它們的消逝而傷感。我們這些紀念碑是寶貴的歷史文物：它們滔滔不絕講述著我們先輩的價值理念，其中有好有壞。它們是稀有罕見之物，具有激發及挑動各種爭論的力量。它們往往也是偉大的藝術作品，富有驚人的工藝和想像力。為了當代政治算計而將它們全部推倒，似乎是種莫大恥辱。

紀念碑確實會對我們的公共空間施加一種讓人不舒服的壓迫感，但我希望我已表達得夠清楚，還有其他方法可以解決這個問題，並不需要把它們通通拆光。我們可以效法布達佩斯人民，建立一座「反紀念碑」來抗議政府出資打造的匈牙利受難符號。我們可以學習阿姆斯特丹，在令人不快的紀念碑周圍另築新的紀念碑，致使該處的國家紀念碑如今只算是豐富而底蘊細微的紀念景觀眾多層面之一。再不濟的話，我們還可以把令人反感的紀念碑移到博物館和雕塑公園；如此一來，即便後代子孫不能苟同這些雕塑的政治立場，至少還可以對它們的藝術價值品頭論足。就算我們真的無比厭惡這些紀念碑，也隨時可以把它們重塑成嘲諷的對象；把雕像和一群羊駝圈在一起，這可是貶抑它們莊嚴性最絕妙的手段。

拆掉紀念碑解決不了我們的歷史問題，它只是把歷史趕進市井小民間。只要一座紀念碑依然屹立，總是要被面對和討論。這麼一來，我們一肩扛起說明這些紀念碑的責任。這些物件確保我們永遠不會忘記對於歷史的虧欠——抑或歷史對我們的奴役。

—

到目前為止，我們為紀念第二次世界大戰而修建的大多數紀念碑，似乎都撐過了這股偶像破壞的浪潮。與某些其他時代的紀念碑不同，我們的二戰紀念碑仍然廣受世人敬重。因為相對來說這場戰爭發生的時間距離我們較近——尤其當一些受到褒揚的人物如今依然健在，要拆掉這種紀念碑實在說不過去。

然而，總體來說，二戰紀念碑之所以倖存下來，是因為它們繼續說明關於我們的身分，或者說我們所希望認同的身分的一些重要事情。它們訴說了我們對過去的回憶，也表達出我們今日的渴望。它們回應了當今世界無法滿足我們的一種訴求。

我在這本書裡描述了五種不同類型的戰爭紀念碑，每一種都以不同形式對我們展現重大意義。我們的英雄們貢獻了一種忠誠、勇敢或道德剛毅的願景，而這在我們現今生活中似乎極度匱乏——英雄就是我們的榜樣。烈士們為我們提供了同樣珍貴的東西：他們使我們想起過去的犧牲和創傷，這些事物既給我們留下疤痕，也造就出今日的你我。怪物則提醒了我們在社會上最不齒的一切，也讓我們想起人們曾經誓死捍衛自己的權利。世界末日的景象讓我們想起世界曾經遭受過的巨大破壞，而我們對重生的憧憬則慶賀我們在戰後混亂局面下重建秩序的努力。

每一種類別的紀念碑都不是孤立存在。我們的二戰紀念碑被證明比其他時代的紀念碑更歷久不衰的另一個主要原因，就在於這五類紀念碑蘊含的記憶不但相輔相成，而且會相互強化。在我們對於戰爭的記憶背後，世界末日的概念把戰爭轉化為人類為爭取靈魂自由而進行的巨大拼搏。我們的英雄在與絕對邪惡的形象爭戰中變得更加英勇，而那些怪物則因受其折磨的無辜烈士而顯得更加可怕。將所有這些典型聚合在一起，便生成了一個最後論點：我們對新世界的信念，是從舊世界的灰燼之中誕生。這是我們的英雄與烈士的福報，這讓他們的犧牲變得崇高，而他們所遭受的苦痛也更顯值得。倘若沒有重生，那一切英雄主義還有什麼意義？

這五種理念建構了我們詮釋第二次世界大戰集體記憶的神話框架。在個別地方上，這能容許我們悼念過去的創傷，而不致被傷痛壓垮。說到底，是因為曾經傷害過我們的力量已被擊敗，新的事物已在眼前。在國家層面，這讓我們為共同的價值觀而自豪，正是這些價值觀最終引領我們走向勝利。在國際層面，這使我們對新興國際機構充滿信心，並激發我們對一個沒有戰禍的未來懷抱希望。這些理念構成了我們建立國際體系的基石。

但是，就算這個神話框架到目前為止依然十分強大，並不意味它在未來仍將如此。裂縫已開始出現。在東歐，戰爭英雄的紀念碑已經開始倒塌；人們面對同時以解放者和征服者身分到來的蘇聯士兵，很自然會先排除其英雄主義。然而，人們對於一九四五年其他強大盟友的態度也在改變。英國人和美國人不再像從前那樣讓人心存感激和敬重；現在，其他國家更情願為本國本土的英雄們豎立紀念碑。說不定哪一天，那些美國英雄的紀念碑——比方說，毀譽參半的道格拉斯．麥克阿瑟——也非被推倒不可。

政治情勢的種種變化也可能威脅我們的二戰英雄紀念碑。其中一些紀念碑是由持有特定政治立場的人所建造。例如，倫敦的轟炸機司令部紀念碑是在右派政黨壓倒性的支持下建成的，而波隆那的陣亡者神龕則是由左翼人士豎起。如果這兩地的政治氛圍發生重大變化，那或許這些紀念碑有一天會被視為麻煩。除此之外，像是轟炸機司令部紀念碑這樣、在豎立之時就未能適當解決過去爭議的紀念碑，就極可能會有再起爭議、發生衝突的一天。

至於我們的英雄，他們所面臨的處境和我們的烈士與怪物所面對的，並無二致。我細細闡述過，那些人們視為紀念怪物的紀念碑幾乎全被剷除。這在我們的公眾記憶中製造出一種真空，而這種真空卻被一些更加曖昧不清、難以摧毀的東西填滿。然而，我們仍執意抹去任何法西斯主義和史達林主義的紀念碑。我們可能永遠無法摧毀這類紀念碑背後的幽靈，但至少可以設法阻止這些幽靈再度附身於實體物質。

乍看之下，紀念二戰烈士的紀念碑似乎最為屹立不搖——畢竟，有哪個政府或機構膽敢拆掉一座紀念國族苦難的紀念碑？但是，即便這類紀念碑也不能倖免於來自世界不斷變化的壓力。格拉納河畔奧拉杜小鎮的廢墟不可能永遠保存在一九四五年的狀態。總有一天，它們要麼會整個崩壞，要麼就必須加固、甚至重建。澤西市的卡廷紀念碑在二〇一八年逃過了搬遷，但誰又能打包票，說威脅它的商業壓力不會有讓人屈服的一天？

就像我們的英雄紀念碑，緬懷烈士的紀念碑在政治因素影響下同樣不堪一擊。例如，首爾的慰安婦雕像部分是以反日情結的象徵而豎起，而日本人自那以後就不斷要求拆除它。如果日本的外交運作取得成果，抑或日韓兩國之間出現轉機、開啟新的友誼時代，那麼可以想見，這座雕像有一天將不得不拆除。在布達佩斯，匈牙利因自居為德國占領受害者而備受責難，民間強烈抗議豎立民族烈士紀念碑的聲浪始終居高不下。

也許在五類紀念碑當中最脆弱的，是一九四五年的重生紀念碑。就這類紀念碑而言，最大的威脅來自幻滅。二戰後看似觸手可及的嶄新世界，從未曾像全人類所希冀的那樣實現。看看以色列的猶太大屠殺紀念館應許猶太人的平安樂土時，發生了多少爭端？佩克・羅格在聯合國安理會議事廳的壁畫所承諾的世界和平與和諧展望，以及考文垂大教堂的釘子十字架所編織的和解願景，現在都成了什麼樣子？為什麼我們要紀念一個從未真正實現的重生？這些紀念碑大都不帶任何冒犯，照理說不太會被拆除；但是就算保存下來，也未必有人願意繼續前來欣賞。

話說回來，政治氛圍的變化也會對這些紀念碑構成威脅，即使那些看來相對無害的紀念碑也是如此。其中有些紀念碑是由諸如聯合國或歐盟等國際機構豎起，但這或許反而成為它們的敗筆。國族主義者始終對這類機構持懷疑態度；尤其在歐洲，國族主義政客已經開始將歐盟視為對自身主權的威脅。也正因如此，歐洲大陸第一座跨國戰爭紀念碑「歐洲解放之路」極力避免和最鼎力相助的歐盟產生任何公開聯繫。反倒是，它正積極地把國族主義故事融入其更寬廣的合作與團結的訊息之中。任何紀念碑若是不照此行事，就得冒著激起國族主義情緒的風險。

不過，儘管有著種種威脅，二戰紀念碑的數目仍在增加。這本書中描述的紀念碑幾乎有三分之一是在二〇〇〇年之後建造的，而且每年還不斷有更多紀念碑落成。看來，人們對這場戰爭的著迷程度有增無減。

就在我寫作期間，光是英國就有好幾座新的紀念館正在籌建當中。一座全新的大屠殺紀念館和博物館，預計於二〇二一年在倫敦市中心的國會大廈旁開幕；另外，在利物浦（向大西洋海戰中犧牲的水手致敬）、斯塔福郡（追念加勒比海地區的參戰軍人），以及同樣在倫敦（哀悼二戰中為英國犧牲的錫克教戰士），都有豎立紀念碑的籌備活動。別的國家也在修建其他紀念碑；比方說，克羅埃西亞首都薩格勒布（Zagreb）準備建造一座大型的大屠殺紀念館，而德國也正在發起一場活動，為柏林之戰中的波蘭受害者建造一座新的紀念碑。

如果歷史是我們身分認同的基礎，顯然二戰的歷史似乎比任何歷史都更能定義我們的身分。第二次世界大戰如同一張布幔，我們想把自己所有的國族情感全部投射在上面。我們的紀念碑，便是布幔上的圖像。

這些紀念碑在未來歲月裡會變成什麼模樣，沒人預料得到。我們用花崗岩和青銅建造它們，是因為希望它們永遠存在。但實際上，唯有那些有能力與時俱進的紀念碑才能倖存，因為歷史和記憶往往會以最不可預測的方式發展。

謝辭
Acknowledgment

如果沒有書中提到的所有機構的幫助和支持，這本書就不可能存在。這些機構敬業與知識淵博的工作人員給予我許多助益，毫無例外；其中幾位更是不遺餘力地鼎力相助，我對他們懷抱最深切感謝。這些人包括恩里科·卡瓦列里（Enrico Cavalieri）、帕里研究所的路卡·巴斯朵雷（Luca Pastore of Istituto Parri）、義大利統一運動博物館的奧特羅·桑吉奧吉（Otelo Sangiorgi）、布達佩斯國家紀憶委員會的馬泰·艾隆（Máthé Áron）、歐洲解放之路的雷米·帕勞得（Remi Praud）和建築師丹尼爾·利伯斯金（Daniel Libeskind）。

我在中國及日本的多次旅行中受到的熱情款待簡直令人難以置信。我要特別感謝我的朋友兼翻譯盧漢思（Hans Lu）以及我的中國出版商董風雲（Dong Fengyun）。此外，我也要感謝鄒德懷（Zou Dehuai）、劉小平、王皓（Wang Hao）和唐凱（Tang Kai），他們總是不厭其煩地帶我在南京四處參觀。我也非常感謝「南京民間抗日戰爭博物館」副館長薛剛、南京大屠殺紀念館館長張建軍。在我旅行期間，賈爾和智子·斯密特—歐森（Jarl and Tomoko Smidt-Olsen）兩人義不容辭為我打理一切事務；我的日本經紀人篤志堀（Sushi Hori）和宮八幡

（Tsutomu Yawata）讓我在東京感到賓至如歸。

一如往常，我要感謝我二十年來的絕頂經紀人賽門・特雷溫（Simon Trewin）、我的美國經紀人傑伊・曼德爾（Jay Mandel），以及我的主編阿拉貝拉・派克（Arabella Pike）和邁克爾・弗拉米尼（Michael Flamini），他們協助塑造了這本書。我也要感謝我的文稿編輯史蒂夫・戈夫（Steve Gove），還有凱蒂・阿徹（Katy Archer）、喬・湯普森（Jo Thmpson），以及哈珀柯林斯出版社（HarperCollins）團隊的所有人，在他們的共同努力之下，才有這本書的誕生。

然而，我最感謝的人是我的妻子莉莎，她也同時身兼我最好的朋友和最嚴格的批評者。她在我以研究為名出國旅行、長期缺席的情況下，給予我精神支持。如果少了她，這本書，以及其他一切，可能早已分崩離析。

參考文獻
Bibliography

本書大部分資料都是透過實地參觀這些紀念碑以及從相關博物館和資料中心蒐集而來。

對於這些紀念碑今日引發的諸多爭議，我所查閱過的各種報紙和網站數目實在難以勝數，無法在此一一列出。例如，關於二〇一八年澤西市卡廷紀念碑的各種抗議活動都已登上了美國和波蘭各大報的頭版頭條新聞，可在《澤西日報》（*Jersey Journal*）及其網站（www.nj.com）找到更詳細的專題報導，而澤西市當地社群網站「澤西市清單」（Jersey City List，見 http://jclist.com）的文章更表現出極強烈的熱情與幽默。同樣的，波蘭和俄羅斯的報紙，尤其是華沙的《選舉報》（*Gazeta Wyborcza*），都特別報導了華沙「四名沉睡者」紀念碑的傳奇故事。布達佩斯德國占領遇難者紀念碑的相關爭議，已受到國際媒體廣泛報導，至於與其針鋒相對的「活紀念碑」的後續發展，可在其臉書頁面上即時追蹤，見 https://facebook.com/groups/elevenemlekmu。

因此，以下只列出與本書所敘述紀念碑高度相關的參考文獻，以及讀者可能認為對進一步研究有所助益的作品。

期刊文章與論文

Chin, Sharon; Franke, Fabian & Halpern, Sheri, 'A Self-Serving Admission of Guilt: An Examination of the Intentions and Effects of Germany's Memorial to the Murdered Jews of Europe', available online: https://www.humanityinaction.org/knowledgebase/225-a-self-serving-admission-of-guilt-an-examination-of-the-intentions-and-effects-of-germany-s-memorial-to-the-murdered-jews-of-europe

Clark, Benjamin, 'Memory in Ruins: Remembering War in the Ruins of Coventry Cathedral' M.A. dissertation (21 September 2015), Bartlett School of Architecture, University College London

Ellick, Adam B., 'A Home for the Vilified', *World Sculpture News* (Autumn 2001), pp.24-9

Glambek, Ingeborg, 'The Council Chambers in the UN Building in New York', *Scandinavian Journal of Design History*, vol. 15 (2005), pp.8–39

Kumagai, Naoko, 'The Background to the Japan–Republic of Korea Agreement: Compromises Concerning the Understanding of the Comfort Women Issue' in *Asia– Pacific Review*, vol.23, No.1 (2016), pp.65–99

Kim, Mikyoung, 'Memorializing Comfort Women: Memory and Human Rights in Korea–Japan Relations', in *Asian Politics and Policy*, Vol.6, No.1 (2014)

Okuda, Hiroko 'Remembering the atomic bombing of Hiroshima and Nagasaki: Collective memory of post-war Japan', *Acta Orientalia Vilnensia* Vol.12, No.1 (2011), pp.11–28

Petillo, Carol M., 'Douglas MacArthur and Manuel Quezon: A Note on an Imperial Bond', *Pacific Historical Review*, Vol. 48 No. 1, Feb., 1979

van Cant, Katrin, 'Historical Memory in Post-Communist Poland: Warsaw's Monuments after 1989', available on the University of Pittsburgh's Dept. of Slavic Languages website: https://www.pitt.edu/~slavic/sisc/SISC8/docs/vancant.pdf

Varga, Aniko, 'National Bodies: The "Comfort Women" Discourse and Its controversies in South Korea' in *Studies in Ethnicity and Nationalism* Vol.9 No.2 (2009)

Yoshinobu, Higurashi, 'Yasukuni and the Enshrinement of War Criminals', 11 August 2013; English translation 25 November 2013 available online: https://www.nippon.com/en/in-depth/a02404/

Yad Vashem quarterly, especially issues 31 (Fall 2003) and 37 (Spring 2005)

網站

https://www.4en5mei.nl。
http://auschwitz.org/en
https://www.medprostor.si/en/projects/project-victims-of-all-wars-memorial
https://www.topographie.de
https://www.oradour.info
www.stiftung-denkmal.de
https://www.gedenkstaetten-in-hamburg.de
www.yadvashem.org
https://liberationroute.com
https://www.bibliotecasalaborsa.it
https://www.storiaememoriadibologna.it
http://parridigit.istitutoparri.eu
http://www.museodellaresistenzadibologna.it

25座二戰紀念碑教我們的事

我們是定義歷史的人，還是歷史的囚徒？

作者	齊斯・洛韋（Keith Lowe）
譯者	丁超
主編	洪源鴻
責任編輯	柯雅云
企劃	蔡慧華
封面設計	莊謹銘
內文排版	宸遠彩藝
社長	郭重興
發行人兼出版總監	曾大福
出版發行	八旗文化／遠足文化事業股份有限公司
地址	新北市新店區民權路 108-2 號 9 樓
電話	○二～二二一八～一四一七
傳真	○二～八六六七～一○六五
客服專線	○八○○～二二一～○二九
信箱	gusa0601@gmail.com
臉書	facebook.com/gusapublishing
部落格	gusapublishing.blogspot.com
法律顧問	華洋法律事務所／蘇文生律師
印刷	前進彩藝有限公司
定價	四八○元整
出版日期	二○二一年十月（初版一刷）
ISBN	9789860763430（平裝） 9789860763454（ePub） 9789860763447（PDF）

25座二戰紀念碑教我們的事：
我們是定義歷史的人，還是歷史的囚徒？
齊斯・洛韋（Keith Lowe）著／丁超譯
初版／新北市／八旗文化出版／遠足文化發行／2021.10
譯自：Prisoners of History: What Monuments to World War II Tell Us about Our History and Ourselves
ISBN 978-986-0763-43-0（平裝）

一、第二次世界大戰　二、紀念碑　三、世界史

712.84
110014918